Peter Tschaikowsky
im Spiegel seiner Zeit

Bestellnummer: ATL 6211
Titel des englischen Originals: *Tchaikovsky Remembered*
Faber and Faber Ltd., London 1993

Lektorat: Jochen Schürmann
Titelentwurf: Theodor Beyer-Eynck
ISBN 3-254-00211-3

David Brown

Peter Tschaikowsky im Spiegel seiner Zeit

Aus dem Englischen von Tobias Döring

Atlantis Musikbuch-Verlag

Inhalt

Vorwort

»Wir können nicht vergessen, daß Peter Iljitsch – ohne jegliche Anstrengung oder Absicht seinerseits, sondern allein durch seine schiere Anwesenheit – Licht und Wärme in alles hineintrug. Und wenn Europa auch um ihn als eine bedeutende künstlerische Kraft trauert, eine der größten in der zweiten Hälfte des 19. Jahrhunderts, so sind es doch nur diejenigen, die das Glück hatten, ihm nahezustehen, die wissen, was für ein *Mensch* mit seinem Tod dahingeschieden ist.«[1]

So groß war Tschaikowskys Ruf und Name, daß er der erste Bürgerliche wurde, der in Rußland ein Begräbnis auf Staatskosten erhielt. Die Anteilnahme seiner Landsleute war so gewaltig, daß 60 000 Anträge auf Zutritt zum Beerdigungsgottesdienst in der Kasaner Kathedrale gestellt wurden. Postume Huldigungen stehen unweigerlich im Verdacht, die Realität zu verklären oder gar Hagiographie zu betreiben. Dennoch habe ich die oben zitierten Worte aus einem Nachruf als Schlußpunkt meiner biographischen und kritischen Studien über Tschaikowsky ausgewählt[2], weil sie alles, was ich in fast zwanzigjähriger intensiver Forschungsarbeit entdeckt hatte, bestens zusammenfassen. Hermann Laroche, von dem sie stammen, war einer der engsten Freunde Tschaikowskys. Aber ein blinder Verehrer war er nicht. Es gab Momente, da er den Komponisten mit seiner Kritik heftig irritierte, denn er kannte ihn als Menschen mit all seinen Schwächen und Eigenheiten so gut wie kaum ein anderer. Auch die Zeichen jenes inneren Aufruhrs, manchmal beunruhigend und oftmals bestimmend für Tschaikowskys äußeres Leben, waren ihm geläufig. Aber Laroche hatte auch allen Grund, von jener grenzenlosen Menschlichkeit Tschaikowskys zu sprechen, die sich in seinen unzähligen Freundlichkeiten, großzügigen Gaben und praktischen Hilfeleistungen oft über geraume Zeit manifestierte. Und er kannte die vielen anderen Züge seines alten Freundes, die unserer Vorstellung häufig zuwiderlaufen.

1 Laroche, Hermann, *Pamjati P.I. Čajkowskogo [Erinnerungen an Tschaikowsky];* in: EIT; abgedruckt in: LIS2 (Abkürzungen siehe Quellenverzeichnis).

2 *Tchaikovsky: a Biographical and Critical Study*, 4 Bände, London, 1978–91 (Taschenbuchausgabe 1992).

Mein eigenes oberflächliches Bild von Tschaikowsky, das ich vor 40 Jahren besaß, war hierfür nicht untypisch: als Komponist kaum mehr als ein naiver Schöpfer, der die Schwächen seiner ziemlich einfältigen Kompositionstechnik durch ein sicheres Gespür für eingängige Melodien und Orchesterklangfarben geschickt überdeckte; als Mensch kaum mehr als ein neurotischer Homosexueller, der seine Qualen in all den emotionsgeladenen Melodien und überhitzten Höhepunkten entlud und sich vermutlich danach besser fühlte. Wie sehr aber täuschte ich mich in beiderlei Hinsicht! In Wahrheit verfügte Tschaikowsky über jene tiefe Menschlichkeit, auf die Laroche verweist; wie schwer es ihm auch fallen mochte, gewisse Bereiche seines eigenen Privatlebens in den Griff zu bekommen, er zeigte stets bewundernswert gesunden Menschenverstand, manchmal sogar Weisheit, wenn es um die Probleme anderer ging. Er konnte sehr zupackend und energisch sein, Direktheit und Unbeugsamkeit mit echtem Mitgefühl verbinden und hatte einen ausgeprägten, wenn auch zuweilen sonderbaren Sinn für Humor. Er war ein perfekter Friedensstifter …

All das hier auszuführen aber hieße, den folgenden Seiten vorzugreifen. Meine wichtigste Quelle für den vorliegenden Band war die Sammlung von Erinnerungen an Tschaikowsky, die auf Russisch erstmals 1962 erschienen ist und seither drei ergänzte und korrigierte Auflagen erlebt hat.[3] Dieses Werk konnte jedoch nur mit größter Vorsicht herangezogen werden. Manchmal sind die Erinnerungen, die in sowjetischer Zeit verfaßt wurden, so offensichtlich vom herrschenden politischen wie ideologischen Klima beeinflußt, daß ich sie zum größten Teil nicht in Betracht gezogen habe. Ebenso hielt ich es für angebracht, auch einige der anderen Beiträge auszuschließen, einfach weil deren Verfasser ihre Erinnerungen zu einem so späten Zeitpunkt niedergeschrieben hatten (einige mehr als 50 Jahre nach Tschaikowskys Tod), daß ihr Andenken ganz offensichtlich bereits verschwommen war. Überhaupt zieht sich durch den gesamten russischen Band eine Tendenz zu Plauderei und Weitschweifigkeit; völlige Objektivität und wissenschaftliche Genauigkeit werden in diesen Memoiren

3 Protopopow, V. u. a. (Hg.), *Vospominanija o P.I. Čajkovskom* [*Erinnerungen an Tschaikowsky*], Moskau 1962 (weitere Auflagen 1973, 1979, 1980). Ich habe hauptsächlich die vierte Auflage benutzt, da sie die aktuellste und umfangreichste ist; dennoch habe ich für manche Details, die später unterdrückt wurden, auf frühere Auflagen zurückgegriffen.

wenig berücksichtigt, gelegentlich finden sich sogar Abweichungen gegenüber den bekannten Tatsachen, wenn auch nicht in gravierenden Punkten. Andererseits haben diese Erinnerungen auch einen positiven Wert, denn mit ihrer anschaulichen Erzählweise und erlebten Nähe zum Menschen Tschaikowsky vermitteln sie eine Lebendigkeit und Lebhaftigkeit, die sein Wesen mit manchmal verblüffender Direktheit erfahrbar werden lassen. Sie sind keine Fotografien, sondern Portraitbilder – und wie immer bei Portraits ist es die persönliche, intuitive Wahrnehmung, die ihre einmalige »Wahrhaftigkeit« schafft. Zusammengenommen ergeben sie ein ganz besonderes Bild des Menschen Tschaikowsky – und zwar ein Bild, das völlig mit dem in Einklang steht, was ich mir unabhängig davon durch das »zuverlässigere« Zeugnis seiner Briefe und Tagebücher entworfen habe. Es ließ sich nicht vermeiden, daß einige der Erinnerungen, die ich schon in meiner früheren vierbändigen Untersuchung verwendet habe, im folgenden wiederkehren. Aber beispielsweise Fanny Dürbachs Schilderungen wegzulassen hätte dem Leser wertvolle Einsichten in das Wesen jenes kleinen Jungen vorenthalten, der zu einem der größten und berühmtesten Komponisten des späten 19. Jahrhunderts werden sollte.

In der Reihe der mehr als achtzig Korrespondenten, Journalisten und Memoirenschreiber, die hier zu Wort kommen, nimmt Laroche eine Sonderstellung ein, und dies nicht nur, weil er den Lebensweg des Komponisten seit der gemeinsamen Studienzeit am Petersburger Konservatorium in den frühen 1860er Jahren so gut verfolgen konnte, sondern vor allem, weil er außer dem Menschen auch dessen Musik, wie Tschaikowsky selbst wohl wußte, mit großer Kenntnis und Klarheit durchschaute. Dann folgt Nikolaj Kaschkin, Tschaikowskys Kollege und Freund seit 1866, als der Komponist dem Kreis jener Musiker beitrat, die wenige Monate später das Moskauer Konservatorium gründeten. Kaschkins Memoiren sind weniger anspruchsvoll; er verfügt weder über Laroches literarisches Talent, noch über tiefere persönliche Einsichten, dennoch sind seine Schilderungen mitunter sehr aufschlußreich. Dies gilt vor allem für seine spätere Darstellung der Umstände von Tschaikowskys Heirat, die im Kern eine ausführliche Wiedergabe der ehelichen Erfahrungen des Komponisten selbst enthält und der ich ein eigenes Kapitel gewidmet habe.

Als langjährige Kollegen und Freunde neigten Laroche und Kaschkin nicht zu jener exzessiven Verehrung, die andere an den Tag legten, nachdem sie den Komponisten womöglich nur einmal getroffen hatten, als er schon zur nationalen Ikone geworden war. Der übertriebene Tonfall etlicher dieser letzteren Reminiszenzen ist mir wohl bewußt – sie verklären den Menschen zumeist –, dennoch habe ich einige von ihnen einbezogen, wenn ich fand, daß sie unter der Schale der Lobhudelei doch einen substantiellen Kern enthielten. Ich überlasse es dem Leser, über ihre Glaubwürdigkeit jeweils selbst zu befinden.

Zwischen diesen beiden Extremen bewegen sich die meisten der im vorliegenden Band enthaltenen Erinnerungen. Der Mann, der Tschaikowsky am nächsten stand, war sein ebenfalls homosexueller Bruder Modest Tschaikowsky. Zehn Jahre jünger als der Komponist, schlug Modest gleichfalls eine künstlerische Laufbahn ein, verfügte aber als Dramatiker nur über mittelmäßige Talente. Seine dreibändige Biographie über den Komponisten (Moskau 1900–02) besteht größtenteils aus einer Sammlung von Zitaten aus Tschaikowskys Briefen, stützt sich jedoch in bezug auf die Kindheits- und Jugendjahre auch auf die Erinnerungen anderer. Aus diesem Grund reiste Modest ein Jahr nach dem Tod seines Bruders eigens nach Frankreich, um Fanny Dürbachs bewegende Erzählungen aufzuzeichnen. Obwohl Modests eigene Erinnerungen, soweit sie die Schaffensjahre des Komponisten betreffen, sehr stark mit Empfindungen durchsetzt sind, die von Bewunderung bis Eifersucht reichen, gibt es keinen Grund, seine Berichte aus den Kinderjahren in Zweifel zu ziehen.

Ebensowenig ist an der Wahrheit der Erinnerungen zu zweifeln, die manche der Kinder von Tschaikowskys engen Freunden niedergeschrieben haben. Zwar schreibt Nadeschda Kondratjewa ein wenig blumig, aber ihre Schilderung vom Leben des Komponisten, wenn der in den 1870er Jahren auf dem Gut ihre Vaters bei Nisy zu Gast war, trifft sich mit den aus anderen Quellen bekannten Tatsachen, während die Klein-Mädchen-Begeisterung ihrer Erzählweise uns vor Augen führt, wie selbstverständlich der Komponist mit Kindern umging und umgekehrt. Alexandra Jürgenson und Wladimir Naprawnik belegen dies auf ausgeglichenere und reifere Weise und zeichnen zusammen das deutlichste Bild der ewig kindlichen Seite in Tschaikowskys Wesen. Auch Sofia Kaschkinas Bericht klingt glaubwürdig. Und wenn sie auch die

Erinnerungen ihrer Eltern und nicht ihre eigenen wiedergibt, schildert sie doch häufig Ereignisse, auf die in den Memoiren ihres Vaters nur kurz angespielt wird, sehr ausführlich.
Von den übrigen Haupt-Beiträgern ist Alexandra Panajewa eine der bedeutendsten, obwohl sie ihre Erinnerungen erst spät im Leben, 1933, niedergeschrieben hat. Wladimir Pogoschews Beobachtungen sind besonders interessant, da sie die weniger angenehmen Seiten in Tschaikowskys Wesen herausstellen. Alina Brjullowa, die über die verschiedenen Aspekte des Komponisten Tschaikowsky schreibt, ist anscheinend eine ebenso verläßliche Quelle wie auch Iwan Lipajew, der mit dem langen Bericht über Tschaikowskys Beziehungen zu anderen Berufsmusikern und seine Sorge um ihr Wohlergehen eine der vielen oftmals unbekannten Seiten seiner tiefen Menschlichkeit enthüllt (obwohl ich vermute, daß einige der Ereignisse in Lipajews Bericht umgestellt wurden, um eine klarere, wirksamere und vielleicht umfassendere Darstellung zu erhalten). Besonders wertvoll ist auch Julian Poplawskys sehr detaillierte Schilderung zweier Tage beim Komponisten zu Hause in Klin nur zwei Wochen vor dessen Tod.
Russische Erinnerungen dieser Art gibt es in großer Zahl; ebenso wie eine nützliche, wenngleich bescheidene Anzahl aus englischen wie amerikanischen Quellen. Dreimal besuchte Tschaikowsky in seinen späteren Jahren England, um Konzerte mit seinen Werken zu dirigieren; beim letzten Mal war die Verleihung der Ehrendoktorwürde der Univeristät Cambridge Hauptanlaß des Besuchs, und sein mehr als vierzehntägiger Aufenthalt im Land verschaffte vielen Menschen die Gelegenheit, mit ihm zusammenzutreffen und ihre Eindrücke später in Autobiographien und Memoiren festzuhalten. 1891 wurde Tschaikowsky eingeladen, an den Einweihungsfeierlichkeiten der Carnegie Hall mitzuwirken, und während der dreieinhalb Wochen, die er nicht nur in New York, sondern auch in Philadelphia, Baltimore und Washington zubrachte, wurde ihm auf dem Podium wie auch sonst viel Aufmerksamkeit zuteil. Amerikaner haben für Auftreten und Erscheinung eines Menschen stets ein besonders geschärftes Bewußtsein, und einige ihrer Beobachtungen sind ebenso treffend wie knapp.
Zu meiner größten Enttäuschung mangelt es sehr an Erinnerungen von deutschen und besonders französischen Musikern. Mit Hans von Bülow verband Tschaikowsky eine lange, auf Gegensei-

tigkeit basierende Bewunderung, und ich habe eine Äußerung von Bülows aufgenommen; auch Mahler hinterließ eine kurze Bemerkung, nachdem Tschaikowsky eine Aufführung von *Eugen Onegin* besucht hatte, die Mahler 1892 in Hamburg leitete. 1888 und 1889 hatte Tschaikowsky in Deutschland als Dirigent gewirkt, wobei er Brahms und viele andere deutsche Musiker traf. Aber nur wenige von ihnen scheinen ihre Eindrücke niedergeschrieben zu haben – obwohl es einen köstlichen Bericht von der Frau des Geigers Adolf Brodsky gibt, die eine Tischgesellschaft in Leipzig schildert, bei der Brahms, Grieg und Tschaikowsky zugegen waren – ich hielt dies für wert, ein eigenes kleines Kapitel zu bilden.

Frankreich besuchte er sehr viel häufiger. Paris war Tschaikowskys Lieblingsstadt in Westeuropa, und dort schloß er Bekanntschaft mit vielen führenden französischen Komponisten und Interpreten. Wie sein Bruder Modest bemerkte, trafen seine Pariser Besuche in den späten 1880er Jahren mit der Mode für alles Russische zusammen, und als Tschaikowsky 1888 erstmals als Dirigent in Paris auftrat, wurde er von der Öffentlichkeit als ein Verkörperung dieser Mode genauestens unter die Lupe genommen, wie die Beispieltexte, die ich aufnehmen konnte, dokumentieren. Die Kraft und Kühnheit eines Großteils seiner Musik jedoch entsprach nicht dem französischen Geschmack (wie sich der wohlgesetzten, aber moderat kritischen Beurteilung seiner Person entnehmen läßt, die in der Ergänzung zu Fétis' *Biographie universelle des musiciens* bereits 1881 erschienen war). In den frühen 1890er Jahren jedenfalls änderte sich die gesellschaftliche Einstellung. So bemerkte der Pianist Alexander Ziloti, nachdem er bei einem Konzert im Trocadéro einige Stücke von Tschaikowsky gegeben hatte, Modest gegenüber enttäuscht und verbittert: »Sie hassen Peter Iljitsch; er ist zu erhaben für sie.«[4] Zweifellos war mit der russischen Mode auch die Beliebtheit Tschaikowskys am Abklingen, und dies mag dazu beigetragen haben, daß ihn nur so wenige französische Musiker in ihren späteren Erinnerungen erwähnen. Daß sein Name in französischen Quellen kaum genannt wird, kann ich mit Bestimmtheit sagen, denn obwohl ich viele Kenner

4 Brief von Alexander Ziloti an Modest Tschaikowsky vom 13. Juli 1892; veröffentlicht in Ralben, A., (Hg.), *Alexander Iljitsch Ziloti, 1863–1945. Vospominanija i pis'ma [Ziloti, Erinnerungen und Briefe]*, Leningrad 1968, S. 177.

der deutschen und französischen Musikgeschichte um Hilfe gebeten habe, konnte mit ihrem gesamten Wissen nur sehr wenig Material zutage gefördert werden. Dennoch gebührt ihnen mein Dank für alles, was sie getan haben, für ihre freundlichen und hilfreichen Reaktionen auf meine Briefe und für zuweilen größere Umstände und Mühen, derer sie sich für mich unterzogen haben. Mein Dank gilt vor allem Paul Banks, Antony Beaumont, Edward Blakeman, dem verstorbenen John Clapham, Joël-Marie Fauquet, Christopher Fifield, Marie d'Indy, André Lischke, Hugh Macdonald, Elisabeth Malfroy, Edward Morgan, Marie-Claire Mussat, Jean-Michel Nectoux, Roger Nichols, Robert Orledge, Robert Pascall, Danièle Pistone, Manuela Schwartz, Andrew Thomson, Damien Top und John Warrack. Für Übersetzungen aus fremdsprachigen Quellen danke ich meiner Frau Elisabeth, Sigrid Chadwick und Lubor Velecky. Meiner Frau schulde ich auch tiefen Dank für ihre Hilfe beim Überprüfen.

In der Zeittafel habe ich zusätzliche Informationen nur dann aufgeführt, wenn sie für Tschaikowskys Leben unmittelbar relevant sind oder wenn sie den Horizont, in dem Tschaikowsky lebte, ein wenig zu markieren helfen. So werden historische Ereignisse aufgeführt, sofern sie ihn – bekanntlich oder vermutlich – direkt betroffen oder bewegt haben. Als eifriger Leser nahm er regen Anteil am literarischen Leben, und so waren russische wie westeuropäische Neuerscheinungen stets von großer Bedeutung für ihn. Ebenso bedeutsam waren ihm natürlich die neuen Kompositionen seiner russischen Zeitgenossen und mancher westlicher, besonders französischer Komponisten. Dennoch hätte die Auflistung aller neuen musikalischen wie literarischen Werke, die seine Aufmerksamkeit forderten, lediglich einen unübersichtlichen Katalog ergeben, und so habe ich nur einige signifikante Kompositionen und Bücher, die zu seinen Lebzeiten entstanden, aufgenommen, um den schöpferischen Umkreis zu skizzieren, in dem er aufwuchs und selbst wirkte.
Die Kapiteleinteilung ergab sich hauptsächlich aus dem verfügbaren Material, wobei ich so weit wie möglich eine chronologische Ordnung beibehalten habe. Im vorletzten Kapitel bin ich über Erinnerungen an den Menschen Tschaikowsky hinausgegangen. Die Frage, wie Tschaikowsky zu Tode kam, war schon immer heiß umstritten. Die offizielle Version lautete, daß er an

der Cholera starb, weil er ein Glas mit nicht abgekochtem Wasser getrunken hätte – eine Geschichte, die erstmals durch Modests Biographie verbreitet wurde. Allerdings ist Modest in seinem Bericht über die letzten Lebensmonate seines Bruders so sichtlich darum bemüht, dessen gute Verfassung herauszustellen, daß sich der Eindruck verfestigt, er wollte jeden Verdacht zerstreuen, daß es auch anders gewesen sein könnte. Auf jeden Fall aber müssen die Unstimmigkeiten und manchmal offensichtlichen Widersprüche im Tatsachenmaterial über Tschaikowskys Ende jedem noch so gutgläubigen Leser zu denken geben. Offensichtlich haben viele der Menschen, die Tschaikowsky nahestanden, entscheidende Indizien verborgen, ohne damit die Gerüchte zu beenden, denen sie entgegentreten wollten. Statt dessen wurden diese durch weitere Widersprüchlichkeiten nur noch befördert. Trank Tschaikowsky das nicht abgekochte Wasser in Leiners Restaurant am 1. November oder einen Tag später in Modest Tschaikowskys Wohnung? Wie kommt es, daß die weitschweifigen und detaillierten Berichte über Tschaikowskys Krankheit von Modest Tschaikowsky und von Lew Bertenson, einem der behandelnden Ärzte, so voneinander abweichen, besonders was die Dauer der Erkrankung betrifft? Und starb Tschaikowsky nun eigentlich am 5. November, wie es die Logik von Bertensons Bericht nahelegt, worauf die Todesnachricht aber aus Gründen, die Modest, Bertenson und andere am besten kennen mögen, noch nicht gleich bekanntgegeben wurde? Und warum wurden alle Verlautbarungen über die Entwicklung der Krankheit, wie es scheint, nach dem 5. November nur außerhalb von Modests Wohnung abgegeben? War der Komponist zu diesem Zeitpunkt vielleicht schon tot, und wurden sie nur als Beweismittel konstruiert, um den folgenden Tag als Todesdatum angeben zu können? Wie immer sich Tschaikowskys Ende in Wahrheit zugetragen haben mag, die Außenwelt sollte offenbar etwas anderes glauben gemacht werden.

Tatsächlich gibt es Hinweise darauf, daß Tschaikowsky Selbstmord beging, und dies wurde insgeheim von vielen in der ehemaligen Sowjetunion auch so akzeptiert, selbst wenn es öffentlich nicht ausgesprochen werden durfte. Im Westen aber ist dies immer eine große und teilweise sehr prekäre Streitfrage gewesen, seit die sowjetische Wissenschaftlerin Alexandra Orlowa 1979 in die USA emigriert war und eine neue Hypothese in die Debatte eingeführt hatte. Demzufolge soll ein »Ehrengericht« Tschaikowsky angeblich dazu verurteilt haben, sich selbst das Leben zu nehmen. Die Geschichte klingt reichlich bizarr, und die Art, wie sie Frau Orlowa übermittelt wurde, läßt manche Fragen offen.[5] Im vierten Band meiner Tschaikowsky-Studie habe ich bereits eine Zusammenfassung des Tatsachenmaterials über die Umstände von Tschaikowskys Tod wie auch meine eigene Einschätzung der Sache gegeben: daß Tschaikowsky Selbstmord verübte und daß die Geschichte vom Ehrengericht ernst genommen werden sollte, wenngleich sie gewiß nicht bewiesen ist.[6] Dennoch gibt es immer noch Leute, vor allem in den Vereinigten Staaten, die nach wie vor an die offizielle Version glauben und für die das Thema seit Orlowas Entdeckungen, wie es scheint, sehr emotional besetzt ist. Die ebenso zahlreichen wie widersprüchlichen Beurteilungen, Vermutungen und Spekulationen sorgen noch immer für Verwirrung. Um dem Leser die Möglichkeit zu geben, sich aufgrund der Sachlage eine eigene Meinung zu bilden, habe ich es im Kapitel »Wie starb Tschaikowsky?« unternommen, die entscheidenden Tatsachen ohne weitere Kommentierung darzulegen. Ich glaube keineswegs, daß dies die Debatte zum Schweigen bringt, doch hoffe ich, daß sie mit dieser Grundlage besser und rationaler geführt werden kann, als dies in der Vergangenheit zuweilen der Fall war.

David Brown
Braishfield, Hampshire
Januar 1993

5 Alexandra Orlowas ausführliche Untersuchung der ganzen Angelegenheit findet sich in ihrem Artikel *Tchaikovsky: the last chapter*, »Music and Letters«, lxii (1981), S. 125–145, sowie im letzten Kapitel ihres Buches *Tchaikovsky: a Self-Portrait* (Oxford, New York 1990). Eine Gegendarstellung dazu stammt von Alexander Poznansky in seinem Artikel *Tchaikovsky's suicide: myth and reality*, »19th Century Music«, XI, Nr. 3 (Frühjahr 1988), S. 199f.

6 Daß diese Geschichte 1987 durch eine andere, unabhängige Quelle bestätigt wurde, scheint mir ihre Glaubwürdigkeit entscheidend zu stärken.

Editorische Notiz

Bei den russischen Personennamen wurde die lesefreundliche eingedeutschte Schreibweise verwendet, zumal sie in vielen Fällen – wie bei Tschaikowsky selbst – in den allgemeinen Sprachgebrauch übergegangen ist. Bei russischen Originaltiteln in den Quellenangaben und in der Bibliographie wurde dagegen auf die im wissenschaftlichen Bereich gebräuchliche Transliteration zurückgegriffen.

I
Präludium
Kindheit und Studienjahre

Peter Iljitsch Tschaikowsky wurde am 7. Mai 1840 in Wotkinsk geboren, einer Bergbaustadt im Ural, rund 1300 Kilometer östlich von St. Petersburg. Sein Vater, Ilja Petrowitsch, war Bergbauingenieur, seine Mutter, Alexandra Andrejewna (geborene Assier) war zur Hälfte französischer Abkunft und achtzehn Jahre jünger als ihr Mann. Tschaikowsky war das zweite Kind der beiden, das die Geburt überlebte.

Fanny Dürbach
(1822–95)

1844 suchten die Tschaikowskys eine Erzieherin für ihren ältesten Sohn Nikolaj und ihre Nichte Lydia. So kam Fanny Dürbach ins Haus. Die damals 22jährige Gouvernante war vermutlich in St. Petersburg ausgebildet worden und stammte von französischen Protestanten ab. Nachdem sie von 1844 bis 1848 bei den Tschaikowskys in Stellung war, arbeitete sie für weitere Familien in Rußland, bevor sie sich mit ihrer Schwester Frederika in Montbéliard (Frankreich) niederließ. Dort stattete ihr Tschaikowsky im Januar 1893 einen Besuch ab, der beide zutiefst berührte. Im Jahr nach Tschaikowskys Tod kam auch sein Bruder und erster Biograph Modest Tschaikowsky, um die alten Schulhefte und Kinderbriefe in Augenschein zu nehmen, die Fanny von seinem Bruder erhalten und sämtlich aufbewahrt hatte. Modest hielt auch Fannys Erinnerungen an jene frühen Jahre fest, darunter ihre ersten Eindrücke von der Familie.

Madame Tschaikowskaja, Nikolaj und ich benötigten nahezu drei Wochen, um von St. Petersburg nach Wotkinsk zu gelangen, und auf dieser Reise machten wir uns so gut bekannt, daß wir, als unser Ziel erreicht war, gänzlich vertraut miteinander waren. Mme. Tschaikowskajas Güte und Zuvorkommenheit sowie die einnehmende Erscheinung, ja Schönheit Nikolajs machten mich meinen Gefährten vollkommen gewogen, während der untadelige Anstand des letzteren [Nikolajs] mich zugleich versicherte, daß die Aufgabe, die mich erwartete, keine beschwerliche sein würde. Gleichwohl war mir äußerst unbehaglich zumute. Alles wäre gut, wenn ich nach meiner Ankunft lediglich mit Mme. Tschaikowskaja und ihrem Sohn Umgang haben würde. Aber vor mir lag die Bekanntschaft mit Menschen und mit einer Lebensweise, die mir gänzlich unvertraut waren. Und so wuchsen, je näher wir unserem Reiseziel kamen, Ungewißheit und Sorge in mir.

Als wir jedoch das Haus schließlich erreichten, genügte ein kurzer Augenblick, um all meine Befürchtungen zu zerstreuen. Wir wurden von einer wahren Schar von Menschen willkommen geheißen, ein herzliches Umarmen und Küssen hob an, und man konnte in der Menge kaum Familie und Bedienstete auseinanderhalten. Alle wurden eins durch die allgemeine, aufrichtige Freude: Jeder begrüßte die Rückkehr der Hausherrin mit gleicher Wärme und Hingabe. Monsieur Tschaikowsky trat auf mich zu, und, ohne ein Wort zu äußern, umarmte und küßte er mich wie eine Tochter. Die selbstverständliche und väterliche Art, in der er dies tat, verschaffte mir sogleich das Wohlgefallen aller und besiegelte meine Aufnahme in den Schoß der Familie. Ich war nicht soeben erst eingetroffen; ich war vielmehr – wie Mme. Tschaikowskaja und ihr Sohn – »heimgekehrt«. Am nächsten Morgen nahm ich meine Tätigkeit auf, ohne mich im geringsten um die Zukunft zu sorgen.

Fanny Dürbach, Erinnerungen, berichtet in Modest Tschaikowskys Artikeln in RMGa (1986), Nr. 3–5, wiederholt in TZC1. Bei den obigen und den folgenden Auszügen aus Fanny Dürbachs Erinnerungen und in den Erinnerungen von Modest selbst sind nur die Stellen in TZC1 und PVC4 angegeben (hier: S. 21 bzw. 11f.).

Die für uns wertvollsten Abschnitte aus Fannys Erinnerungen sind jene, die sich auf Tschaikowsky selbst beziehen und viele Aspekte seiner Persönlichkeit in ihren frühen Jahren sowie die ersten Anzeichen seines musikalischen Talents enthüllen. Unter Fannys Schülern war er zweifellos ihr Liebling. Modest gibt Fannys Erinnerungen teils in direkter, teils in indirekter Rede wieder.

Seit der ersten Begegnung – so erzählt Fanny – spürte sie eine besondere Zuneigung zu dem jüngsten ihrer Schüler, nicht einfach weil er die älteren mit seinen Fähigkeiten und seinem Arbeitseifer übertraf, ebensowenig weil er, verglichen mit Nikolaj, ein braver Junge war und weniger oft für irgendwelchen Schabernack getadelt werden mußte, sondern weil in allem, was er tat, etwas Ungewöhnliches zum Vorschein kam, etwas Zauberhaftes, das jeden, der ihm nahekam, auf unerklärliche Weise in Bann zog. Seine äußere Erscheinung war kein Vergleich zu der Nikolajs, auch zeichnete er sich durch Unordentlichkeit aus. Stets lief er mit zerzaustem Haar herum, nachlässig gekleidet und beschmutzt aufgrund irgendeiner Unachtsamkeit …

Fanny Dürbach, Erinnerungen, berichtet in TZC1, S. 24, und PVC4, S. 12.

Als ich [d.i. Modest Tschaikowsky] fragte, worin sich dieser ungewöhnliche kindliche Zauber mitteilte, erwiderte die ehemalige Gouvernante: »In nichts Bestimmtem, aber dennoch in

Fanny Dürbach

allem, was er tat. Im Unterricht hätte keiner eifriger und eilfertiger sein können; beim Spielen erdachte keiner einen kurzweiligeren Zeitvertreib. Wenn allen zur Freude etwas vorgelesen wurde, lauschte keiner mit größerer Aufmerksamkeit, und wenn ich am Abend eines unterrichtsfreien Tages meine Grünschnäbel um mich scharte und jedem auftrug, etwas zu erzählen, erfand keiner herrlichere Geschichten…
Seine Empfindsamkeit war außerordentlich groß, und man mußte äußerst behutsam mit ihm umgehen. Jede Kleinigkeit konnte ihn bestürzen oder verletzen. Er war ein Kind wie aus Porzellan. Alle Vorhaltungen und Ermahnungen (Strafen kamen bei ihm überhaupt nicht in Frage), die andere Kinder

abschütteln konnten wie die Enten das Wasser, trafen ihn zutiefst und konnten ihn, wenn der Grad ihrer Strenge auch nur um ein Geringes erhöht wurde, in fast beängstigende Bestürzung versetzen. Einmal tadelte ich seinen Bruder und ihn wegen einer Aufgabe, die beide nur sehr unzureichend erledigt hatten, und sagte unter anderem, daß ich ihren Vater bedauern müsse, der so hart arbeite, um das Geld für die Erziehung seiner Kinder zu verdienen, die doch so undankbar seien, daß sie nichts darum gäben und ihren Pflichten nicht sorgfältig nachgingen. Nikolaj hörte mir zu und lief davon, unbekümmert wie eh und je... Pierre jedoch blieb den ganzen Tag nachdenklich und brach, als er an jenem Abend zu Bett ging (und ich den Tadel, den ich am Morgen geübt, schon vergessen hatte), mit einem Mal in Tränen aus, sprach von seiner tiefen Liebe für den Vater und suchte nach Entschuldigungen für die Undankbarkeit gegenüber dem Vater, die ihm ungerechter Weise vorgehalten worden war.«

Fanny Dürbach, Erinnerungen, in: TZC1, S. 25f., und PVC4, S. 13f.

Gegen Ende von Fannys Dienstzeit als Gouvernante kam es einmal zu einem etwas wilderen Ringkampf zwischen zweien ihrer Schüler: Nikolaj Romanow, der solche Kraftproben liebte, und Wenitschka Alexejew, Sohn eines Angestellten im Hause Tschaikowsky. In heller Aufregung meldete Karolina, das Kindermädchen für die Kleinen, Fanny den Aufruhr.

Kaum war Karolina fort, kehrten meine Jungs (darunter auch Pjotr) zurück ... Ohne ein Wort zu sagen, setzten sich meine Schüler auf den Diwan gegenüber von unserer Schulbank.
»Ich bin zutiefst empört«, setzte ich an, »daß ich mich nicht darauf verlassen kann, daß ihr euch in Gegenwart kleiner Kinder ordentlich aufführt. Wegen deines Ungehorsams, Wenitschka, wirst du jetzt zum Kutscher gehen und sagen, er soll anspannen und dich nach Hause bringen.«
Kaum hatte ich diese Worte gesprochen, sollte ich sie sogleich bereuen. Der arme Junge brach in Tränen aus. Dann erhob sich Pierre und sagte: »Mlle. Fanny, Sie haben nicht bedacht, daß Wenitschka keine Mutter hat und daß Sie, da Sie an ihrer Stelle stehen, kein Recht haben, ein Waisenkind fortzuschicken.«
»Soll das heißen, Pierre, daß meine Schüler ungehorsam sein dürfen und ich kein Recht habe, sie dafür zu strafen?«

»Strafen Sie ihn mit derselben Strafe wie uns, aber erlassen Sie keine für ihn allein. Alle drei sind wir schuld und müssen daher alle drei auf die gleiche Weise bestraft werden.«
Wenitschka konnte nur »Vergeben Sie mir« sagen – ebenso Nikolaj. Ich war umsomehr bereit, ihnen zu vergeben, als ich – obwohl ich Wenitschka lediglich für einen Tag nach Hause schicken wollte – dennoch gegen die Regeln verstoßen hatten, die mir von ihrer Mutter auferlegt worden waren.

Fanny Dürbach, Erinnerungen, in: TZC1, S. 27, und PVC4, S. 14f.

Eine rührende, völlig außergewöhnliche Begeisterung für alles Russische begleitete ihn sein ganzes Leben lang … Er besang seine Liebe zum Vaterland in Versen, zuweilen jedoch gab er ihr auf geradezu komische Weise Ausdruck. So erzählt Fanny, wie er sich einst während einer Unterrichtspause einen Atlas vornahm und ihn genau betrachtete. Als er eine Europakarte entdeckte, begann er plötzlich Rußland über und über mit Küssen zu bedecken und tat sodann, als wolle er den Rest der Welt bespucken. Fanny schritt ein und setzte zu erklären an, daß ein derartiges Betragen gegenüber Kreaturen, die – ganz wie er selbst – zum Herrgott als »Vater unser« beteten, schändlich wäre, denn es sei schlimm, Mitmenschen zu hassen, bloß weil sie keine Russen wären, und daß er damit auch sie selbst bespucken würde, da sie ja ebenfalls nicht russisch sei.
»Sie brauchen nicht mit mir zu schelten«, entgegnete Pierre. »Haben Sie denn nicht bemerkt, daß ich Frankreich mit der Hand bedeckt hielt?«

Fanny Dürbach, Erinnerungen, in: TZC1, S. 28, und PVC4, S. 15.

An Wochentagen war die Zeit ab sechs Unr früh genauestens eingeteilt, und der festgesetzte Tagesablauf wurde pünktlich eingehalten. Da die freien Stunden, während derer die Kinder treiben durften, was sie wollten, knapp bemessen waren, bestand ich darauf, daß sie sie zu körperlicher Übung nutzten, wogegen Pierre sich regelmäßig widersetzte, da er sich nach dem Unterricht stets ans Piano begeben wollte. Dennoch gehorchte er schließlich mehr oder weniger willig und sprang dann auch glücklich umher und spielte mit den anderen…

Blieb er sich selbst überlassen, wandte er sich meist der Musik zu, las oder schrieb Verse.

Fanny Dürbach, Erinnerungen, in: TZC1, S. 28, und PVC4, S. 16.

Nach der Arbeit oder nach längeren Perioden, wenn er seiner Phantasie am Piano freien Lauf gelassen hatte, war er stets angespannt und innerlich in Aufruhr. Einmal gaben die Tschaikowskys eine Abendgesellschaft, und der ganze Abend wurde mit musikalischen Darbietungen zugebracht. Da es ein Ferientag war, durften auch die Kinder bei den Erwachsenen bleiben. Pierre war zunächst sehr lebhaft und vergnügt, doch gegen Ende der Gesellschaft wurde er so müde, daß er früher als gewohnt nach oben ging. Als Fanny einige Zeit darauf ins Kinderzimmer trat, lag er mit glänzenden Augen wach und weinte. Auf die Frage, was ihm denn fehle, antwortete er: »Ach, es ist die Musik, die Musik!« Aber es war zu diesem Zeitpunkt gar keine Musik mehr zu hören. »Schaff sie mir fort! Sie ist hier, hier«, rief der Junge unter Tränen und deutete auf seinen Kopf. »Sie läßt mich nicht in Frieden!«

Fanny Dürbach, Erinnerungen, in: TZC1, S. 44, und PVC4, S. 18.

Modest Tschaikowsky
(1850–1915)

Die jüngeren Brüder des Komponisten, die Zwillinge Modest und Anatoly, sollten in seinem Privatleben eine wichtige Rolle spielen. Vor allem der homosexuelle Modest wurde zum engsten Vertrauten Tschaikowskys. Er schrieb nicht nur die erste Biographie über seinen Bruder, sondern hütete auch jahrelang das Museum, das in Klin, der letzten Heimat des Komponisten, eingerichtet wurde. »Schwesterchen« war der Spitzname für Anastasja Popowa, Tschaikowskys Kusine; Sinaida (1829–78) war Tschaikowskys Halbschwester, die nach Fannys Abschied im Jahre 1848 die Rolle der Hauslehrerin übernahm.

Die erste Erinnerung, die Peter Iljitsch aus jener frühen Zeit behielt, galt einer Reise ins Kurbad Sergijewsk, die er 1845 mit seiner Mutter und mit »Schwesterchen« unternahm. Er erinnerte sich besonders deutlich, wie sie nach einer langen und ereignislosen Fahrt bis spät in die Nacht schließlich bei einem hell erleuchteten Gutshaus ankamen und dort etliche Tage bei Verwandten von Alexandra Andrejewna [d. h. seiner Mutter] blieben. Nach den Mühen und Schrecken der nächtlichen

Familie Tschaikowsky im Jahre 1848 (von links nach rechts): Peter Iljitsch, Mutter Alexandra Andrejewna, Alexandra (vorn), Sinaida, Nikolaj, Ippolit, Vater Ilja Petrowitsch

Reise prägte sich ihm der Eindruck jenes einladenden und strahlenden Hauses so tief ins Gedächtnis, daß daraus, wie er selbst sagte, seine Liebe für das Leben auf dem Lande erwuchs, die er niemals aufgeben sollte. Der anschließende Aufenthalt im Kurort, wo es niemanden gab, mit dem er die Zärtlichkeit und Aufmerksamkeit seiner überaus geliebten Mutter teilen mußte, die Neuheiten des Ortes, die Bekanntschaften – all dies wurde ihm zu den wärmsten und liebsten Kindheitserinnerungen.

Das andere Ereignis, das er sich aus jener Zeit stets ins Gedächtnis zu rufen liebte, war die Rückkehr seiner Eltern, als sie Ende 1846 Sinaida Iljinischna nach ihrem Schulabschluß aus dem Jekaterinsky-Internat abholten. Dies trug sich eines Winterabends kurz vor Weihnachten zu. Er entsann sich der stürmischen Freude, die er und alle anderen Mitglieder des Hauses empfanden, sobald die Glöckchen der herannahenden Kibitke erklangen – wie sie alle mit lautem Rufen in die Empfangshalle liefen, wie sich die Tür öffnete, frostkalte Luft ins Zimmer strömte und ein zierliches, ausnehmend hübsches Wesen hereinwirbelte, das er noch nie in seinem Leben gesehen hatte (denn Sinaida Iljinischna war schon vor seiner Geburt aufs Internat gegangen). Er entsann sich auch des himmlischen Glücks, das er empfand, als er sich nach drei- oder viermonatiger Trennung endlich wieder an die Brust der Mutter drücken konnte. Noch lange, lange Jahre, als er selbst schon im reifen Mannesalter war, konnte er nicht ohne Tränen von der Mutter sprechen; so waren alle um ihn herum stets bemüht, sie gar nicht erst zu erwähnen.

Modest Tschaikowsky, TZC1, S. 29; wiederabgedruckt in: PVC4, S. 16.

Lydia Tschaikowskaja
(1830–92)

Lydia Tschaikowskaja war eine von Tschaikowskys Kusinen.

Von morgens bis mittags haben wir Unterricht bei Sina[ida]; danach arbeiten wir, lesen am Abend, und manchmal tanzen wir miteinander oder singen, wenn Petja uns am Klavier begleitet. Er spielt sehr schön; man könnte meinen, er ist schon ein erwachsener Mann. So wie er jetzt spielt, ist es gar kein Vergleich mehr mit seinem Spiel in Wotkinsk.

Lydia Tschaikowskaja, aus einem Brief von 1849, in: TZC1, S. 50, und PVC4, S. 22.

1850 wurde Tschaikowsky in den Vorbereitungskurs der Petersburger Schule für Jurisprudenz geschickt, einer der führenden Schulen Rußlands, deren Absolventen besonderen Vorzug genossen, wenn sie eine Beamtenlaufbahn anstrebten.

Fjodor Maslow
(1840–1915)

Fjodor Maslow war ein Schulfreund Tschaikowskys und zählte später eine Zeitlang zu dessen Kollegen im Justizministerium, bevor er ein bedeutender Anwalt wurde. Gawriil Lomakin war für die Vokalmusik an der Schule für Jurisprudenz zuständig und damals bereits auf dem Weg, eine der prominentesten Figuren im Musikleben St. Petersburgs zu werden, wo er zusammen mit Balakirew 1862 die Musikalische Freischule gründete. Alexej Apuchtin, wie Tschaikowsky homosexuell, wurde ein führender Dichter, von dem der Komponist später fünf Gedichte vertonen sollte. Obwohl ein äußerst schwieriger Mensch, blieb Apuchtin einer von Tschaikowskys lebenslangen Freunden.

Was die Musik betrifft, gebührte Peter Iljitsch selbstverständlich der erste Rang unter seinen Kameraden, wenngleich noch keiner von ihnen ernsthafte Anzeichen seiner [späteren] Berufung bemerkte. Mit den musikalischen Kunststückchen, die er beherrschte, bot er uns nur manche Kurzweil: die Tonart erraten und Klavierspielen, wenn die Tastatur mit einem Handtuch verdeckt war. Seit dem Tag, an dem er eingetreten war, sang er im Chor und amtierte die ersten drei Jahre als Stimmführer des zweiten Knabensoprans. Dies war umso nötiger, als sie alle Knaben, deren Stimme und Gehör nur mäßig waren, dort zusammentaten. Seine unsauber intonierenden Kameraden bereiteten ihm manche Qual…

Der Chorleiter [für bestimmte Chorproben] war stets ein Schüler aus den oberen Klassen, der nicht nur für die musikalische Seite Verantwortung zu übernehmen hatte; er mußte seine Kameraden auch zu den Proben versammeln, und dies erforderte, besonders was die größeren Jungs betraf, die Autoriät einer Person, die ihnen an Alter und Schulerfahrung überlegen war. Im Herbst 1858 wurde Tschaikowsky dazu ernannt. Er blieb jedoch nicht lange Chorleiter; keine zwei Monate hielt er durch, denn er zeigte weder die Fähigkeit noch den Willen zu befehlen…

Peter Iljitsch begann sehr früh zu rauchen, obwohl seine engsten Freunde nicht zu den Rauchern zählten. Im täglichen Leben zeichnete er sich durch Unordentlichkeit und Nachlässigkeit aus. Er stibitzte fast die gesamte Bibliothek des Vaters für seine Kameraden, aber wenn er selbst die Bücher anderer entlieh, kümmerte ihn die Rückgabe nie. Noch 1869 fand ich in Moskau in der Wohnung des Professors vom Konservato-

rium [d. h. bei Tschaikowsky], der [nunmehr] nichts weiter mit der Justiz zu schaffen hatte, juristische Bücher, die zu seinen Schulzeiten schon längst »überfällig« gewesen waren...
Peter Iljitsch besaß niemals eigene Schulbücher und versuchte daher, sich von seinen Kameraden welche zu borgen. Doch auch seine eigene Schulbank war gewissermaßen öffentlich zugänglich, und wer immer wollte, konnte darin kramen. Während der Prüfungszeit in der Abschlußklasse bereiteten Peter Iljitsch und ich uns aus irgendeinem Grund gemeinsam vor. Als Arbeitsort wählten wir den Sommergarten, und damit wir unsere Aufzeichnungen und Schulbücher nicht ständig umhertragen mußten, verbargen wir sie in der Höhlung einer alten Linde, vor Regen durch Bretter geschützt. Nach Abschluß der Prüfungen holte ich meine Unterlagen dort wieder heraus, Peter Iljitsch jedoch vergaß dies immerzu, und so verrotten seine Schulpapiere vielleicht noch heute in einem der Bäume, die Peter der Große gepflanzt hat.
Peter Iljitsch pflegte starke Neigungen zur Literatur und nahm regen Anteil an der Schülerzeitung »Der Schulbote«, die in der fünften Klasse veröffentlicht und von Apuchtin und Ertel herausgegeben wurde. Ein sehr flüssiger und scharf formulierter Artikel *Eine Literaturgeschichte unserer Klasse* stammte aus seiner Feder. In seinen späteren Schuljahren führte Tschaikowsky ein Tagebuch mit dem Titel *Alles*, in das er seine sämtlichen Seelengeheimnisse ergoß. Dabei war er jedoch so vertrauensselig, daß er es nicht unter Verschluß hielt, sondern in eben jener Schulbank aufbewahrte, in der auch sein ganzer Stapel an eigenen und fremden Heften und Büchern herumlag.

Fjodor Maslow, Erinnerungen, in: PVC4, S. 29f., und teilweise in TZC1, S. 96ff.

Wladimir Gerard
(1839–1903)

Wladimir Gerard war einer von Tschaikowskys engsten Schulfreunden. Später wurde er ein bedeutender Anwalt und gründete die Gesellschaft zur Verhinderung von Gewalt gegen Kinder. Nach Tschaikowskys Tod sollte er die Grabrede halten. Laut Modest Tschaikowsky bildete die unglückliche Leidenschaft seines Bruders für Gerard später eine wichtige Anregung für die Komposition der Phantasie-Ouvertüre *Romeo und Julia*.

Außer einer natürlichen Neigung, die wir zueinander empfanden, verband uns vor allem die Liebe zum Theater. Irgendwann einmal nahm Peter Iljitsch mich zu einer Vorstellung von [Rossinis] *Guillaume Tell* in die Italienische Oper mit. Es sangen Tamberlick, Debassini und Bernardi... Von diesem Tag an ward ich ein begeisterter Liebhaber der Oper und suchte sie noch oft zusammen mit meinem Freund auf. Auch für das Französische Theater hatten wir eine Leidenschaft, zumal es bei den Kameraden von der Schule für Jurisprudenz groß in Mode stand.

Wenngleich Peter Iljitschs Ruf als Musiker ganz im Schatten von Apuchtin als Dichter stand, in dem wir alle einen künftigen Puschkin zu sehen glaubten, fand seine Begabung doch einige Aufmerksamkeit, obwohl keiner seiner Schulkameraden ernsthaft damit gerechnet hat, daß er später als Komponist einen solchen Ruhm erlangen sollte. Ich erinnere noch sehr genau, wie Peter Iljitsch sich, sobald Lomakin nach der Chorprobe den weißen Saal verlassen hatte, ans Harmonium zu setzen pflegte und über bestimmte Themen zu improvisieren begann. Welche Melodie man ihm auch geben mochte, er schuf unendliche Variationen darüber. Meistenteils stammten die Themen für solche Improvisationen aus neuen Opern, die wir gerade gehört hatten.

Im Unterricht zeigte Peter Iljitsch zwar Begabung, aber nur mäßigen Eifer und war häufig mit seinen Gedanken ganz woanders...

Beide liebten wir Gesellschaften. Ich erinnere noch, wie wir einst, nachdem wir die reizende Schwester eines unserer Schulkameraden kennengelernt hatten, alles daransetzten, zu ihrem Schulball eingeladen zu werden, bis unsere Bemühungen schließlich von Erfolg gekrönt wurden und wir beide unermüdlich tanzten.

Wladimir Gerard, Erinnerungen, in: PVC4, S. 27f., und teilweise in TZC1, S. 96f und S. 104.

Rudolf Kündinger
(1832–1913)

Rudolf Kündinger war ein deutscher Pianist und Klavierlehrer, der sich 1850 in Rußland niedergelassen hatte und Professor am Petersburger Konservatorium geworden war. 1855 nahm Tschaikowsky den Unterricht bei ihm auf.

Von 1855 bis 1858 wurde unsere Arbeit lediglich in den Sommermonanten unterbrochen. In all dieser Zeit erbrachte mein Schüler zwar durchaus Erfolge, doch waren diese nie solcherart, daß sie in mir ausnehmend Hoffnung seinetwegen weckten. Auf die Frage von Ilja Petrowitsch [Tschaikowsky], ob es sich lohne, daß sich sein Sohn gänzlich einer musikalischen Laufbahn widme, gab ich denn auch eine abschlägige Antwort, zum einen, weil ich in Pjotr Iljitsch nicht das Genie zu sehen vermochte, das später offenbar werden sollte, zum anderen, weil ich aus eigener Erfahrung wußte, wie schwer das Los eines Berufsmusikers in Rußland damals war…
Mit was für einem außergewöhnlichen Musiker ich hier Umgang pflegte, habe ich damals nicht erkannt, und so sind mir auch die Einzelheiten der musikalischen Entwicklung meines Schülers nur sehr undeutlich im Gedächtnis geblieben. Gewiß, seine Fähigkeiten waren bemerkenswert: ein auffallend gutes Gehör, ein treffliches Gedächtnis, eine außerordentliche Fingerfertigkeit, doch war dies alles kein Anlaß, in ihm auch nur einen herausragenden Interpreten zu vermuten, geschweige denn einen Komponisten… Das einzige, was meine Aufmerksamkeit bis zu einem gewissen Maße fesselte, waren seinen Improvisationen; in ihnen ließ sich zweifellos etwas höchst Ungewöhnliches dunkel vorausahnen. Hinzu kam, daß sein Gespür für Harmonien mich zuweilen überraschte. Zu jener Zeit kannte er kaum die Anfangsgründe der Harmonielehre, und doch konnte er, wenn ich ihm gelegentlich eine meiner eigenen Kompositionen vorlegte, des öfteren Ratschläge zu ihrer harmonischen Gestaltung erteilen – Ratschläge überdies, die meistenteils vernünftig waren.

Rudolf Kündinger, Erinnerungen, in: PVC4, S. 31f., und teilweise in TZC1, S. 122f.

Anna Merkling
(1830–1911)

Anna Merkling war Tschaikowskys Lieblingskusine. Seit 1852, als Tschaikowskys Eltern nach St. Petersburg übersiedelten, fand sich die ganze Familie zu einer besonders engen Gemeinschaft zusammen, und so genoß der künftige Komponist in seinen Schulferien ein glückliches und reges Gesellschaftsleben. Nach dem Tod der Mutter 1854 (einem der niederschmetterndsten und traumatischsten Erlebnisse seines ganzen Lebens) beschlossen sein Vater und dessen Bruder, Onkel Pjotr (Annas Vater), auf drei Jahre zusammenzuleben, so daß Tschaikowskys Verhältnis zu Anna, obwohl sie zehn Jahr älter war, auf diese Weise gefestigt wurde. Er sollte mit ihr sein Leben lang in Verbindung bleiben, half ihr aus, als ihr Mann in finanzielle Schwierigkeiten geriet, und widmete ihr sein Klavierstück *Menuetto scherzo*, op. 51 Nr. 3. Annas folgende Schilderungen, aufgezeichnet von Modest Tschaikowsky, beziehen sich wahrscheinlich auf das Jahr 1852, als Tschaikowsky zwölf Jahre alt war.

Wie sie [Anna] erzählte, war er, wenn nicht bei der Mutter, stets bei ihr. Beide verband eine Vorliebe für Schabernack, woran besonders der künftige Komponist ganz ungewöhnlichen Gefallen fand. Als Beispiel führe ich das folgende an. Neben der Datscha der Tschaikowskys lebte eine mürrische Polin, eine Frau von zweifelhaftem Ruf, die um alles in der Welt ihre Truthähne liebte. Und so machten sich Peter Iljitsch und seine Freundin daran, die Nachbarin zu necken. Neben ihrem Geflügelstall sangen sie in höchsten Tönen: »Hast du dieses Boot gesehen?« Die Truthähne brachen sogleich in lautstarkes Geschnatter aus, worauf die Polin am Fenster erschien und die Störenfriede mit Schimpf überzog. Diese jedoch gerieten dadurch in höchste Verzückung und wiederholten ihren Streich, bis am Fenster auf einmal ein Mann mit einem großen Schnurrbart erschien, dem es gelang, ihnen einen solchen Schreck einzujagen, daß sie es nie wieder tun sollten.

Da Pjotr bei solchen Eskapaden Anna Petrownas Gefährte war, sah er sich auch stets als ihr Beschützer und Verteidiger bei anderen Gelegenheiten. Eines schönen Abends im Sommer, als die drei Mädchen [Anna, Lydia Tschaikowsky und Tschaikowskys Halbschwester Sinaida] auf dem Balkon vor ihrem Schlafzimmer saßen, um sich vor dem Zubettgehen ihre Herzensgeheimnisse zu eröffnen, stürmte Petja in heller Aufregung zu ihnen hoch, um zu vermelden, daß Kolja [d. h. sein Bruder Nikolaj] und Annas Bruder Ilja auf der Leiter standen und die weiblichen Vertraulichkeiten heimlich belauschten. Zum Lohn bekamen die beiden vorwitzigen Verehrer kaltes Wasser über die Köpfe geschüttet.

Anna Merkling, Erinnerungen, berichtet von Modest Tschaikowsky, in: TZC1, S. 77.

Als Tschaikowsky die Schule für Jurisprudenz 1859 verließ, erhielt er umgehend eine Stellung im Justizministerium.

Fjodor Maslow

(Siehe Seite 26)

[In seinen Dienstjahren] kam die aristokratische Seite seines Wesens (im Sinne eines feinen Gespürs für das äußere Erscheinungsbild) einerseits in seinem Bestreben zum Ausdruck, den höheren Rängen der Gesellschaft näherzukommen – und zwar sowohl in der übertragenen wie auch der eigentlichen Bedeutung dieses Wortes –, sowie andererseits in einer tief empfundenen Abneigung gegen den damals herrschenden militärischen Geist. Im übrigen äußerte sich seine Hingabe an alles Schöne, an alles, was dem Auge schmeichelt, in der Sorgfalt, die er auf sein Erscheinungsbild verwendete. Da er unbemittelt war, konnte er sich nicht mit Eleganz kleiden, und dies bekümmerte ihn sehr.

Fjodor Maslow, Erinnerungen, in: PVC4, S. 30.

Alina Brjullowa

(1849–1932)

Alina Brjullowa hatte einen taubstummen Sohn aus erster Ehe namens Kolja, für den Modest Tschaikowsky 1876 Hauslehrer und nach dem Tod von Koljas Vater 1882 auch Vormund wurde. Tschaikowsky unterhielt gute Beziehungen zu Alina Brjullowa, war Kolja freundschaftlich verbunden und besuchte häufig das Gut der Familie bei Grankino. Er widmete Alina Brjullowa das Klavierstück *Echo rustique*, op. 72 Nr. 13. Efim Wolkow, der Alina Brjullowa die folgende Begebenheit, die sich während seiner und Tschaikowskys Dienstzeit im Justizministerium ereignete, mitteilte, machte sich später als Maler einen Namen.

Letzterer [Tschaikowsky] war Assistent des Bürovorstehers, wohingegen Wolkow, ungebildet und eher langsam wie er war, lediglich als Schreiber diente und es als kleiner Fisch nicht gerade einfach hatte. Es traf sich, daß Tschaikowsky einmal durch Wolkows Arbeitszimmer lief und dessen düstere Miene bemerkte.

»Was ist denn los mit dir?«

»Sie haben mir die ›Gans‹ genommen, und dabei habe ich schon auf dieses Geld gerechnet, um meine Schulden zu begleichen.« (In der Beamtensprache wurde die Sonderzahlung zu Weihnachten als »Gans« bezeichnet.)

»Und wieviel ist es?«

Die Summe war nicht hoch, aber angesichts der bescheidenen Mittel nicht nur von Wolkow, sondern auch von Tschaikowsky bildete sie schon einen ganz stattlichen Betrag. Sogleich entschloß sich Tschaikowsky, dem Ärmsten zu helfen.

»Warte nur«, sagte er. »Das ist sicher ein Versehen. Ich werde mich darum kümmern.«

Eine halbe Stunde später kehrte er zurück.

»Es war in der Tat ein Versehen. Hier ist dein Geld; man hat es mir gleich für dich mitgegeben.«

Alina Brjullowa, Erinnerungen (1929), in: PVC4, S. 114f.

Modest Tschaikowsky

(Siehe Seite 23)

Nach der Heirat der Schwester Alexandra (Sascha) im Jahre 1860 übernahm Peter für seine kleinen Zwillingsbrüder Modest und Anatoly die Rolle der Mutter, und es entstand eine sehr enge und herzliche Verbindung zu ihnen. Dafür scheint auch der große Altersunterschied kein Hindernis gewesen zu sein.

Wann immer er [d. h. Bruder Peter] einwilligte, uns zu »quälen«, tat er dies nie mit Herablassung, sondern stets von ganzem Herzen, und so war uns seine Teilnahme an unseren Spielen immer eine besondere Freude. Auf der Stelle erfand er irgendein [Spiel] und freute sich anschließend selbst umso mehr daran. Seine Spiele waren unvergleichlich: Alles entsprang dem eigenartigen und unentrinnbaren Zauber seines Wesens…

1861 reiste Tschaikowsky erstmals nach Westeuropa, um einem Freund seines Vaters als Dolmetscher zur Seite zu stehen. Kurz zuvor hatte er mit Unterricht in den Grundlagen der Kompositionslehre bei Nikolaj Zaremba in einer der neu gegründeten Klassen der Russisch Musikalischen Gesellschaft (RMG) begonnen. Für kurze Zeit änderte sich sein Verhältnis zu den Zwillingsbrüdern. Hermann Laroche sollte einer seiner engsten Freunde werden.

Peter Tschaikowsky, Anfang der 1860er Jahre

[Ich sehe meinen Bruder förmlich] wie er aus Paris wiederkehrte... In jenem Winter wie schon zuvor schien er mir ganz versessen auf und stark beteiligt an Liebhaberaufführungen. Ich entsinne mich, daß er in Gesellschaft von Apuchtin, Meschtschersky und Adamow [ehemalige Schulfreunde] entweder nur über Aufführungen sprach, die in irgendeinem mir unbekannten Hause stattfanden, oder selbst zu Haus probte ... Ich erinnere mich, wie er im Stück *Die Bäuerin als Herrin* im zweiten Akt eine Nebenrolle spielte, einen Landbesitzer, der alle köstlich unterhielt, als er Mücken fangen wollte, und wie er in *Mißgeschicke eines zarten Herzens* einen jungen Mann gab, was er für seine beste Rolle hielt... Beim Ballett schätzte er Geschmeidigkeit, das Fehlen scharfer, gestelzter Bewegungen am meisten, und wenn er selbst tanzte, führte er vor, was dies hieß...

Später, als Zarembas Kurse begannen, traten allmählich Petjas musikalische Gefährten in Erscheinung, und er fing an, vierhändige Klavierfassungen der Beethoven-Symphonien mit ihnen zu spielen. Ich erinnere mich noch dunkel an ein Wohltätigkeitskonzert für eine Studentin, eine gewisse Silujanowa, in einem Saal der Technischen Hochschule, wo Petja eine Polonaise für Piano solo von Weber spielte, sein virtuoses Paradestück. Ich weiß noch, daß er gekränkt war, als sein Publikum nicht tosend applaudierte, obwohl er im tiefsten Innern seine eigene Darbietung ebenfalls nicht allzu sehr schätzte. Dann, mit der Aufnahme seiner Kurse im Michailowsky-Palais, wird mir die Auswahl seiner Stücke immer unerklärlicher, und schließlich beginnt er stundenlang ganz scheußliche Stücke zu spielen: Fugen von Bach. Vergebens mühte er sich, sie mir nahezubringen... Während dieser Zeit improvisierte Petja viel – besonders, wenn mich die Erinnerung nicht täuscht, in der Dämmerstunde, niemals auf Verlangen und meistenteils wenn möglich ohne Zuhörer. Und wenn solche zufällig zugegen waren und ihm lobend zusprachen, pflegte er barsch zu entgegnen: »Es ist völlig belanglos..., es ist wirklich nichts dabei.«

Seit Herbst 1862 war weder von Liebhaberaufführungen noch von gesellschaftlichen Bekanntschaften mehr die Rede. Die Musik schluckte alles. Man neckt ihn, weil er das Haar wachsen läßt. Man ist über seinen Entschluß [die RMG-Kurse zu besuchen] erstaunt, die Leute tadeln ihn dafür, sie beklagen es. Laroche erscheint... Petja kommt mir wie ein neuer Mensch vor. Da ist diese Zärtlichkeit Vater gegenüber, da ist sein ständiges Zuhausebleiben, die wachsende Nachlässigkeit, was sein Äußeres betrifft, die Ernsthaftigkeit, mit der er sich der Arbeit widmet, die Aufmerksamkeit, die er Anatoly und mir schenkt, seine Sorge um Dinge, die zuvor mit dem Bild des weltläufigen und glänzenden jungen Gesellschafters gänzlich unvereinbar gewesen waren. Seine liebevolle Zuwendung, das völlige Feh-

len aller Gespräche über Theaterereignisse und Bälle – all dies zusammen erstaunte, berührte und gefiel...
Von den gesellschaftlichen Zerstreuungen losgesagt, ging Petja, von Besuchen bei seinen engsten Freunden abgesehen, noch gern zum Dominospielen in die »Vornehme Gesellschaft« aus. Abgesehen von diesem Vergnügen pflegte er montags auf einen Hausabend bei einem gewissen Christianowitsch zu gehen, wo sich stets eine sehr anregende Runde traf... Darüber hinaus braucht man nur noch die »Fünf Kopeken« zu nennen – das kleine Restaurant, wo man für fünf, zehn, fünfzehn oder zwanzig Kopeken ein ansehnliches Mahl bekam und wo Petja mit Laroche »Gelage« hielt –, um alle seine Ausschweifungen erschöpfend aufzuzählen. Zu jener Zeit ist eine zunehmende Entfremdung von seinen früheren Freunden bei Petja zu bemerken. Mit Abscheu spricht er von ihrer Leere und zieht sich nach und nach vollständig von ihnen zurück.

Modest Tschaikowsky, Erinnerungen, in: PVC4, S. 33–36.

1862 tritt Tschaikowsky in das neu gegründetete Petersburger Konservatorium ein, das aus den erfolgreichen Kursen der Russisch Musikalischen Gesellschaft hervorgegangen war. Dennoch behielt er seine Stellung im Justizministerium bis 1863. Die Ausbildung am Konservatorium schloß er im Dezember 1865 ab.

Hermann Laroche
(1845–1904)

Hermann Laroche war einer der engsten von Tschaikowskys lebenslangen Freunden. Sie studierten gemeinsam am Petersburger Konservatorium, und für eine Weile waren sie auch Kollegen am Moskauer Konservatorium. Doch Laroche, der in jungen Jahren stark unter dem Einfluß seiner Mutter gestanden hatte und dessen erste Frau früh starb, so daß ihm die Verantwortung für die junge Familie alleine zufiel, verfiel bald in eine sehr ungeordnete Lebensweise, die durch wilde Ausschweifungen und lange Phasen völliger Gleichgültigkeit gekennzeichnet war. Dennoch war er ein brillanter Kopf und gehörte als Musikkritiker, wie Tschaikowsky wohl wußte, zu den ersten seines Faches. Tatsächlich war Tschaikowsky so darum bemüht, Laroches Fähigkeit nicht brachliegen zu lassen, daß er sich später, selbst als der Druck des eigenen Ruhms am stärksten auf ihm lastete, gelegentlich die Zeit nahm, als sein persönlicher Sekretär zu fungieren, nur damit Laroche wieder einen Artikel zustande brachte. Laroche für seinen Teil sollte einer der hilfreichsten und weitsichtigsten Kritiker von Tschaikowskys Werken werden. Wie schon in der Einleitung zu diesem Band erwähnt, macht ihn dies in Verbindung mit seiner lebenslangen Freundschaft zum Komponisten zur vielleicht wertvollsten Informationsquelle. Tschaikowsky traf den damals 17jährigen erstmals 1862 am Petersburger Konservatorium, wo

Hermann Laroche

die beiden bald in ihren musikalischen Tätigkeiten und Bestrebungen unzertrennlich wurden.

> Er [Tschaikowsky] spielte [das Klavier] im allgemeinen sehr gut, kraftvoll, mit Bravour [und] mit der Befähigung zu allerschwersten Stücken. Für mein Empfinden war sein Spiel damals insgesamt etwas grob, da es ihm an Wärme und Gefühlstiefe ermangelte – also genau das Gegenteil dessen, was heutige Leser sich am ehesten vorstellen mögen. Der Grund war, daß Peter Iljitsch Sentimentalität fürchtete wie die Pest und daher alles übermäßig gefühlsbetonte Klavierspiel ablehnte, ja seinen Spaß mit der Vortragsbezeichnung »con espressione« trieb… Das musikalische Gespür in seinem Innern stand unter der Macht einer gewissen Keuschheit, und aus

Furcht vor Abgeschmacktheit konnte er ins andere Extrem verfallen.

Hermann Laroche, VOC, in: PVC4, S. 37f., und LIS2, S. 167f.

Von September 1862 bis Neujahr 1863 nahm Tschaikowsky zweimal wöchentlich (montags und donnertags um acht Uhr morgens) [Klavier]stunde bei Anton Herke. Er [Herke] neigte leicht zum Sentimentalen; wenn er uns die ganzen Nuancen und Finessen der Phrasierung nahebrachte, die er so liebte, stand er nicht an, uns auch darüber zu belehren, wo ein tempo rubato wohl angebracht sein würde und wo nicht – was Peter Iljitsch ganz und gar nicht gefiel. Ungefähr zu jener Zeit lernten wir bei einem der Konzerte der RMG auch Konstantin Liadows Chorphantasie über das Thema »Wosle retschki, wosle mosta« kennen. Unter dem Eindruck dieser Musik schrieb Peter Iljitsch ein kurzes scherzhaftes Klavierstück über dasselbe Thema, das er mir widmete. Um seine Haltung zu verdeutlichen, überschrieb er das Stück statt mit einer Tempobezeichnung mit den Worten: »Maestoso, misterioso e senza herkando«.

Hermann Laroche, MTC, in PVC4, S. 49, und LIS2, S. 282f.

Außer dem Amateurpianisten trug er auch einen Amateursänger in sich. Er verfügte über eine kleine Baritonstimme, für meine Begriffe sehr angenehm, von ungewöhnlicher Klarheit und Reinheit in der Intonation. Daß er italienische Koloraturen mochte, war bemerkenswert. Er selbst sang sauber und beschwingt; vielleicht war dies der Grund, warum er sein Repertoire bereitwillig, wenngleich halb zum Scherz, mit Arien und Duetten aus [Rossinis] *Semiramide* und *Otello* und dergleichen Stücken schmückte.

Hermann Laroche, VOC, in: PVC4, S. 38 und LIS2, S. 168.

Der Leiter des Petersburger Konservatoriums, Anton Rubinstein, wollte ein Symphonieorchester aus Studenten gründen, und um die nötigen Mitwirkenden zu gewinnen, stellte er jährlich 1500 Rubel aus seinem Einkommen zur Verfügung, damit den Studenten kostenloser Unterricht auf Orchesterinstrumenten erteilt werden konnte.

Die Studenten erschienen, darunter als einer der ersten auch Peter Iljitsch, der den Wunsch äußerte, Flöte zu lernen. Schon

Anton Rubinstein

bevor er ins Konservatorium eintrat, war er bereits mit seinem Lehrer, dem namhaften Cesari Ciardi, bekannt und hatte ihn mehr als einmal bei musikalischen Soiréen begleitet. Sein Unterricht bei Ciardi währte zwei Jahre. Bei Aufführungen von Haydn-Symphonien und anderen Stücken aus dem gewöhnlichen Studienrepertoire spielte Tschaikowsky zu völliger Zufriedenheit, und einmal wirkte er als Flötist in einem Quartett von Kuhlau mit, das er zusammen mit seinen Kommilitonen Pugni, Gorschkow und Pomerantsew auf einer Soirée aufführte, die durch Anwesenheit von Clara Schumann zu einem Ereignis wurde. Wie zu erwarten, gab er die Flöte auf, sobald keine Notwendigkeit mehr dazu bestand, und hatte sie bald zu spielen verlernt.

Hermann Laroche, MTC, in: PVC4, S. 53, und LIS2, S. 287.

Rubinstein finanzierte auch Orgelunterricht für Studenten der Musiktheorie, darunter wiederum Tschaikowsky.

> Ihm wurde zuteil, von einer wahren Berühmtheit unterrichtet zu werden: Heinrich Stiehl, damals noch recht jung, war sicher einer der führenden Organisten in Europa. Auf Peter Iljitschs erregbares und poetisches Gemüt konnten der majestätische Klang des Instruments wie auch die unerschöpfliche Fülle seiner Möglichkeiten – und erst recht der Unterrichtsort in der verlassenen und geheimnisvoll düsteren Lutherischen Petropawlowsky-Kirche – ihre Wirkung nicht verfehlen. Indes, diese Wirkung ging vorüber; seine Phantasie zog ihn in eine andere Welt, und Bach, der in allen Landen der Musik König war, blieb einer der fremdesten [Komponisten] für ihn. Es ist bezeichnend, daß er später, als er Bach zum Vergnügen spielte, ausschließlich dessen Klavierstücke und nicht die Orgelmusik wählte, obgleich diese auch in Klavierfassungen zur Verfügung stand. Als Student gewissenhaft und sorgfältig in allem, arbeitete er mit Stiehl zu dessen vollkommener Zufriedenheit. Doch hatte er den Unterricht bei ihm beendet, zeigte er weiter kein Interesse mehr an diesem Instrument und komponierte kein einziges Stück dafür.
>
> Hermann Laroche, MTC, in: PVC4, S. 53f., und LIS2, S. 287f.

Nikolaj Zaremba war Tschaikowskys erster Lehrer in den Kursen der RMG, die er 1861 aufnahm. Zaremba war ein pedantischer Lehrmeister der deutschen Tradition, der duch die sture Schulung im strengen Kontrapunkt bei seinem eigenen Lehrer Adolf Marx diese Technik vorschriftsmäßig beherrschte. Er bestand unbeugsam darauf, daß seine Schüler Marxens Vorgaben genauestens folgten. Wenn auch die soliden Grundbegriffe in Kompositionslehre, die er Tschaikowsky auf diese Weise vermittelte, zweifellos von großem Wert waren, verfügte Zaremba doch über keinerlei schöpferische Phantasie, wußte nichts von zeitgenössischer Musik (für ihn endete die Musikgeschichte mit Mendelssohn) und war so kaum zu brauchbarer Unterstützung bei wirklichen Kompositionen in der Lage. Dennoch meinte Laroche, daß Tschaikowsky aufgrund von Zarembas Vorhaltungen, sich den musikalischen Aufgaben sorgsamer zu widmen, die Grundlagen seines umfassenden Fleißes erwarb, mit dem er die kompositorische Arbeit für den Rest seines Lebens betrieb.

> Aber weil er [Nikolaj Zaremba] den Kontrapunkt nicht wirklich praktizierte und Fehler, die er in einer ihm vorgelegten Arbeit festgestellt hatte, nicht auf der Stelle zu korrigieren vermochte, trauten ihm viele von uns nicht… Peter Iljitsch, der die Dinge stets von ihrer empirischen Seite betrachtete und

Nikolaj Zaremba

allen Abstraktionen ein natürlicher Feind war, mißfiel seine oberflächliche Regelstrenge, die er als Willkür empfand und als Verstoß gegen die Wahrheit. Diese Unvereinbarkeit zwischen Professor und Schüler wurde durch die Tatsache noch verschärft, daß Nikolaj Iwanowitsch [Zaremba] häufiger und eifriger auf Beethoven zu verweisen pflegte, während er für Mozart eine geheime und zuweilen gar offene Abneigung hegte, die Marx ihm eingeflößt hatte. Tschaikowsky aber unterhielt gegenüber Beethoven, mit Ausnahme einiger weniger Werke, viel eher Respekt denn Begeisterung und war in mancherlei Hinsicht keineswegs geneigt, in seine Fußstapfen zu treten. Überhaupt war er von eher skeptischer Geistesverfassung, mit einem ungewöhnlichen Drang zur Unabhängigkeit; im gesamten Verlauf meiner Bekanntschaft mit ihm erlebte ich es nicht ein einziges Mal, daß er sich blindlings und bedingungslos einem Einfluß fügen oder sich in verba magistri beugen würde. Dennoch war er sehr wohl zu Bekundungen seiner persönlichen Begeisterung fähig, die dann für einige Zeit seine Denkungsart mehr oder minder prägten.

Hermann Laroche, MTC, in: PVC4, S. 47f., und LIS2, S. 280f.

Anton Rubinstein übte den nachhaltigsten und bedeutendsten Bildungseinfluß auf Tschaikowskys kompositorische Fertigkeiten aus. Als Komponist stand er in hohem Ansehen, wenn er auch in den meisten seiner Werke kaum mehr als ein fähiger und routinierter Handwerker blieb; auf dem Klavier jedoch war er weltweit als Solist aktiv und so berühmt, daß sein Ruf nur durch Liszt übertroffen wurde. Doch Rubinstein war auch ein Idealist, der alles daransetzte, das russische Musikleben zu entwickeln. Er bildete die eigentliche Triebkraft bei der Gründung der Russisch Musikalischen Gesellschaft, und als die Kurse, die daraus entstanden, 1862 schließlich zur Eröffnung des Petersburger Konservatoriums führten, wurde Rubinstein der erste und sehr engagierte Direktor der neuen Institution.

[Im Hinblick auf Anton Rubinstein] erhielt er sich völlig seine freie Urteilskraft, erinnerte augenzwinkernd an die gedanklichen und grammatikalischen Fehler in seinen Vorlesungen und registrierte betrübt die Unzahl an farblosen und seichten Kompositionen, unter denen Rubinstein letztlich die Erinnerung an seine wenigen Meisterwerke begrub. Doch weder die Eigenheiten des Professors noch die zunehmenden Verfallserscheinungen des Komponisten konnten den wunderbaren Eindruck trüben, den Tschaikowsky in tiefster Seele von diesem Mann empfing. Dieser Zauber wirkte schon, bevor sie sich persönlich kannten, wurde aber durch die enge Bindung, die im Verlauf des Unterrichts entstand, ungemein bestärkt. Wie sehr sich auch die Lebenswege dieser beiden russischen Musiker später trennen mochten, Tschaikowsky hielt daran bis zu seinem Tode fest, wenngleich er zu Anton Rubinstein niemals ein so vertrautes und unverhohlen freundschaftliches Verhältnis pflegte wie mit dessen Bruder Nikolaj... Sobald er den ungewöhnlichen Eifer seines Schülers bemerkte, verlor Anton Rubinstein – vielleicht die ungeheure Ausdauer, mit der er selbst arbeitete, zugrundelegend – nach und nach alle Zurückhaltung beim Umfang des Arbeitspensums [das er Tschaikowsky auftrug]. Doch mit den wachsenden Anforderungen seines Professors hielt der Fleiß des Schülers unerbittlich Schritt. Obwohl mit einer gesunden und jugendlichen Neigung zum Schlaf begabt und seine ungestörte Nachtruhe über alles schätzend, konnte

Peter Iljitsch ganze Nächte ohne Pause durcharbeiten, um dann am Morgen die eben fertiggestellte, noch feuchte Partitur dem unersättlichen Professor vorzuweisen. Soweit man aufgrund der bekannten Tatsachen urteilen kann, hat dieser ungebührliche Arbeitseinsatz Tschaikowskys Wohlergehen nicht beeinträchtigt.

Hermann Laroche, MTC, in: PVC4, S. 51 und LIS2, S. 285.

Ich begann, ihn des Abends aufzusuchen, etwa einmal pro Woche, wobei ich stets Noten für Klavier zu vier Händen mitbrachte, über die ich dank der Freundlichkeit von Ossip Jurgenson, derzeit leitender Verkäufer in Bernards Geschäft, in unbegrenzter Fülle vefügte. Ich kann genau angeben, was wir während unseres ersten Jahres spielten. Da war Beethovens Neunte, die dritte Symphonie von Schumann, *Der Ozean* [Nr. 2] von Rubinstein, *Genoveva* von Schumann (nicht die Ouvertüre, sondern die vollständige Oper) – des weiteren, so glaube ich, *Das Paradies* und die *Peri* [von Schumann] und *Lohengrin.* Peter Iljitsch murrte stets ein wenig, wenn ich ihn zum gemeinsamen Vortrag langer Vokalwerke anregte, die eine Fülle an Rezitativen enthielten und daher auf dem Piano kaum ihre Wirkung entfalteten, obwohl ihn die Schönheit der so verbundenen Nummern schließlich überwältigte. Richard Wagner mochte er am allerwenigsten. Er schimpfte gar auf das berühmte *Lohengrin*-Vorspiel und versöhnte sich erst Jahre später mit der Oper insgesamt. Bis heute erinnere ich noch, wie wir einst im Frühjahr die Fontanka entlang durch den Schlamm stapften, als er kühn erklärte: »Eins weiß ich gewiß: daß Serow viel mehr Talent zum Komponieren hat als Wagner.« Diese Unterhaltung muß sich zur Fastenzeit 1864 zugetragen haben, denn [Serows] *Judith* war im Spätfrühling des Vorjahres erstmals gegeben worden… Von all den Genannten machten Schumanns dritte Symphonie und Rubinsteins *Ozean* den stärksten Eindruck auf ihn. Letzteres konnten wir einige Zeit später unter Leitung des Komponisten selbst hören, als er im Bolschoi-Theater ein Konzert gab, was unsere Begeisterung für sein Werk nur noch steigerte…

Viele Leser wird es erstaunen zu erfahren, daß Henry Litolff zu den von Peter Iljitsch in jenen jungen Jahren am meisten gefeierten Komponisten zählte – genauer gesagt, seine beiden

Ouvertüren *Robespierre* und *Die Girondisten*, besonders die zweite. Ohne Übertreibung läßt sich sagen, daß mit diesen beiden Ouvertüren sowie mit Meyerbeers Ouvertüre zu *Struensee* Tschaikowskys Leidenschaft für Programmusik entflammte, die ihn sein Leben lang umtrieb. Ist in seinen frühen Ouvertüren und zwar ohne Ausnahme von *Romeo und Julia* Litolffs Einfluß noch ungeschmälert zu spüren, kam Peter Iljitsch zugleich auch allmählich, unentschlossen und skeptisch zu Liszt, der eigentlich doch über größere Anziehungskraft für einen jungen Musiker verfügte. Von den Symphonischen Dichtungen weckte nur *Orfeo* wirkliche Begeisterung während der Jahre am Konservatorium; erst viel später verfiel er auf die *Faust*-Symphonie…

Es soll nicht verschwiegen werden, daß Peter Iljitsch während seiner frühen Jahre, die ich hier beschreibe, eine große Zahl schädlicher Abneigungen musikalischer Art unterhielt, von denen er sich erst im Laufe der (zuweilen außerordentlich langen) Zeit vollständig befreite. Diese Abneigungen betrafen nicht Komponisten, sondern ganze musikalische Gattungen – oder genauer: ihren Klang. So mißfiel ihm beispielsweise der Klang von Piano und Orchester, der Klang von Streichquartetten oder -quintetten, und ganz besonders der Klang des Klaviers in Verbindung mit einem oder mehreren Streichinstrumenten. Obwohl er sich aus Wißbegier mit dem breiten Repertoire an Klavierkonzerten und Kammermusik vertraut machte – und es zuweilen doch immer wieder vorkam, daß er vom musikalischen Gehalt des einen oder anderen Satzes begeistert war –, nutzte er doch stets den nächstbesten Moment, um sogleich die Musik wegen der »Häßlichkeit« ihrer Klangfarbe zu schmähen. Nicht einmal, nicht zehnmal, mehr als hundertmal wohl hörte ich, was er wie einen Schwur gelobte: niemals ein einziges Klavierkonzert, eine einzige Sonate für Violine und Klavier, ein einziges Trio, Quartett und so weiter zu komponieren… Noch seltsamer mutet es an, daß er ebenfalls zu dieser Zeit versicherte, weder kurze Klavierstücke noch Romanzen jemals zu schreiben. Für Romanzen als künstlerische Form äußerte er tiefe Verachtung. Diese Verachtung jedoch blieb reine Theorie, denn er war zugleich sehr wohl in der Lage, sich mit mir an [den Liedern von] Glinka, Schumann und Franz Schubert zu erfreuen…

Es ist zu vermerken, daß manche Werke wohl unerschütterbar in seinem Pantheon thronten – so z. B. *Don Giovanni*, [Glinkas] *Das Leben für den Zaren*, die C-Dur Symphonie von Schubert –, andere hingegen einem steten Auf und Ab in seiner Gunst ausgesetzt waren. Während einer Spielzeit hielt er viel von Beethovens achter Symphonie, in der nächsten fand er sie »lediglich ganz schön und sonst nichts«; einige Jahre lang verkündete er, die *Faust*-Musik von Pugni (einst ein gefeierter Ballettkomponist) sei der Oper gleichen Namens von Gounod unendlich überlegen; später aber erklärte er Gounods *Faust* zum Meisterwerk. Umso bemerkenswerter ist es, daß er Serows *Judith* die Treue hielt; einige Jahre vor seinem Tod kam eine Gesangspartitur der Oper heraus, die er sofort erwarb und mit der Begeisterung seiner Jugendjahre zu spielen begann. Auch von mir verlangte er, daß ich das Werk bewunderte und einen langen Artikel darüber schrieb.

Hermann Laroche, MTC, in: PVC4, S. 54–58, und LIS2, S. 288ff.

Valentina Serowa
(1846–1924)

Valentina Serowa, selbst Komponistin (allerdings von geringer Bedeutung), war Schülerin und dann Ehefrau von Alexander Serow, dem vielbewunderten Schöpfer der *Judith*. Als Tschaikowsky mit Serow das erste Mal zusammentraf, verbreitete sich dieser ausgiebig über seine Kunstauffassung. Tschaikowsky hatte alles schweigend mitangehört, wobei Valentina Serowa spürte, daß er ihrem Mann innerlich nicht zustimmte.

Während wir den Tee zu uns nahmen, begab sich Tschaikowsky ans Piano und ließ seine Finger gedankenverloren über die Tasten gleiten, sein Geist anscheinend in anderen Sphären schweifend, fern von allem, was ihn hier umgab. Ich weiß nicht, was mir eingab, ihm zu folgen und ihn aus diesem Zustand der Selbstvergessenheit zu reißen; ich weiß nur noch, daß ich entschlossen auf ihn zutrat und ihn in sorgloser Selbstsicherheit, wie sie jungen, noch nicht ganz reifen Wesen eigen ist, mit forscher Stimme fragte: »Und was sind Ihre musikalischen Ideale, Peter Iljitsch?«
Er schreckte auf, sah sich um und erwiderte ohne Hast: »Meine – meine Ideale? Ist es denn wirklich unabdingbar, Ideale zu haben in der Musik? Ich hätte nie daran gedacht.«

Er blickte mich mit seinem unverwechselbaren Ausdruck an, der fast von kindlicher Naivität geprägt war, und fügte fest und bestimmt hinzu: »Ich habe keine musikalischen Ideale!«

Valentina Serowa, *Trois moments musicaux*, in: RMGa (1985), Nr. 2, in PVC4, S. 373f.

II
Die Moskauer Jahre

Im Januar 1866 schloß Tschaikowsky sein Studium am Petersburger Konservatorium mit einer Silbermedaille ab und ging sogleich nach Moskau, um dort unter Anton Rubinsteins Bruder Nikolaj in den Moskauer Kursen der Russisch Musikalischen Gesellschaft (RMG) als Lehrer für Musiktheorie zu arbeiten. Im Herbst 1866 entstand aus diesen Kursen das Moskauer Konservatorium mit Nikolaj Rubinstein als seinem Direktor und Tschaikowsky als einem seiner Professoren. Er sollte dort die nächsten elf Jahre lehren.

Das Gebäude des Moskauer Konservatoriums, wo Tschaikowsky 1866 zu unterrichten begann

Nikolaj Kaschkin
(1839–1920)

Tschaikowsky begegnete Kaschkin zum ersten Mal, als er nach Moskau kam, wo dieser weitgehend autodidaktisch ausgebildete Musiker für die RMG Klavierstunden gab und Musiktheorie unterrichtete. Kaschkin lehrte in der Folge noch dreißig Jahre am Konservatorium. Die Gastlichkeit, die Kaschkin und seine Frau Tschaikowsky erwiesen, führte bald zu herzlicher Freundschaft. Kaschkin zählte lebenslang zum engsten Freundeskreis Tschaikowskys. Seine Erinnerungen an Tschaikowsky (Moskau 1896) zeichnen das umfassendste und bedeutendste menschliche Portrait des Komponisten.

Seine [Tschaikowskys] Schüler lernten ihren jungen Lehrer sehr schnell schätzen und lieben, da er alles in so genauer und lebhafter Weise erklären konnte und darüber hinaus seine

Tätigkeit mit untadeliger Gewissenhaftigkeit und Gründlichkeit verrichtete. Peter Iljitsch selbst hielt stets dafür, er sei ein schlechter Lehrer, doch in dieser Hinsicht war er ungerecht [zu sich selbst]. Wahrlich, er hatte keine Neigung zum Unterricht und ließ sich nur zögernd darauf ein, da es die bei weitem annehmlichste Tätigkeit zum Gelderwerb war, doch seine Gewissenhaftigkeit und unnachgiebige Haltung, die er sich selbst gegenüber einnahm, verwehrten ihm jede Möglichkeit zu jener moralischen Nachlässigkeit, die man Faulheit nennt – und so gestattete er sich auch in seiner Arbeit mit den Studenten solche Nachlässigkeit nie. Gleichwohl hegte er eine innere Abneigung gegen seine Lehrerpflichten, vor allem weil er in ihnen keinen sonderlichen Zweck zu sehen vermochte, erwarb sich doch die Mehrheit seiner Studenten beiderlei Geschlechts nur mit größter Mühe kaum mehr als die Kenntnis von der äußerlichen, formalen Seite ihrer Kunst und drang nicht zu ihrem eigentlichen Wesen durch. Traf er dann von Zeit zu Zeit dennoch auf Studenten von höchster Begabung, die eine gründliche Beherrschung der Kompositionslehre zu erwerben strebten, dann war er (selbst Musiker, der seine Kunst über alles liebte) stets bereit, sich ihnen mit höchstem Eifer zu widmen; solche Fälle jedoch trafen sich nur überaus selten, und die Verpflichtung, ansonsten lediglich Unterweisung in musikalischer Grammatik zu erteilen, barg ganz und gar keine Anziehungskraft für ihn. Mit allen Mitteln, die ihm zu Gebote standen, suchte er begabte Schüler zu fleißigem, stetigem Arbeiten zu bewegen, vermochte indes kaum etwas auszurichten, denn auch jene verfolgten zumeist nur das naheliegende, praktische Ziel, Klavierunterricht zu geben, wenn sie nicht gar von einer Laufbahn als Pianovirtuose träumten. Zur Tätigkeit des Komponisten aber fühlte sich kaum einer hingezogen, denn dessen Gewinst war ihnen allzu fern und unvorstellbar. Für Peter Iljitsch entsprangen dergleichen Bestrebungen der talentierten Studenten ihrem niederen Wesen, das aus ungenügender Förderung und Bildung hervorgegangen war, und er empfand ihnen gegenüber eine Art Abneigung, vereint mit mitleidiger Verachtung.

Was das Komponieren betraf, setzte er nie irgendwelche Hoffnungen in seine Studentinnen, wenngleich er ihre Gewissenhaftigkeit und Aufmerksamkeit sehr hoch schätzte, mit denen sie ihre männlichen Kommilitonen bei weitem übertrafen.

Nikolaj Kaschkin, KVC, S. 12, 98f.

Rostislaw Genika
(1859–1922)

Zwischen 1871 und 1879 studierte Rostislaw Genika Klavier am Moskauer Konservatorium bei Nikolaj Rubinstein sowie Komposition und Instrumentationslehre bei Tschaikowsky. Aus inhaltlichen Angaben geht hervor, daß sich der folgende Bericht auf das Jahr 1871 bezieht; Tschaikowskys *Harmonielehre* erschien 1872.

Für Tschaikowsky waren die Stunden, die der Theorieunterricht einnahm, ein freudloser Teil seiner Existenz; er verbarg seine Langeweile nicht, unterdrückte nur mühsam das Gähnen. Wie lebendig sind mir noch die Erinnerungen an seine ersten Harmoniestunden! ... Tschaikowsky betrat den Hörsaal immer recht ungestüm, immer leicht enerviert, leicht gereizt, als verärgerte ihn die unausweichliche Langeweile, die ihn erwartete. Allein schon die profane Ausstattung des Unterrichtsraums reizte ihn, die Schulbänke, die rot umrandete Tafel, der gewöhnliche, steinalte, geschundene, große gelbe Flügel mit seinen klapprigen vergilbten Tasten. An dieser Tafel mußte Tschaikowsky für uns Übungen und Beispiele anschreiben; ich weiß noch, wie er sich stets naserümpfend und sorgsam die Finger am Taschentuch reinigte, nachdem er Kreide und Tafellappen beiseite geworfen hatte. Die Schwerfälligkeit der meisten seiner Studenten empörte ihn, ebenso das unentschiedene, oberflächliche Verhältnis zur wahren Kunst, das alle diese künftigen Preisträger an den Tag legten, die doch nur vom Konzertpodium träumten und überzeugt waren, daß die Zuhörer, die ihnen dermaleinst zujubelten, wenig um ihr musiktheoretisches Wissen geben würden. Unwillig mußte er den trübseligen Sequenzen und Modulationen lauschen, die auf dem furchtbar klingenden Flügel stockend vorgetragen wurden, geduldig mit Rotstift die unzulässigen Quint- und Oktavparallelen anstreichen. Als ich den Unterricht bei Tschaikowsky begann, war seine *Harmonielehre* noch nicht erschienen; sie war im darauffolgenden Jahr in Jürgensons Katalog verzeichnet. Während er mit großen Schritten durch die Klasse ging, pflegte er uns langsam und sehr deutlich zu diktieren, was wir aufschreiben sollten. Im gesamten ersten Halbjahr machte er uns mit dem Aufbau verschiedener Harmonien und ihren Fortschreitungsregeln vertraut, erklärte Vorhalte und Vorausnahme, gab uns Übungen zum bezifferten Generalbaß; erst im zweiten Halbjahr ging er zum Harmonisieren einfacher Melodien über. Tschaikowskys Ausführungen, seine Beobachtungen, Erklärungen und Verbesserungen waren außerordentlich klar, prägnant und verständlich. In seinen späteren Kursen nahm ich auch Instrumentationslehre und die Theorie der sogenannten freien Komposition durch, bearbeitete mehrere Klavierstücke für Orchester, schrieb unter seiner Anleitung ein Streichquartett und zur Abschlußprüfung eine Orchesterouvertüre. Einfachheit, gedankliche Klarheit, formale Ebenmäßigkeit, Durchsichtigkeit und Sparsamkeit in der Instrumentierung – das waren die Ideale, die Tschaikowsky seinen Schülern vorhielt. Zur Veranschaulichung einzelner Regeln führte er am liebsten Beispiele von Glinka oder Mozart an.

Im Umgang mit Studenten hatte Peter Iljitsch eine überraschend zarte, feinfühlige und geduldige Art; mit ein paar der Älteren stand er auf freundschaftlichem Fuße. Niemals äußerte er seine unfreiwilligen, zuweilen sarkastischen, aber völlig zutreffenden Beobachtungen auf irgendwie grobe oder verletzliche Weise. Die schier unerträglichen musikalischen Unsinnigkeiten, die ihm die Studenten manchmal darboten, quittierte er mit einem eigentümlichen, zugleich gütigen und spöttischen Lächeln um die Mundwinkel.

Rostislaw Genika, Erinnerungen; in: RMGa (1916), Nr. 36, 37, 49; abgedruckt in PVC4, S: 62f.

Alexandra Amfiteatrowa-Lewitskaja
(1858–1947)

Alexandra Amfiteatrowa-Lewitskaja studierte Gesang am Moskauer Konservatorium und gab die Partie der Olga in *Eugen Onegin*, als Tschaikowskys Oper 1879 am Moskauer Konservatorium uraufgeführt wurde.

Als ich ins Moskauer Konservatorium eintrat, war Tschaikowsky dort Professor für Harmonielehre und Komposition. Unter seinen Studenten hatten sich die widersprüchlichsten

Meinungen über ihn gebildet, als Mensch wie als Lehrer. Einige hielten ihn nicht nur für einen genialen Komponisten, sondern auch für einen idealen Lehrer. Wie sie erzählten, sah Tschaikowsky die Arbeiten der Schüler stets mit großer Anteilnahme und Aufmerksamkeit durch, verbesserte ihre Fehler geduldig und gab unschätzbare weiterführende Hinweise. Andere wollten uns glauben machen, daß Tschaikowsky sich ihnen gegenüber achtlos und ungerecht verhielt – daß er einigen Studenten sehr viel Zeit widmete, während er anderen überhaupt keine Aufmerksamkeit schenkte. Eine seiner Studentinnen erzählte mir das Folgende als Beispiel für Peter Iljitschs achtloses Verhalten gegenüber manchen seiner Schüler:

»Tschaikowsky war nicht allein ungerecht, er war auch ein schrecklich sturer Pedant. In meiner letzten Stunde hatte er an einer Geringfügigkeit etwas auszusetzen und strich meine ganze Arbeit durch, ohne sie überhaupt anzusehen.

›Warum haben Sie das getan?‹ fragte ich.

Sie müssen wissen, daß ich die Notenhälse der Viertel an die verkehrte Seite gesetzt hatte. Er geriet in Zorn, strich das ganze Blatt von oben bis unten mit seinem Rotstift durch und sagte gereizt, indem er mir das Heft zurückgab:

›Sie müssen erst einmal die Notenhälse beherrschen lernen, ehe Sie sich an Harmonieübungen machen können!‹...«

Nur einmal, beim Abschlußexamen in Stimmbildung, traf es mich, von ihm geprüft zu werden. Da ich die unterschiedlichsten Geschichten über ihn gehört hatte, geriet ich in fürchterliche Aufregung, als Peter Iljitsch mich hereinrief. Ich weiß noch, wie er aus den verschiedenen Notenbeispielen, die vor ihm auf dem Tisch lagen, einige Takte mit besonders schwieriger Rhythmik auswählte und mir vorlegte; außer langen Noten enthielten sie auch kurze Pausen, Punktierungen und Synkopen. Nachdem ich vorgesungen hatte, meinte Peter Iljitsch zu mir:

»In Ordnung« und fragte: »Aus welchen Takten ergibt sich hier ein 5/4-Takt?«

Wiederum gab ich die richtige Antwort. Tschaikowsky bat mich, ein Beispiel [für 5/4-Takt] anzuführen; ich nannte den Chor der Mädchen aus Glinkas Oper *Iwan Susanin.*

»Können Sie ein paar Takte dieses Chores ansingen und dirigieren?« fragte Tschaikowsky.

Ich begann »Rasguljalsja, raslelejalas woda weschnaja po-o lugam« zu singen und in 5/4 zu dirigieren.
»Gut. Das reicht vollständig,« sagte Peter Iljitsch.
Nun ja – das war nicht schlimmer als erwartet, dachte ich, als ich mich für das Notendiktat zu Langer begab.
Seiner Erscheinung nach war Peter Iljitsch recht anziehend, aber er machte immer einen sehr verschlossenen Eindruck. Seine Miene wirkte stets, als sei er fortwährend über irgend etwas ungehalten. Seine Augen schauten düster unter den gerunzelten Brauen hervor. Die Grüße der Kandidaten quittierte er mit kaum wahrnehmbarem Kopfnicken. Er wirkte ernst und übel gelaunt.

Alexandra Amfiteatrowa-Lewitskaja, Erinnerungen (1940); in: CIT, abgedruckt in PVC4, S. 66f.

Alexander Litwinow
(1861–1933)

Alexander Litwinow studierte am Moskauer Konservatorium zunächst Geige bei Ferdinand Laub. Später studierte er auch bei Tschaikowsky, der ihn während seiner weiteren Studienjahre unterstütze.

Ich sah Tschaikowsky erstmals 1871 in einer Harmonielehrestunde, die er uns am Moskauer Konservatorium erteilte. Er war ein nervöser, flinker Mann, nicht sehr groß. Er stürmte in den Unterrichtsraum, die Hände auf dem Rücken, den Kopf leicht vornübergebeugt, und blickte mit starrem und, wie es schien, strengem Blick in den grauen Augen genau geradeaus. Peter Iljitsch pflegte sich sodann ans Klavier zu setzen, einen Bleistift so in die Hand zu nehmen, daß Zeige- und Ringfinger darüber lagen, der Mittelfinger darunter (zuweilen auch umgekehrt), und, ohne ihn loszulassen, unsere Übungen durchzuspielen. Einen Moment innehaltend, pflegte er mit raschen und scharfen Strichen die Quint- und Oktavparallelen einzuklammern und gleich weiterzuspielen. Es war deutlich, daß unsere Fehler ihn aufreizten. Wenn er uns die Harmonieregeln erklärte, lief er stets durch den Raum, die Hände zumeist auf dem Rücken und leicht vornübergebeugt. Wir hatte alle große Angst vor ihm (ich war damals dreizehn)...
Besonders der folgende Vorfall ist mir noch im Gedächtnis: Es traf sich, daß meine Eltern (ich wurde in eine arme jüdische

Familie geboren) zu dem Schluß kamen, ich hätte »das Geige spielen jetzt ausreichend erlernt« und sollte, da sie über die Mittel für mein weiteres Studium am Konservatorium nicht verfügten, das Institut nunmehr verlassen und einen richtigen Beruf erlernen...

Eines Morgens, als ich in tiefster Verzweiflung zu Hause saß und mich an meine geliebte Geige klammerte (ich legte sie niemals aus der Hand, nahm sie sogar nachts mit ins Bett), hörte ich draußen das Geräusch einer Kutsche, die vor dem Eingang unseres Wohnhauses vorfuhr. Kurz darauf vernahm man den Klang ungestümer Schritte im Treppenhaus, eine Tür tat sich auf, und Tschaikowsky trat herein. Ich eilte auf ihn zu, und binnen kurzem holperten wir mit der Kutsche schon zum Konservatorium. Auf dem Weg sagte er mir, daß er von meiner Mittellosigkeit und ihrem Grund erfahren (ich war nicht mehr zu seinem Unterricht erschienen) und beschlossen hatte, mich zu seinem Stipendiaten zu machen – das heißt, die Kosten des Konservatoriums für mich zu übernehmen... 1879 schloß ich am Moskauer Konservatorium mit der großen Silbermedaille ab.

Alexander Litwinow, Erinnerungen; in: PVC4, S. 69f.

Sofia Kaschkina
(1872–1964)

Sofia Kaschkina war die Tochter von Tschaikowskys engem Freund Nikolaj Kaschkin. Ihre Erinnerungen geben reichen Aufschluß über das glückliche und manchmal ausschweifende Gesellschaftsleben, das Tschaikowsky, ihr Vater und deren Kreis in den späten 1860er bis frühen 1870er Jahren führten.

Daß Tschaikowsky einen Sinn für Streiche hatte, ist bekannt. Nikolaj Bugajew, Professor für Mathematik an der Moskauer Universität, machte es sich zur Gewohnheit, den einen oder anderen Kollegen vom Moskauer Konservatorium zur Rede zu stellen, ein Problem aufzuwerfen, sodann in eine langwierige Verhandlung darüber einzutreten und nicht eher lockerzulassen, bis das Opfer seiner Ansicht zustimmte.

Als Tschaikowsky einmal bemerkte, daß er [Bugajew] den überaus liebenswürdigen Iwan Woitsechowitsch Hrímaly [einen Violinprofessor] zum Opfer auserkoren hatte, fing er letzteren ab und sagte: »Schauen Sie, Iwan Woitsechowitsch, Bugajew ist ein gefährlicher Mensch. Man braucht ihm nur in einer Sache beizupflichten und schon verdreht er einem die

Worte, daß sich die Haare sträuben. Passen Sie auf, daß Sie nicht nachgeben.«

Hrímaly versprach standhaft zu bleiben.

Bugajew legte seine Ansichten dar – ich weiß nicht mehr worüber – und wandte sich an Hrímaly: »Stimmen Sie mir in diesem Punkt zu?«

Da Tschaikowsky ihn gewarnt hatte, entgegnete Hrímaly jedesmal entschlossen: »Nein, da kann ich nicht zustimmen.«

Bugajew ging schließlich zu einer vereinfachten These über. »Würden Sie dem zustimmen?«

»Nein, dem stimme ich nicht zu«, lautete unbeugsam die Antwort.

»Dann werden Sie mir wohl auch nicht zustimmen, daß die Zeit vergeht?«

»Nein, da kann ich Ihnen nicht zustimmen ...«

Tschaikowsky liebte es, diesen Vorfall zum besten zu geben.

In ihrer Gesellschaft gab es auch ein junges und ziemlich einfältiges Mädchen, gerade erst aus dem Internat gekommen, das nicht allzu rasch begriff und daher zur Zielscheibe ihrer Späße wurde. Sie unterhielten sich köstlich, indem sie ihr irgendwelche Lügengeschichten auftischten und darauf warteten, daß sie irgendwann bemerkte, daß alles nur erfunden war. Einmal erzählte Tschaikowsky ihr von einem Empfang bei einem wohlhabenden Moskauer Feinschmecker, wo nur die erlesensten und ausgefallensten Gerichte serviert wurden.

»Und zum Abschluß wurde Kaffee mit Taubenmilch gereicht.«

Da die junge Dame doch etwas skeptisch dreinschaute, nahm Nikolaj Grigorjewitsch [Kaschkin] den Faden schnell auf:

»Aber was du da über Taubenmilch sagst, ist doch gar nichts besonderes – erst wenn es Taubenmilchkäse gibt, dann ist das wirklich bemerkenswert.«

Und noch immer mochte das verwirrte Mädchen nicht an dem zweifeln, was ihr hier von den zwei ehrenwerten Professoren des Moskauer Konservatoriums aufgetischt wurde, und solcher Schabernack erheiterte die beiden so, daß sie mir noch Jahre später lachend davon erzählten. Tschaikowsky hatte ein ungemein ansteckendes Lachen und erzählte oftmals Nebensächlichkeiten mit solch kindlicher Freude und Begeisterung, daß ich Jahrzehnte später noch gerne daran zurückdachte. Es kam hier nie darauf an, was gesagt, sondern wie es gesagt wurde. So

betrat Peter Iljitsch beispielsweise den Raum und erklärte, er sei in eine neue Wohnung gezogen, die ihm sehr zusage.
»Ist es eine gute Wohnung?«
»Aber ja«, sagte er strahlend und geriet in Fahrt. »Sie ist herrlich, bequem, so klein, eng und dunkel, daß man nichts sehen kann. Einfach wunderbar!«
Wohlgemerkt – dies wurde ohne jede Ironie gesagt …

Manchmal wurde der Spieß aber auch umgedreht.

Die Freunde spielten sich auch gegenseitig durchaus manchen Streich… Einer von ihnen (Iwan Klimenko [ein Architekt], wenn ich nicht irre), der für seine Gabe, überaus fesselnde und zugleich wahrhaft anrührende Geschichten zu erzählen, gerühmt wurde, beschloß, Peter Iljitschs außergewöhnliche Feinfühligkeit auszunutzen und die Freunde auf seine Kosten zu belustigen. Jeder wußte, wie mächtig er [Tschaikowsky] von seinen Gefühlen beherrscht wurde: Wenn etwas ihn zutiefst berührte, hielt er sich nicht zurück, und sein Verstand ergab sich völlig der Gemütsbewegung. Und so setzte der Geschichtenerzähler, nachdem er den anderen bedeutet hatte, nicht dazwischenzukommen, zu einem ungemein mitleidheischenden Bericht über ein kleines Waisenmädchen an, erzählte, wie sie ihre Eltern verloren, in die Hände schlechter Menschen gekommen, wie sie von ihnen geschmäht und gebeutelt worden war. Überaus ergreifend schilderte er ihre Sanftheit, ihre Schönheit und ihr unschuldiges Leiden. Wie Peter Ilijtsch diese Geschichte mitanhörte, riß sie ihn völlig hinweg. Seine mächtige Einbildungskraft malte ihm das Leid dieses armen Kindes so lebhaft aus, daß er selbst daran litt; er ächzte und stöhnte und krümmte sich gar, als fühlte er physische Qualen. Auch als er ihn bereits derart aufgewühlt hatte, daß sein Mitgefühl ihn völlig überwältigte, ließ der Geschichtenerzähler nicht locker und beschloß seinen rührenden Vortrag mit der Darstellung, wie das Mädchen fortgeschickt wurde, um (wie ich glaube) Streichhölzer zu verkaufen und nicht eher zurückkehren durfte, als bis alle verkauft waren. Es wird eisig kalt, Wind kommt auf – ein Schneesturm – die Menschen auf der Straße streben heimwärts, niemand kauft etwas, das Mädchen gerät in Verzweiflung, sitzt still, drückt sich in einen Winkel – denn heimzugehen wagt es nicht – wird ganz taub und ent-

schlummert. Der Schneesturm geht vorüber, die Sonne tritt hervor, die ganze Straße ist strahlend weiß und fröhlich – »und ... sie schlägt die Augen auf – und ist tot«.
»Wie furchtbar: Sie schlägt die Augen auf – und ist tot«, wiederholt Tschaikowsky und schlägt die Hände vors Gesicht. Das schallende Gelächter der anderen Zuhörer erst bringt ihn wieder zu sich, und voller Empörung springt er auf und beginnt, auf die Schelme einzuschimpfen...

Kaschkina schildert auch, wie ihr Vater und Tschaikowsky einst auf einen Maskenball gehen wollten und vorher die Wette abschlossen, daß sie einander nicht wiedererkennen würden. Um sich zu verkleiden, sei ihr Vater sodann zum Barbier gegangen und habe sich den Bart abrasieren lassen, was als ausreichende Maskierung erachtet wurde. Auf dem Ball stellte ihn ein Freund und Mitwisser den anderen Gästen als Musiker auf der Durchreise vor. Dann aber wandte sich die allgemeine Aufmerksamkeit einem weiteren Neuankömmling zu ...

Das Erscheinen einer sehr eleganten großen Dame verursachte einiges Aufsehen. Sie war mit einem außergewöhnlich luxuriösen Domino [einer Art weitem Umhang mit kleiner Maske für die obere Gesichtshälfte] aus schwarzer Spitze bekleidet und trug Diamanten sowie einen Fächer, der, wie mir schien, aus Straußenfedern gemacht war. Mit großer Geste begann sie am Arm einer der Herren umherzustolzieren. Man erkannte diesen Domino sogleich; es gab in Moskau nur einen dieser Art, der für eine der wohlhabendsten Damen der Gesellschaft angefertigt worden war. Ihr Gatte, ebenfalls unter den Ballgästen, geriet in einige Verlegenheit. Freunde hatten ihn sogleich gewarnt, daß seine Frau im Anzug war, dabei hatte sie [zuvor] erklärt, sie fühle sich unwohl und wolle den Maskenball nicht besuchen. Er seinerseits hatte daraufhin begonnen, einer gewissen Schauspielerin den Hof zu machen, die er überaus reizend fand, die seine Frau jedoch als Nebenbuhlerin verabscheute. Eilends machte er sich aus dem Staub, überließ seine Damenbegleitung einem anderen, während die Urheberin des ganzen Spektakels seelenruhig weiter zwischen Tänzern und Gästen flanierte und sich unterhielt. Mehrmals kam sie an dem Tisch vorüber, an dem Kaschkin mit einigen anderen plauderte – als sie plötzlich, sobald Kaschkin einmal direkt von hinten sichtbar wurde, anhielt, sich schwungvoll vor die Stirne schlug und ausrief:
»Dummkopf! Natürlich, er hat sich rasieren lassen!«

Die Dame hatte Papa erkannt – und aufgrund der charakteristischen Geste und der Stimme hatten die anderen auch Tschaikowsky erkannt, so daß ihre Maskierung zur allgemeinen Belustigung durchschaut wurde.

Sofia Kaschkina, Erinnerungen (1940); in: PVC4, S. 79–82.

Nikolaj Kaschkin

(Siehe Seite 48)

Als Tschaikowsky nach Moskau zog, teilte er anfangs eine Unterkunft mit Nikolaj Rubinstein.

Als Tschaikowsky 1866 nach Moskau kam, spielte er schon recht gut vom Blatt, doch in der folgenden Zeit machte er ständig weitere Fortschritte, und in seinen letzten Jahren wurde er ein echter »Notenfresser«, soweit man dies ohne eine wirklich erstklassige Fingertechnik sein kann. Mit dem Votrag von Partituren verhielt es sich ganz genauso. Anfangs konnte er sie, soweit ich erinnere, ganz ordentlich auf dem Klavier spielen, mehr aber nicht. Später jedoch machte er auch hier enorme Fortschritte, denn hierbei spielt Erfahrung eine wichtige Rolle.

Zuweilen veranstalteten wir Gesangsabende. Peter Iljitsch hatte eine große Zahl von Romanzen gesammelt, von Komponisten, die wir kaum oder gar nicht kannten. Bei solchen Gelegenheiten sang er gern, und Laroche oder ich begleiteten ihn am Flügel ... In jungen Jahren verfügte Peter Iljitsch über eine bescheidene, aber sehr angenehme Bariton-Stimme. Soweit ich die Stimmen von Komponisten gehört habe, war seine sicher eine der besten, kein anderer sang mit solcher Meisterschaft der musikalischen Nuancierung und Deklamation ... Aufgrund seiner großen Zurückhaltung, die er bis zum Ende seiner Tage nicht ablegte, gestattete sich Tschaikowsky seine sängerischen Eskapaden nur in Gegenwart von Laroche und mir, allenfalls durfte noch unser gemeinsamer Freund Klimenko zugegen sein. Selbst Rubinsteins Anwesenheit brachte ihn in Verlegenheit. Peter Iljitsch beschränkte sich darauf, die Romanzen anderer zu singen, eigene Werke trug er niemals vor, außer wenn er gerade einen Ausschnitt aus einer neuen Oper spielte und dazu die Gesangspartien so gut er konnte mit gedämpfter

Nikolaj Kaschkin

Stimme andeutete. Was seine eigenen Kompositionen betraf, war Peter Iljitsch äußerst feinbesaitet und brachte nie das Gespräch darauf, wenn er in Wahrheit auch nichts lieber wünschte, als die Meinungen anderer über sie zu hören – dennoch maß er uneingeschränktem Lob keine Bedeutung bei, außer er war von der Aufrichtigkeit überzeugt. Doch wenn er bemerkte, daß ein neues Werk von ihm im Kreise derer, die ihm nahestanden, einen wahrhaft tiefen Eindruck hinterließ, dann empfand er, soweit ich das sagen kann, wirkliche Glückseligkeit, obwohl er dies stets zu verbergen suchte.

Nikolaj Kaschkin, KVC, S. 49f.

Nikolaj Rimsky-Korsakow
(1844–1908)

Nikolaj Rimsky-Korsakow gehörte zu der in St. Petersburg ansässigen Gruppe von Komponisten um Balakirew, deren musikalischen Ideale anfangs betont nationalistisch ausgerichtet waren. Tschaikowsky war Balakirew 1868 in Moskau begegnet; sein Verhältnis zu ihm hatte sich weiter entwickelt, nachdem er 1869 die erste Fassung der Phantasie-Ouvertüre *Romeo und Julia* unter Balakirews Anleitung geschrieben hatte. In den 1870er Jahren pflegten sie ein enges, freundschaftliches Verhältnis. Rimsky-Korsakow gibt im Folgenden seinen ersten Eindruck von Tschaikowsky wieder, den er bei ihrem ersten Zusammentreffen im Jahre 1874 gewann.

Er erwies sich als gepflegter Gespächspartner und anziehender Mensch, der sich stets einfach zu verhalten und gewissermaßen mit Freimut und Aufrichtigkeit zu unterhalten verstand. Wann immer er durch St. Petersburg reiste, kam er bei uns vorbei. Seine Besuche trafen oft mit unseren musikalischen Versammlungen zusammen. Bei einem dieser Besuche – ich weiß nicht mehr, in welchem Jahr – erwiderte er auf unsere übliche Frage nach seiner neuesten Komposition, daß er soeben sein zweites Streichquartett in F-Dur beendet habe. Wir drängten ihn, uns damit bekannt zu machen, und nach kurzen Ausflüchten trug er es vor. Jedem gefiel das Streichquartett sehr. Etliche Jahre später hörte Tschaikowsky ganz auf, seine eigenen Werke vorzutragen.

Nikolaj Rimsky-Korsakow, RKL, S. 65, 148.

Nadeschda Kondratjewa
(1865–?)

Nadeschda Kondratjewa war die Tochter von Tschaikowskys engem Freund Nikolaj Kondratjew. Letzteren hatte Tschaikowsky erstmals 1864 getroffen und von 1871 bis 1879 häufig auf seinem Gut in Nisy bei Charkow besucht. Tschaikowsky sollte jedem Mitglied der Familie ein Klavierstück widmen: Nikolaj die *Rêverie du soir*, op. 19 Nr. 1; seiner Frau *Valse de salon*, op. 51 Nr. 1; und ihrer

Tschaikowsky (rechts) mit seinen Brüdern Modest und Anatoly (stehend) und dem Freund Nikolaj Kondratjew (am Tisch), Moskau 1875

Tochter *Valse Bluette*, op. 72 Nr. 11. Obwohl er wenn nötig auch während der Vorlesungszeit des Konservatoriums komponierte, schrieb er die meisten seiner Werke in den freien Monaten im Sommer.

Sein Tag verlief folgendermaßen: Er stand immer um sieben Uhr auf und nahm ein Bad (der Fluß war direkt neben dem Haus, und man konnte dort hervorragend baden). Häufig machte sich auch mein Vater um diese Zeit zum Fluß auf, so daß sich die Freunde beim Baden trafen. Zwei oder drei der Brüder meines Vaters, die ebenfalls bei uns weilten, pflegten sich noch zu ihnen zu gesellen. Die Luft war voller Lachen, Gejohle und Scherzen, und ich lauschte stets mit Freuden von meinem Fenster aus, das zum Fluß hinausging. Peter Iljitsch pflegte recht ausgiebig zu baden, sodann in sein Zimmer zurückzukehren und dort Tee oder Milch mit hausgemachten Semmeln und Brezeln zu sich zu nehmen, die extra für ihn gebacken wurden. Bei uns nahm jeder seinen Morgentee wann er wollte auf dem Zimmer ein. Peter Iljitsch trank stets zwei

Gläser, zuweilen auch Milch statt Tee. Dann pflegte er bei meinem Vater vorbeizuschauen, und gemeinsam machten sie sich auf ihren immergleichen Spaziergang am Flußufer entlang, durch den gesamten Garten, durch den Gemüsegarten und zurück auf einem anderen Weg. Der Garten war so weitläufig, daß dieser Spaziergang eine geraume Zeit dauerte. Sodann kam Peter Iljitsch auch zu uns, bot uns seinen Gruß, plauderte ein wenig und begab sich dann auf sein Zimmer. Dort arbeitete er, sah die Post durch oder las. Mittags kam er zum Essen auf die Terrasse, wo sich jedermann zu dieser Stunde einfand. Peter Iljitsch war ein großer Gourmet, er liebte wohlschmeckende Gerichte und pflegte bei uns immer schon abends das Menü für den folgenden Tag zu bestellen. Im Sommer mochte er frische Fischsuppe am allerliebsten, auch Stör (frisch oder geräuchert), der aus der Stadt besorgt wurde.
Nach dem Mittagessen zogen wir uns alle auf die Zimmer zurück, und Peter Iljitsch kam oftmals zu mir ins Kinderzimmer, sah meine Hefte durch, ließ mich etwas vorlesen. Manchmal gab er mir auch ein Thema für einen [literarischen] Aufsatz und nahm großen Anteil an meinen Fortschritten. Dann gingen wir in den Salon, wo es einen großen Flügel gab. Er unterzog mich dort eingehender Prüfung, ließ mich Stücke auswendig spielen oder raten, welches Stück in welcher Tonart er ausgewählt hatte und gerade vortrug; manchmal spielte er auch einfache Klavierduette zu vier Händen mit mir. War die Prüfung vorüber, zeigte er sich stets mit meinem Wissen zufrieden, denn ich war ein äußerst aufgewecktes Mädchen, ich war lerneifrig und vergötterte die Musik. Mit einem zarten Kuß auf die Stirn und einem großem Lob für die gute Schülerin überließ mich Tschaikowsky sodann mir selbst und ging auf sein Zimmer.
Um fünf Uhr wurden wir zur nächsten Mahlzeit versammelt, unternahmen danach alle gemeinsam einen kleinen Spaziergang, manchmal auch eine Ausfahrt in der offenen Kutsche oder saßen auf dem Balkon, unterhielten uns angeregt, tranken unseren Abendtee, aßen Früchte, Buttermilch und Yoghurt, was Tschaikowsky sehr liebte. Nach dem Tee jeweils ging ich sogleich zu Bett, während sie sich zum Kartenspielen zusammensetzten. Peter Iljitsch war ein großer Spieler, und sie spielten oft bis Mitternacht, ehe auch sie zu Bett gingen.

Dies war der Lebenswandel, dem Tschaikowsky für gewöhnlich nachging. In Zeiten aber, in denen er – wie er sich ausdrückte – eine Inspirationswelle hatte, wurde er ungesellig, düster und verschlossen. Am frühen Morgen, nachdem er seine zwei Gläser Milch getrunken, Papier und Bleistift eingesteckt und unseren Haushund namens Hund mitgenommen hatte, machte er sich auf und verbrachte den ganzen Tag in den Feldern, wo er bis zum Abend umherstreifte, Einfälle notierte, musikalische Phrasen, Bruchstücke von Arien und dergleichen. Manchmal kehrte er zu unserer [Fünf-Uhr-] Mahlzeit zurück, manchmal auch erst später. Sodann nahm er ein kurzes Bad, trank einen Schluck und setzte sich gleich an den Flügel, wo er [für sich] durchzuspielen begann, was er den Tag über geschrieben hatte. Doch weil er ungewöhnlich selbstkritisch war, stellte ihn seine Arbeit eigentlich nie zufrieden, so daß er schließlich die Skizzenblätter zerriß und zornig fortwarf. Am darauffolgenden Tag schrieb er neue.

Manchmal kehrte er auch müde und glücklich zurück. Ich lernte in seiner Miene lesen, ob ihn sein Tagewerk zufriedenstellte. An solchen Tagen wandte er sich nach der gemeinsamen Mahlzeit an alle Anwesenden mit den Worten:

»Nun, meine Freunde, begeben Sie sich bitte in den Salon, wo ich Ihnen meine Entwürfe vortragen werde und Sie mir ihre Meinung darüber mitteilen möchten.«

Wenn die Inspirationswelle vorbeiging, wurde Tschaikowsky wieder umgänglich und scherzte mit jedermann. Er ging stundenlang spazieren und lief weite Wege; meine Eltern jedoch waren keine großen Spaziergänger und überschritten die Grenzen des Gartens niemals. Ich hingegen liebte Spaziergänge seit Kindheitstagen über alles. Wie glücklich war ich daher, wenn Peter Iljitsch, der meine Vorliebe kannte, nach dem Essen zu meiner Mutter sagte: »Maria Sergejewna, lassen Sie Dinotschka auf einen Spaziergang mit mir gehen. Keine Sorge, wir sind zum Tee wieder da.«

Und so machten wir uns gemeinsam auf den Weg: ich, Peter Iljitsch, meine Gouvernante, einer der Schüler meines Vaters oder auch alle (mein Vater hatte fünf Bauernkinder aufgenommen, sorgte für ihre Erziehung in der höheren Schule der Stadt und ihren weiteren Lebensweg) und der unersetzliche Hund.

Nadeschda Kondratjewa, Erinnerungen (1940); in: PVC4, S. 90f.

Nikolaj Kaschkin

(Siehe Seite 48)

Tschaikowsky schrieb seine Klaviersonate in G-Dur 1878. Nikolaj Rubinstein spielte das Werk Tschaikowsky erstmals im November 1879 vor. Wer der berühmte ausländische Pianist war, der hier erwähnt wird, ist nicht bekannt.

Unser Gastgeber [Rubinstein] setzte sich sogleich ans Piano und trug die Sonate ganz hervorragend vor. Der Komponist war auf das höchste erfreut und brachte seine Begeisterung überschwenglich zum Ausdruck. Im übrigen kam bei dieser Gelegenheit auch wieder eine von Peter Iljitschs Eigenarten zum Vorschein, nämlich daß er äußerst selten völlige Gewißheit zeigte, wie seine Werke gespielt werden sollten, in welcher Hinsicht er sich vielmehr auf Nikolaj Rubinstein [der die Uraufführungen zahlreicher Werke Tschaikowskys geleitet hatte] als auf sich selbst verließ. Rubinstein machte ihn darauf aufmerksam, daß er sich einige Freiheiten im Umgang mit seinen [Tschaikowskys] Vortragsbezeichnungen erlaubt und an mehreren Stellen Tempo und Ausdruck verändert habe. Darauf erwiderte der Komponist mit tiefster Überzeugung: »Mach es so, wie du willst, mein lieber Freund, natürlich ist es so viel besser als auf meine Art – denn was verstehe ich schon von diesen Dingen?«
Tatsächlich hatte Peter Iljitsch aber nur sehr wenigen Menschen gegenüber solches Vertrauen – vielleicht noch bei Hans von Bülow, den er sehr schätzte, besonders als Dirigent. Für die Mehrheit der Interpreten versuchte er aber alles peinlich genau zu notieren – sowohl Ausdrucksbezeichnungen als auch Metronomangaben –, und es mißfiel ihm außerordentlich, wenn sie ohne sein Einverständnis davon abwichen. Als die Sonate vorbei war, begab sich jener fremde Pianist an den Flügel, obwohl ich nicht erinnere, daß ihn irgend jemand dazu aufgefordert hatte, und gab einige seiner neuesten, ziemlich belanglosen Stücke zum besten. Danach gingen Tschaikowsky und ich, und kaum waren wir auf die Straße getreten, wandte er sich plötzlich in großer Empörung an mich und fragte, wie ich mir die Unverschämtheit erklären könne, daß sich jemand nach solch einer Aufführung durch Rubinstein einfach ans Klavier setzen könne? Ich weiß nicht mehr, was ich zur Ant-

wort gab, aber ich erinnere noch, daß es lange dauerte, bis Peter Iljitsch sich wieder beruhigt hatte.

Nikolaj Kaschkin, KVC, S. 127f.

Alexandra Panajewa
(1853–1942)

Alexandra Panajewa war Sängerin und Schülerin von Pauline Viardot. Sie erinnert sich hier an eine Abendgesellschaft im Jahre 1879.

An einem der Abende entstand eine lebhafte Auseinandersetzung über einige seiner [Tschaikowskys] Romanzen, »Wie weh, wie süß«, »Nur einen Augenblick« und »Es war zur ersten Frühlingszeit«, bei denen ich mich nicht völlig getreu an seine Vortragsbezeichnungen auf dem Papier gehalten hatte. Ich berief mich auf die Ansicht von Mme. Viardot, die dafürhielt, daß den Ausführenden manchmal eine gewisse Gestaltungsfreiheit zugestanden werden müsse und dies umso mehr, da die Komponisten selbst keinen vollständigen Aufschluß über die eigentlich innewohnende Bedeutung ihrer Werke zu geben pflegten, weshalb es den Interpreten zukomme, diese zu entdecken. Dies habe zur Folge, daß ein und dasselbe Stück, je nach seiner Darbietung, einen unauslöschlichen Eindruck hinterlasse oder gar keine Wirkung zeige. Ich schlug vor, Mme. Viardots Auffassung durch Abstimmen zu überprüfen, nachdem ich die oben erwähnten Romanzen ein zweites Mal gesungen hätte, um das Urteil sodann den Zuhörern zu überlassen, welche Interpretation die Gedanken des Dichters und Komponisten wahrhaftiger und vollständiger zum Ausdruck bringe. Ich hatte den zweiten Vortrag der Romanzen noch nicht beendet, als Peter Iljitsch aufgab und mir gestattete, seine Werke »frei« zu gestalten, und auf der Stelle machte er auf dem Notenblatt [gemäß meiner Interpretation] die entsprechenden Vermerke.

Alexandra Panajewa, Erinnerungen (1933); in: PVC4, S. 127.

III
Die Krise

1876 geriet Tschaikowsky im Alter von 36 Jahren in eine schwere Lebenskrise. Seine Homosexualität wurde mehr und mehr zum Gegenstand öffentlicher Bemerkungen, während sie ihm innerlich stets wachsende und immer unerträglicher werdende Qualen bereitete. Er mußte sich seinem Schicksal stellen und Entscheidungen fällen. »Ich habe beschlossen zu heiraten«, erklärte er unvermittelt seinem Bruder Modest am 31. August. Zu jenem Zeitpunkt hatte er überhaupt keine Vorstellung, wer seine Zukünftige sein könnte, doch nach einigen Monaten verhalf ihm der Zufall im Mai 1877 zu einer geeigneten Braut. Was folgte, war eine Reihe bizarrer, erschreckender Ereignisse, die Tschaikowsky an den Rand des Nervenzusammenbruchs, ja zu einem Selbstmordversuch trieben. Obwohl die Wunden dieser traumatischen Zeit nach etlichen Jahren verheilt waren, hinterließen sie doch tiefe Narben, und weder der Mensch noch der Musiker Tschaikowsky war jemals wieder ganz der alte.

Nikolaj Kaschkin

(Siehe Seite 48)

Tschaikowskys Briefe aus der Zeit von Juni bis September 1877 dokumentieren die Stadien seines ehelichen Abenteuers mit erschreckender Deutlichkeit. Einige Jahre später schrieb Nikolaj Kaschkin seine Version der Ereignisse nieder, teils nach eigener Wahrnehmung als außenstehender Beobachter, teils nach Tschaikowskys späteren mündlichen Berichten. Kaschkin meinte, was er hier festgehalten habe, sei so persönlich, daß es nicht veröffentlicht werden dürfe, solange irgendeiner der Hauptbeteiligten noch am Leben sei. Daher wurden diese Aufzeichnungen nicht in seine 1896 erschienenen Memoiren aufgenommen; statt dessen übergab er diesen Teil des Manuskripts der Obhut des Moskauer Konservatoriums. Nachdem jedoch Tschaikowskys Witwe 1917 in einer Nervenheilanstalt und drei Jahre später Kaschkin selbst gestorben waren, gelangte der Bericht 1920 an die Öffentlichkeit.

Die Jugend ging vorüber, die Jahre der Reife kamen heran, und Tschaikowsky begann von der Vorstellung eines behaglichen Familienlebens zu träumen, wozu er die Anwesenheit einer Frau benötigte – aber keiner einfachen Dienerin, sondern einer gebildeten Gefährtin, die fähig sei, seine glühendsten Bestrebungen nachzuvollziehen, ihm als getreue Lebensgefährtin zur Seite zu stehen und ihn, unter anderem, von allen Haushaltssorgen zu befreien. Der Gedanke kam ihm immer öfter in den Sinn, eine Frau mittleren Alters oder eine Witwe zu ehelichen, eine Frau, mit der er in gegenseitigem Einverständnis ohne Anstalten zu heißer Leidenschaft leben könne. Dieser Gedanke war zwar noch nicht ausgereift, dennoch sprach er des öfteren mit mir darüber. Grundsätzlich sprach ich seiner Absicht zu, riet aber zu größerer Behutsamkeit und Umsicht bei der Wahl seiner hilfreichen Lebensgefährtin. Ich gab ihm sogar den Rat-

Tschaikowsky (rechts) und sein Schüler Josef Kotek, Moskau 1877

schlag, sich nicht auf das eigene Urteil zu verlassen, sondern die Meinung Nikolaj Rubinsteins einzuholen, auf dessen Fähigkeit, die Menschen rasch einzuschätzen, ich tief vertraute. Persönlich schien mir die Ausführung von Peter Iljitschs Vorsatz, wenn auch nicht einfach, so doch durchaus möglich und dies umso mehr, als er bereits in einer großen Zahl von gesetzten Frauen mittleren Alters eine aufrichtige Neigung zu sich geweckt hatte. Darüber hinaus war er selbst in jener Zeit sehr wohl in der Lage, sich auf verschiedene Menschen und Umstände einzustellen. Dabei spreche ich hier nicht von der Tatsache, daß auch junge Frauen in Liebe zu Peter Iljitsch entbrannt waren, denn dies führt zu Fragen anderer Art... [Aber] Peter Iljitsch beriet sich nicht nur mit niemandem – wie sich zeigen wird, suchte er seine Absichten sogar so weit es ging zu verbergen, vor allem seinen Freunden vom Konservatorium gegenüber.

Im Frühjahr 1877 war Tschaikowsky völlig von der Idee eingenommen, Musik für [die Oper] *Eugen Onegin* zu komponieren. Ich zog immer schon vor Ende der Unterrichtszeit des Konservatoriums in eine Datscha irgendwo in den Moskauer Außenbezirken und kam nur zu kurzen und sehr seltenen Besuchen in die Stadt, meist nur für wenige Stunden. Auf einem dieser Moskau-Besuche erfuhr ich von einem Fremden (ich weiß nicht mehr genau von wem), daß Tschaikowsky kürzlich eine ehemalige Studentin des Konservatoriums geheiratet und daß die Hochzeit in Moskau stattgefunden habe... Diese Neuigkeit war so unerwartet und seltsam, daß ich sie anfangs einfach nicht für bare Münze nahm, denn nicht selten kursierten in Moskau die wildesten Gerüchte... In diesem Fall jedoch mußte ich bald einsehen, daß sie völlig zutrafen, und es verursachte mir einen wahren Schauder, als Albrecht [ein Kollege vom Konservatorium] die Bestätigung gab... Aus Albrechts Bericht konnte ich entnehmen, daß Tschaikowsky seine Absichten sehr sorgfältig gehütet hatte, denn Albrecht selbst, obgleich er doch ein guter Freund war, hatte die Nachricht erst nach der Heirat erhalten; bis zu diesem Zeitpunkt hatte er [Tschaikowsky] seine Ankunft in Moskau geheim gehalten... denn die Zeit vor der eigentlichen Hochzeit hatte er bei Konstantin Schilowsky auf dem Lande verbracht..., wo er mit Schilowsky [einem Freund] das Libretto für *Eugen Onegin* ausarbeitete.

In all den Heimlichkeiten, mit denen Tschaikowsky seine Heirat umgab, spürte ich etwas zutiefst Beunruhigendes... Vorläufig aber mußte alles dunkel und unverständlich bleiben, da die Jungvermählten nämlich, wie Albrecht mir sagte, die Stadt verlassen hatten.

Wie gewöhnlich blieb ich so lange wie möglich auf meiner Datscha und fuhr für die Aufnahmeprüfungen am Beginn des

neuen Lehrjahres täglich nach Moskau hinein. Als ich dort auf Nikolaj Rubinstein und Nikolaj Hubert [einen weiteren Kollegen] traf, brachten wir Tschaikowsky und seine Heirat kaum zur Sprache, denn alle empfanden Bestürzung und Sorge, daß dieses Ereignis nichts Gutes bedeute, und mieden es, davon zu sprechen…, räumten jedoch ebenfalls ein, daß alles davon abhing, wer genau Peter Iljitschs Erwählte, die niemand kannte, eigentlich sei.
Dennoch hatte es den Anschein, als gebe es gewisse Personen, die die Auserwählte kannten, denn immerhin hatte sie einige Jahre zuvor ein Jahr lang am Moskauer Konservatorium studiert. Zu jener Zeit gab es kaum zweihundert Studenten, und wir kannten sie nahezu alle, zumindest von ihrer Erscheinung und ihren musikalischen Talenten. Aber Fräulein Miljukowa, die nun Frau Tschaikowskaja geworden war, bildete in dieser Hinsicht eine Ausnahme, denn keiner der oben genannten Angehörigen unseres Kreises konnte sich ihrer entsinnen; lediglich Albrecht erinnerte sich dunkel an eine Studentin, deren Unterlagen er – in seiner Eigenschaft als Kanzler des Konservatoriums – bei ihrem Eintritt ins Konservatorium entgegengenommen und ihr beim Verlassen wieder ausgehändigt hatte. So kam nur noch der Lehrer der Klavierklasse in Frage, bei dem Fräulein Miljukowa eingeschrieben gewesen war… Als einer von uns sich beim ihm nach Fräulein Miljukowa erkundigte, gab Langer [der Lehrer] zur Auskunft, daß Tschaikowsky selbst im Mai nach ihr gefragt und einen äußerst karges und rundweg negatives Bild ihres Charakters zur Antwort erhalten habe, das er [Langer] jetzt erneut gab, da er ihm nichts hinzuzufügen hätte. Wir wußten, daß Langers Urteile über seine Schüler zum größten Teil davon beeinflußt waren, wie eifrig letztere sich ihren Studien im allgemeinen und insbesondere den Anforderungen seines Unterrichts widmeten, so daß wir aus seiner Beurteilung lediglich schließen konnten, daß Fräulein Miljukowas Leistungen in der Klavierklasse offenbar nicht zufriedenstellend gewesen waren.
Von Albrecht erfuhren wir, daß Tschaikowsky eine neue Wohnung bezogen hatte. Zunächst erschien Antonina Iwanowna [Tschaikowskaja, geborene Miljukowa] allein in der Wohnung und machte sich daran, sie einzurichten, wobei Albrecht ihr auf Tschaikowskys Bitte hilfreich zur Hand ging; er war der

einzige von uns, der sie zu Gesicht bekommen hatte. Tschaikowsky selbst war zu jenem Zeitpunkt bei seiner Schwester in der Gegend von Kiew, wohin er allein gereist war, sobald er mit seiner Frau aus St. Petersburg, wo er sie seinem Vater und seinen Brüdern vorgestellt hatte, zurückgekehrt war.

Tschaikowsky traf zu Beginn des akademischen Jahres deutlich verspätet in Moskau ein und begab sich sofort ins Konservatorium. Er legte eine überschwenglich heitere und unbekümmerte Art an den Tag, die jedoch nach Vorsatz roch. Peter Iljitsch war niemals fähig, sich zu verstellen, und je mehr er es versuchte, desto offensichtlicher wurde seine Anstrengung. In Anbetracht seiner nervösen Anspannung begegneten wir ihm mit größter Behutsamkeit, stellten keine Fragen und warteten, daß er uns seiner Frau vorstellen würde. Aber wann immer Tschaikowsky am Konservatorium zum Unterrichten oder zur Erledigung geschäftlicher Dinge erschien, er verschwand sofort wieder und schob die Umstände der Einrichtung seiner neuen Wohnung vor.

Wir trafen das junge Paar schließlich im Hause von Peter Jürgenson [Tschaikowskys wichtigstem Verleger und nahestehendem Freund], der zu diesem Zweck eine Abendgesellschaft arrangiert hatte, zu der Tschaikowskys engste Freunde vom Konservatorium geladen waren... Hier sah ich Antonina Iwanowna das erste Mal und erhielt einen allgemein guten Eindruck von ihr, sowohl was ihre Erscheinung als auch was ihre zurückhaltende Art anbelangte. Ich machte Konversation mit ihr, nicht ohne zu übersehen, daß Tschaikowsky die ganze Zeit kaum von unserer Seite wich. Antonina Iwanowna schien entweder scheu oder um passende Worte verlegen zu sein, und so griff Peter Iljitsch von Zeit zu Zeit, wenn sich unfreiwillige Pausen ergaben, in das Gespräch ein oder vollendete, was sie gerade begonnen hatte. Im übrigen war unsere Unterhaltung so nichtssagend, daß ich Peter Iljitschs Eingriffen keine Aufmerksamkeit geschenkt hätte, wäre er nicht jedes Mal, wenn seine Frau mit jemandem Konversation machte, so überaus hartnäckig gewesen. Solche Beflissenheit war nicht ganz ungezwungen und bezeugte gewissermaßen seine Sorge, daß es Antonina Iwanowna womöglich Schwierigkeiten bereite, eine Unterhaltung auf angemessene Weise zu führen. Überhaupt hinterließ unsere neue

Tschaikowsky und seine Frau Antonina Iwanowna (geborene Miljukowa), Moskau, Juli 1877

Bekanntschaft einen zwar positiven, doch ziemlich blassen Eindruck.

An einem der folgenden Tage, als sich einige von uns während einer Pause von unseren Verpflichtungen am Konservatorium im Direktionszimmer einfanden, bemerkte Nikolaj Rubinstein über den Abend bei Jürgenson und im Hinblick auf Antonina

Iwanowna: »Wissen Sie, sie ist hübsch und sie benimmt sich artig, aber sie hat kein sehr einnehmendes Wesen; es scheint fast, als sei sie gar keine wirkliche Person, sondern ein künstliches Gebilde.« Bei all ihrer Respektlosigkeit war eine solche Charakterisierung gleichwohl treffend, denn Antonina Iwanowna machte tatsächlich den Eindruck einer »unwirklichen« Person.

Für die Mehrheit der Gäste, die an jenem Abend bei Jürgenson waren, blieb diese erste Begegnung mit Antonina Iwanowna zugleich auch die letzte... Tag um Tag verging, Tschaikowsky erschien zu seinen Pflichten am Konservatorium mit der ihm eigenen unerschütterlichen Pünktlichkeit, aber ging, sobald er seinen Unterricht beendet hatte, sofort wieder nach Hause und somit jeder Unterhaltung sichtlich aus dem Weg. Die aufgesetzte Munterkeit und Fröhlichkeit jener ersten Tage nach seiner Rückkehr waren völlig verschwunden; er wirkte stets angespannt und düster, so daß man nur schwer mit ihm ins Gespräch kam, denn wer ihn kannte, wußte, daß seine nervliche Anspannung sich jeden Moment entladen konnte.

Ende September traf er zum morgendlichen Unterricht im Konservatorium mit einem so schmerzlich verzerrten Gesichtsausdruck ein, daß ich ihn noch jetzt mit vollständiger Deutlichkeit vor mir sehe. Ohne mich anzublicken, reichte er mir ein Telegramm und sagte, daß er fort müsse. Das Telegramm trug die Unterschrift von Naprawnik [leitender Dirigent am Mariinsky-Theater] und forderte Tschaikowsky auf, sofort nach St. Petersburg zu kommen. Er teilte Nikolaj Rubinstein mit, daß er den Postzug nehmen werde und nicht wisse, wann er zurückkommen könne.

Zwei oder drei Tage vergingen, bis wir erfuhren – ich weiß nicht mehr durch wen –, daß Peter Iljitsch unmittelbar nach seiner Ankunft in St. Petersburg einen überaus heftigen Nervenanfall erlitten hatte, der Anlaß zu den schlimmsten Befürchtungen um seine geistige Gesundheit gab. Kurze Zeit später traf Anatoly Iljitsch Tschaikowsky in Moskau ein und kam bei Nikolaj Rubinstein vorbei, um höchst beunruhigende Nachrichten zu bringen. Er erklärte uns, daß Peter Iljitschs geistige Verwirrung von der allerernstesten Art sei und daß der Kranke daher – auf Anraten des seinerzeit sehr bekannten Nervenarztes Balinsky – mit seinem Bruder Modest Iljitsch für

einige Zeit ins Ausland gehe... Er [Balinksy] habe nicht nur sofort erkannt, daß jedes weitere eheliche Zusammenleben unmöglich sei, sondern auch auf das bestimmteste erklärt, daß eine völlige und dauerhafte Trennung des Paares unumgänglich sei, und sogar alle weiteren Treffen der beiden untersagt...
Anatoly Iljitschs Besuch in Moskau galt hauptsächlich dem Ziel, Antonina Iwanowna von den ärztlichen Anordnungen in Kenntnis zu setzen und mit ihr die Eigentumsfragen und alles weitere zu erörtern, was sich aus der bevorstehenden dauerhaften Trennung des Ehepaares ergab... Tschaikowsky wurde nach Italien gebracht; die Nachrichten von seinem Zustand, die uns am Konservatorium erreichten, ließen uns auf eine Genesung hoffen. Nikolaj Rubinstein gab seiner Zuversicht Ausdruck, daß der Kranke völlig geheilt und in seinen Kräften und Fähigkeiten wiederhergestellt zurückkehren werde. Aber als er mit mir darüber sprach, fügte er bekümmert hinzu, daß er Tschaikowsky dennoch, was das Konservatorium anlangte, auf immer verloren gab.

Diese schwere Zeit im Leben Tschaikowskys ging vorüber, und er erholte sich vergleichsweise schnell... Etliche Jahre vergingen, wenigstens sieben oder acht (vielleicht gar zehn), und alles war vergessen. Und Tschaikowskys eigene Lage hatte sich gänzlich verändert. Nikolaj Rubinstein war seit langem tot, andere Personen hatten den Schauplatz betreten. Schon konnte Tschaikowsky sich sehr großer Beliebtheit erfreuen und nach mehreren Jahren der Abwesenheit nach Moskau zurückkehren, obwohl er nicht mehr in der Stadt, sondern in der Nähe von Klin wohnte, wo er in gemieteten Häusern bald diese bald jene Unterkunft bezog, ansonsten in ländlicher Abgeschiedenheit lebte und zuweilen einen seiner Moskauer Freunde zu sich einlud. Nur selten verließ er Klin, wenn er nicht gerade wieder ins Ausland reiste, wo er unterdessen weltweit gefeiert wurde, wann immer er als Dirigent seiner eigenen Werke auftrat. Nach Moskau kam er kaum, machte hier nur wenige Besuche von zwei oder drei Tagen.

Ich besuchte Tschaikowsky auf dem Lande nicht sehr oft, denn meine Moskauer Angelegenheiten duldeten keine häufige Abwesenheit. Darum aber verlebte ich zuweilen längere Aufenthalte während der Sommerferien bei ihm oder verbrachte die Karwoche dort, denn wie Tschaikowsky selbst liebte auch ich

das erste Erwachen des Frühlings... Bei einem meiner längeren Aufenthalte saßen wir aus irgendeinem Grund nach einem Spaziergang beisammen. Die Dämmerung brach schon herein, und obwohl es noch nicht spät war, begann es drinnen zu dunkeln. Von der Poststation waren die Briefe und Zeitschriften gebracht worden; ich hatte letztere zur Hand genommen, während Tschaikowsky die Briefe durchsah. Beide saßen wir uns an einem runden Tisch gegenüber und waren jeweils in unsere Lektüre vertieft. Ich legte die Zeitungen, nachdem ich sie rasch durchgeblättert hatte, wieder zur Seite und sah, daß Tschaikowsky gedankenverloren dasaß und seinen Blick starr auf einen Punkt neben sich gerichtet hielt. Eine geraume Zeit saßen wir schweigend. Dann wandte sich Tschaikowsky, als komme er wieder zu sich, mir zu und sagte: »Bitte lies diesen Brief« – und zugleich reichte er mir die zusammengefalteten Blätter, die er in der Hand gehalten hatte. Als ich den Brief nahm, entdeckte ich zuallererst Antonina Iwanownas Unterschrift, was mich sehr überraschte, denn von Jürgenson, der mit der Auszahlung des ihr zugewiesenen Unterhaltsgeldes betraut war, hatte ich erfahren, daß es keinen direkten Verkehr zwischen den Ehegatten gab. In all meinen Gesprächen mit Tschaikowsky war nie auch nur eine Bemerkung gefallen, die sich in irgendeiner Weise auf seine Ehe bezog.
Der Brief erwies sich als ziemlich lang... Er war sauber geschrieben und schien eine Reihe brennender Fragen zu enthalten, denn er war mit Fragezeichen und Ausrufezeichen förmlich gespickt. Als ich den Brief durchgelesen hatte und Tschaikowsky ansah, wandte er sich als Antwort auf meine stumme Frage ebenfalls mit einer Frage an mich: »Nun sag mir bitte, was steht in diesem Brief?«
Jetzt erst begriff ich, daß dieser Brief überhaupt keinen klaren und wirklichen Inhalt aufwies, wenngleich er nicht nur grammatikalisch korrekt, sondern auch in gehobenem literarischem Stil abgefaßt war. Ich kam nicht umhin zu sagen, daß ich den Gehalt des Gelesenen nicht ausmachen konnte, worauf ich zur Antwort erhielt: »Solche Briefe schreibt sie mir immer.«
Wieder saßen wir eine Weile schweigend. Die Düsternis im Zimmer vertiefte sich zusehends, bis ich das Gesicht meines Gegenübers nicht mehr erkennen konnte. Ohne weitere Vorrede, mit eintöniger, gewissermaßen gesenkter Stimme und

völlig unerwartet begann Tschaikowsky plötzlich zu erzählen und fuhr fort, ohne seinen Tonfall zu ändern, als entledige er sich einer Pflicht. Mit dieser Erzählung setzte Tschaikowsky mir in etlichen Einzelheiten die Umstände auseinander, unter denen er Antonina Iwanowna getroffen hatte, und alle folgenden Ereignisse bis hin zur Trennung von ihr.
Ich habe seither soviel über diese Geschichte nachgedacht und sie immer wieder mit den Notizen verglichen, die ich mir damals machte, daß ich sie nicht anders wiedergeben kann als aus der Warte Tschaikowskys selbst, da er mir auch jetzt noch so leibhaftig in Erinnerung steht, daß ich gewissermaßen seine Stimme vernehmen kann. Meine Wiedergabe wird vermutlich eher kürzer ausfallen als die eigentliche Geschichte, aber wird meistenteils eine wörtliche Nacherzählung dessen sein, was ich erfuhr. Vielleicht werde ich etwas auslassen – keinesfalls aber werde ich irgend etwas hinzufügen.
Anfangs erzählte Tschaikowsky mir, wie ihn Elisaweta Lawrowskaja [eine befreundete Sängerin] im Frühling 1877 auf die Idee gebracht hatte, eine Oper über *Eugen Onegin* zu komponieren... »Irgendwann zwischen Mitte April und Mitte März 1877«, sagte Tschaikowsky, »erhielt ich einen längeren Brief, der eine Liebeserklärung enthielt. Der Brief war unterzeichnet mit A. Miljukowa und erklärte, daß sie mich schon jahrelang, seit sie am Konservatorium studierte hatte, zutiefst liebe. Obgleich ich fast täglich am Konservatorium war und die meisten Studenten kannte, wußte ich mich an ein Fräulein Miljukowa nicht zu erinnern. Im Brief hatte sie erwähnt, daß sie Eduard Langers Klavierklasse besucht hatte – und als ich ihm am Konservatorium wieder begegnete, erkundigte ich mich nach einer ehemaligen Studentin Miljukowa, die er, wie es schien, erinnern und charakterisieren konnte ... allerdings nur mit einem einzigen, groben Schmähwort ohne weitere Ausführung. Ich fragte niemanden sonst nach Fräulein Miljukowa. Zu eben jener Zeit war ich völlig von meinen Gedanken an *Eugen Onegin* eingenommen – das heißt eigentlich an Tatjana, deren Brief [-Szene] mich vor allem anderen zu diesem Werk hinzog. Verfügte ich auch noch nicht über ein Libretto, ja nicht einmal über eine allgemeine Skizze der Oper, begann ich doch, einem unbezwingbaren inneren Drang Folge leistend, die Musik für diesen Brief zu schreiben, worüber ich mich so

ereiferte, daß ich Fräulein Miljukowa nicht allein vergaß, sondern gar ihren Brief verlor – oder ihn so gut verbarg, daß ich ihn selbst nicht mehr finden konnte. Ich dachte erst wieder daran, als ich einige Zeit später ein zweites Schreiben von ihr empfing.

Ganz in meine kompositorische Arbeit versunken, identifizierte ich mich so vollständig mit dem Bild Tatjanas, daß sie mir zur lebendigen Person wurde und alles, was sie umgab, als Wirklichkeit erschien. Ich liebte Tatjana und war hellauf empört über Onegin, den ich als kalten, herzlosen Gecken empfand. Sobald ich zum zweiten Mal von Fräulein Miljukowa hörte, schämte ich mich meiner und zürnte über mein eigenes Verhalten ihr gegenüber. In diesem zweiten Brief beklagte sie bitterlich, daß sie keine Antwort erhalten hatte, und fügte hinzu, daß ihr, wenn auch diesem ihrem zweiten Brief dasselbe Schicksal zuteil werde, nicht anderes bliebe, als ihrem Leben ein Ende zu bereiten.

In meiner Vorstellung verband sich dies alles mit den Gedanken an Tatjana, und mir schien, als hätte ich mich ungleich schändlicher betragen als selbst Onegin, so daß ich wahrhaft zornig wurde über mich und meine Herzlosigkeit gegenüber diesem Mädchen, das mich so sehr liebte. Da der zweite Brief auch Fräulein Miljukowas Adresse enthielt, machte ich mich sogleich auf den Weg dorthin, und so begann unsere Bekanntschaft.

Ich lernte meine neue Bekannte als ein bescheidenes, gut aussehendes Mädchen kennen, das im großen und ganzen einen sehr angenehmen Eindruck bei mir hinterließ. Bei unserem ersten Treffen sagte ich ihr, daß ich ihre zarten Gefühle wohl nicht erwidern könne, daß sie jedoch eine aufrichtige Neigung in mir erwecke. Sie entgegnete, daß ihr jegliche Neigung meinerseits lieb und teuer sei und sie sich gerne damit zufrieden gebe – oder etwas in dieser Art. Ich versprach, daß wir uns häufig treffen würden, und ich hielt mein Wort.

Du erinnerst Dich sicher, daß ich mehr als einmal mit Dir über meine Absichten sprach, eine Person zu heiraten, die nicht zu jung ist und solche Charaktereigenschaften aufweist, daß sie mir eine gute Freundin und Lebensgefährtin sein könne. Antonina Iwanowna entsprach dem insofern nicht ganz, als sie verhältnismäßig jung war, aber sie zeigte doch solch eine Hingabe zu mir, solch eine Bereitschaft zu allem, was mir annehmlich sein würde, daß es mir gewissermaßen oblag, dies mit Entsprechendem zu vergelten, wo ich denn schon nichts wirklich für sie empfand. Hinzu kam, daß ich in meinem Herzen beständig eine echte Empörung hegte über die achtlose und bedenkenlose Haltung, die Onegin gegenüber Tatjana einnahm. Mir schien, es wäre kaltherzig und schlichtweg unhaltbar, sollte ich mich ebenso wie Onegin aufführen.

Ich war wie im Fieber. All meine Gedanken galten beständig der Oper, und allem anderen widmete ich mich nur unbewußt oder halbbewußt. Dennoch erinnere ich meinen festen Entschluß, keinem von Euch, den Kollegen am Konservatorium, irgend etwas über meine Beziehungen zu Antonina Iwanowna mitzuteilen oder gar über die Absichten, die aus diesen Beziehungen hervorgegangen waren. Ich war überzeugt, solltet ihr davon hören, wäre alles für immer vorüber und ich könne nicht so handeln, wie ich es wünschte. Ich wußte ganz und gar nicht, worauf sich diese Überzeugung gründetete, gleichwohl war sie vorhanden.

All dieses ungewisse Zögern und Schwanken war nicht derart, daß es mich in große Unruhe oder Sorge versetzt hätte, aber es beeinträchtigte meine kompositorische Arbeit, und ich entschied, um Ruhe zu haben, sei es besser, diese Frage endgültig zu klären. Mit diesem Vorsatz machte ich mich eines Abends nach getaner Arbeit zu Antonina Iwanowna auf und sagte ihr erneut, daß ich zwar keine Liebe für sie empfände und wohl nie empfinden würde, daß ich aber, wenn sie mich denn trotzdem noch immer heiraten wolle, in eine Eheschließung einwilligen würde. Sie äußerte ihrerseits völliges Einverständnis, und so wurde die Heirat beschlossen. Sie sagte nur, daß sie noch ein paar Vorbereitungen zu treffen, Papiere zu ordnen und ihre Angelegenheiten im allgemeinen zu regeln habe, weshalb sie Moskau für einige Zeit verlassen müsse; bei ihrer Rückkehr aber solle die Hochzeit umgehend vollzogen werden. Ich vergaß nicht, Antonina Iwanowna darauf hinzuweisen, daß unsere Vereinbarung ein strenges Geheimnis bleiben müsse – sonst könne die Hochzeit nicht stattfinden; damit wollte ich vor allem sagen, daß meine Freunde vom Konservatorium nichts erfahren dürften, da sie mich bestimmt auf die eine oder andere Weise – obwohl ich nicht wußte wie – an der Aus-

führung meiner Heiratspläne mit Antonina Iwanowna hindern würden.
Wenn ich auch eine solche Entscheidung getroffen hatte, erkannte ich keineswegs ihr Gewicht und war mir ihrer Tragweite und Bedeutsamkeit überhaupt nicht bewußt. Alles was mir – jedenfalls im Hinblick auf die nahe Zukunft – am Herzen lag, war die Beseitigung jeglicher Hindernisse, um mich fortan ungestört der Vision hinzugeben, die ganz von mir Besitz ergriffen hatte: der Oper – und eben dies zu tun erschien mir vollkommen einfach und natürlich. Und so fühlte ich mich, nachdem ich Antonina Iwanowna mit allen Überlegungen und Vorbereitungen für die Hochzeit betraut hatte, als fiele eine schwere Bürde von mir ab, und reiste sogleich aufs Land hinaus zu Schilowsky, der bereits am Libretto für *Eugen Onegin* arbeitete. Dort brachte ich fast einen vollen Monat zu, arbeitete die ganze Zeit und fühlte mich rundum glücklich und zufrieden, da nichts und niemand mich daran hinderte und Schilowsky mit solcher Begeisterung am Libretto schrieb, daß seine gute Laune mich förmlich ansteckte.
Glebowo, Schilowskys Landgut bei Nowy Jerusalem, ist ein wunderbarer Ort mit herrlicher Umgebung, die zu den schönsten Spaziergängen einlädt. Die Unterkunft und der Tagesablauf dort boten alle nur erdenklichen Annehmlichkeiten, aber am kostbarsten war mir die Tatsache, daß mir soviel Einsamkeit gewährt wurde, wie ich begehrte, und ich die Gesellschaft meiner Gastgeber nur aufzusuchen brauchte, wenn mich danach verlangte. Kaum gedachte ich noch des neuen Lebens, das mir bevorstand, und nur in meinem tiefsten, fernsten Innern regte sich ein unbehagliches Gefühl der künftigen Erwartung, das ich nicht zu bedenken wünschte, da es mir recht überflüssig, vor allem aber ablenkend und störend vorkam.
St. Petri (29. Juni) ging vorüber und ich erfuhr von Antonina Iwanowna, daß sie die Vorbereitungen abgeschlossen hatte und wir nun Hochzeit halten könnten. Obgleich mir die Abreise von Glebowo überaus unliebsam war, da ich hier so gut gelebt und gearbeitet hatte, kam mir die Möglichkeit, die Hochzeit auf längere oder kürzere Zeit zu verschieben, nicht in den Sinn; ein wenig verweilte ich noch, um, wie ich hoffte, die Arbeit zu beenden. Selbstverständlich sagte ich Schilowsky nicht, was

mich erwartete, sondern erklärte meine Abreise, glaube ich, mit einem notwendigen Besuch bei meinem Vater in St. Petersburg.
In Moskau angelangt, beeilte ich mich, diese so sehr belastende Angelegenheit hinter mich zu bringen, und schrieb unter anderem meinem Vater von dem Entschluß zur Heirat, in der sicheren Zuversicht, daß ihn meine Absichten freuen würden. Die Hochzeit stand in wenigen Tagen bevor, und ich lud lediglich meinen Bruder Anatoly ein, der auch umgehend in Moskau eintraf.
Ich war die ganze Zeit wie benommen. Ich suchte Dmitri Wasiljewitsch Rasumowsky auf [einen Pfarrer, der zugleich am Konservatorium Kirchenmusikgeschichte lehrte] und bat ihn, uns in seiner Kirche zu vermählen. Die ihm eigene unendliche Güte konnte ihre Wirkung auf mich nicht verfehlen und munterte mich auf; er erließ mir bestimmte Formalitäten und verrichtete das Sakrament der Eheschließung mit jener vornehmen Feinsinnigkeit, die ihn auszeichnete und die ich trotz der Würde des Augenblicks zu bemerken nicht umhin konnte. Gleichwohl blieb ich ein Zuschauer am Rande, bis Dmitri Wasiljewitsch zum Ende der heiligen Handlung Antonina und mich zum Kuß aufforderte. Da ergriff mich ein solcher Schmerz und mein Herz wurde mit einem Mal von solchem Weh durchzogen, daß ich, wie es scheint, in Tränen ausbrach. Sogleich aber hatte ich mich wieder völlig in der Gewalt und gewann meine äußere Fassung zurück. Dennoch hatte Anatoly meinen Zustand bemerkt, denn er sprach mir beruhigend zu.
Am selben Abend machten wir uns nach St. Petersburg auf, wo wir, glaube ich, eine Woche damit zubrachten, Freunde und Verwandte zu besuchen. Schon während dieser Tage wurden mir die fürchterliche Tragweite meines Schrittes und die Hoffnungslosigkeit der Lage, in der ich mich befand, vollständig bewußt.
Aufrichtig wünschte und versuchte ich, ein guter Ehemann zu sein, aber dies stand, wie sich zeigte, nicht in meiner Macht. In den ersten Tagen unseres Zusammenlebens erkannte ich bereits mit Schrecken, daß wir keine gemeinsamen Interessen teilten, daß Antonina Iwanowna alles, wofür und wodurch ich lebte, gänzlich fremd war, obwohl sie, wie es schien, mich zu verste-

hen und freundlich zu behandeln suchte. Die Art und Weise aber, die sie nunmehr an den Tag zu legen begann, war völlig sonderbar, und niemals hatte ich auch nur die Möglichkeit einer solchen Entwicklung in Betracht gezogen. Sie wußte viel und kannte viel, in ihrem Innern jedoch verfügte sie über keinerlei Fähigkeit, von irgend etwas, das über die elementarsten Lebensbedürfnisse hinausging, auch nur angerührt zu werden. Nicht, daß sie nicht den Wunsch hegte, dies alles zu verstehen: aber entsetzlich war mir, daß sie schier gar nichts begreifen konnte außer den grundlegendsten Dingen des Daseins. Ich vermag Dir meinen Zustand nicht zu beschreiben, als ich erkannte, daß ich den Rest meines Lebens mit diesem Wesen, das mir so völlig fremdartig war, würde verbringen müssen. Meine anfängliche Neigung zu ihr wandelte sich in Abscheu, und da ich spürte, daß meine Lage unerträglich zu werden drohte, ergriff ich unter dem schändlichen Vorwand, daß ich eine Kur im Kaukasus antreten müsse, die Flucht. Ich sagte, daß ich auf dem Weg auch meine Schwester im Gouvernement Kiew besuchen würde, und reiste alleine ab, indem ich die Einrichtung unserer Wohnung Antonina Iwanowna überließ.
Ich fuhr nicht in den Kaukasus, sondern verbrachte ungefähr einen Monat im Hause meiner Schwester, wo ich mich sogar zur Arbeit wieder fähig fühlte. Bei meiner Schwester in Kamenka atmete ich endlich frei und versuchte für den Kampf, der mir innerlich bevorstand, Kräfte zu sammeln. Die Atempause währte indes nur allzu kurz, denn meine Pflichten am Konservatorium riefen mich nach Moskau zurück.
In Moskau eingetroffen, fand ich meine neue Wohnung nahezu fertig vor. Antonina Iwanowna hatte zur Einrichtung auch aus ihren eigenen Mitteln beigetragen; bei all dem war ihr, wie sich herausstellte, Albrecht zur Hand gegangen, dem es bereits gelungen war, die Bekanntschaft meiner Frau zu machen. Alles in der Wohnung war bequem und sogar ansprechend, gerade die Bequemlichkeit aber führte mir nur immer klarer die Unmöglichkeit vor Augen, ein Leben unter den gegebenen Umständen zu führen. Mit ihrer gelassenen, ruhigen Einstellung zu allen Dingen schien mir Antonina Iwanowna beschränkter denn je, und allein ihre Gegenwart schon lastete schrecklich auf mir. Ich sah völlig ein, daß mir in all dem die alleinige Schuld zukam, daß nichts in der Welt mir zu helfen

vermochte und daß es mir daher nur blieb, soweit meine Kräfte reichten auszuharren und meine Verzweiflung vor jedermann zu verbergen. Ich weiß nicht recht, was genau mir zu dieser Geheimhaltung Anlaß gab; war es schlichtweg mein Stolz oder die Furcht, meine Verwandtschaft zu enttäuschen und über sie den Schatten, wie ich es empfand, meines Verbrechens zu werfen?

In diesem Zustand war es völlig natürlich, zu der Überzeugung zu gelangen, daß nur der Tod allein, der mir zur ersehnten Hoffnung zu werden begann, mich erlösen könne, wenn ich mich auch mit Rücksicht auf meinen alten Vater, dem ich keinen so grausamen Stoß versetzen wollte, und auch auf die Brüder zu einem eindeutigen, offenen Selbstmord nicht entschließen mochte. So sann ich denn auf andere Mittel und Wege, wie ich weniger auffällig und gewissermaßen durch natürliche Ursache verschwinden könnte; einen dieser Wege versuchte ich sogar.

Obwohl seit der Rückkehr vom Haus meiner Schwester noch keine Woche vergangen war, konnte ich die Last meiner Lage schon nicht mehr tragen, und mein Bewußtsein, so schien es mir selbst, verdunkelte sich immer wieder. Tagsüber versuchte ich noch immer zu Hause zu arbeiten, abends jedoch wurde es unerträglich. Da ich Besuche bei Freunden oder auch nur im Theater nicht wagte, unternahm ich allabendlich einen Spaziergang und wanderte stundenlang ziellos durch Moskaus ferne und abgelegene Straßen. Das Wetter war trübe geworden und kalt, und nachts gab es leichten Frost. In einer dieser Nächte gelangte ich an das verlassene Ufer der Moskwa, und dort verfiel ich auf den Gedanken, mich dadurch umzubringen, daß ich mir eine Erkältung zuzog. Zu diesem Zweck ging ich, von der Finsternis völlig umhüllt, bis fast an die Brust ins eisige Wasser und blieb dort so lange, bis ich den physischen Schmerz, den die Kälte hervorrief, nicht länger ertrug. Ich trat mit der festen Gewißheit an Land, daß entweder eine Lungenentzündung oder eine andere Erkrankung der Atemwege unweigerlich meinen baldigen Tod herbeiführen würde. Zu Hause erklärte ich, an einem nächtlichen Anglerausflug teilgenommen zu haben und dabei versehentlich ins Wasser gefallen zu sein. Meine Gesundheit aber erwies sich als so robust, daß das Eisbad ohne Folgen für mich blieb.

Ich wagte keinen weiteren Versuch mit diesem Vorsatz mehr, denn ich spürte, daß ich unter den gegebenen Umständen nicht [einen Moment länger] existieren konnte, und schrieb daher meinem Bruder Anatoly, er solle mir unter Naprawniks Namen telegraphieren, daß ich nach St. Petersburg kommen müsse, was er umgehend tat. Was meine Ankunft in St. Petersburg angeht, erinnere ich nur weniges und dies rein zufällig. Ich erinnere die heftigen Nervenanfälle, Balinsky, meinen Vater, meine Brüder – das ist alles.

Tschaikowsky (rechts) mit seinem Bruder Modest in San Remo, Januar 1878; links sein taubstummer Schüler Kolja Konradi, hinten (stehend) Kammerdiener Sofonow

Modest und ich reisten, wie Du weißt, zuerst nach Italien, wohl weil der Doktor es so angeordnet hatte, aber es war keine gute Wahl, weil das Licht und die strahlende Sonne Italiens und die Üppigkeit der Natur im italienischen Frühling meiner damaligen Stimmung zu sehr entgegenstanden und meine Niedergeschlagenheit nur verstärkten. In Erinnerung an entsprechende Geschichten versuchte ich einmal sogar, die Schwermut mit Wein zu vertreiben, und brachte, da Modest mich nicht offen trinken ließ, zwei Flaschen Kognak heimlich auf mein Zimmer und versteckte sie dort. Als wir an jenem Abend jeweils unsere Betten aufsuchten, verschloß ich mein Zimmer und machte mich daran, den Kognak in großen Zügen aus dem Glas zu trinken. Du weißt, daß ich unter normalen Umständen kaum ein Glas trinken kann, ohne trunken und von Sinnen am Boden zu liegen – aber damals leerte ich beide Flaschen und fühlte mich nicht betrunken, weil die Schwermut, die auf mir lastete, in solch einem Maße wuchs, daß ich niemals – weder zuvor noch danach – eine so grausiges Gefühl durchlitten zu haben glaube wie in jener Nacht. Es versteht sich, daß ich nie wieder versucht habe, durch Trunkenheit der Schwermut zu entfliehen.

Schließlich begann ich meinen Bruder zu drängen, an einen anderen Ort weiter nördlich zu reisen, und so fuhren wir nach Wien, wo ich mich sehr viel ruhiger und besser fühlte. Ich glaube, es war in Wien, daß ich Deinen Brief erhielt, und Du kannst dir nicht vorstellen, wie wohltätig er auf mich wirkte: es gibt also noch Menschen, die mich nicht verachten, sondern mir wohlgesonnen sind! Laß uns annehmen, daß ich mich damals schon etwas besser und ruhiger fühlte – doch jedes aufmunternde, fröhliche Wort war mir hochwillkommen.

Meine materielle Lage hatte sich damals, wie Du weißt, dank Nadeschda von Meck [einer wohlhabenden Witwe, die ihm eine jährliche Unterstützung zukommen ließ] bereits gewandelt, doch fühlte ich mich dem Moskauer Konservatorium moralisch verbunden und schlug daher vor, im folgenden Jahr dorthin zurückzukehren, meinen Verpflichtungen wieder nachzugehen und so bis ans Ende meiner Tage zu leben. Du weißt, daß es anders gekommen ist, denn sobald ich meine Pflichten am Konservatorium wirklich wieder aufzunehmen versuchte, wurde ich von Erinnerungen, die ich nicht ertragen konnte, so bestürmt, daß ich Moskau und das Konservatorium sogleich wieder und, wie ich glaubte, für immer verließ. Was aber Moskau betraf, schwand diese Empfindung bald. Sie schwand auch im Hinblick aufs Konservatorium, und einige Zeit darauf hätte ich dort ohne weiteres wieder Verpflichtungen eingehen können – aber erstens hätte mich dies beim Komponieren beeinträchtigt und zweitens war [Sergej] Tanejew, der die Arbeit für mich übernommen hatte, ein unvergleichlich viel besserer Lehrer, wie ich sehr wohl wußte. Wie sich herausstellte, fühlte ich mich Moskau jedoch so eng verbunden, daß ich am liebsten in seiner Nähe und nirgendwo anders leben wollte. Außerdem liebte ich die Moskauer Umgebung so sehr, daß mir in all den Ländern, die ich gesehen, keine Gegend reizender erschien.«

So wie Tschaikowsky seine Erzählung begonnen hatte, so brachte er sie zum Ende, mit eben der gleichbleibenden Stimme, mit kaum wandelndem Ausdruck – doch zugleich konnte man hören, daß er innerlich sehr erregt war und die Gleichförmigkeit des Tonfalls nur aus der Anstrengung rührte, sich zu beherrschen und seiner Nervenanspannung nicht nachzugeben. Und ich, der stumme Zuhörer, war selbst so bewegt, daß ich mich schlicht nicht mehr entsinnen konnte, wie lange die Erzählung auch nur in etwa gedauert hatte. Sicher eine geraume Weile, denn es war vollständig dunkel geworden und am Ende konnten wir uns kaum noch sehen. Nachdem er seine Erzählung geendigt hatte, begannen wir mit dem Abendessen und verbrachten den Rest des Abends wie gewöhnlich mit Lektüre oder vierhändigem Klavierspiel. Weder an jenem Abend noch zu irgendeinem späteren Zeitpunkt gab es einen Gedankenaustausch über das Erzählte. Ich konnte einfach nicht davon sprechen, denn ich sah, wie sehr jene Erinnerungen Tschaikowsky zusetzten, und auch er ließ niemals wieder auch nur das geringste Wort zu diesem Thema fallen. Vielleicht hatte Tschaikowsky das Bedürfnis verspürt, es einmal jemand Nahestehendem zu erzählen, und das Eintreffen des Briefes, während ich anwesend war, hatte ihm den Ruck dazu gegeben – und so bin ich wohl der einzige Mensch, zu dem Tschaikowsky jemals von dieser gramvollen Episode seines Lebens sprach.

Nikolaj Kaschkin, *Iz vospominanii o P.I. Čajkovskom* [*Aus den Erinnerungen an Tschaikowsky*]; in: PRM, S. 105–128.

IV
Erste Eindrücke – und mehr
(Teil 1: 1879–90)

Alexandra Panajewa
(Siehe Seite 65)

Obwohl die Sängerin Alexandra Panajewa bis zum Jahre 1879 bereits mehrfach als Interpretin von Tschaikowsky-Werken in Erscheinung getreten war, blieb all ihren Bemühungen, den Komponisten persönlich kennenzulernen, der Erfolg versagt. Im Frühjahr 1879 reiste sie zur Premiere der Oper *Eugen Onegin* von St. Petersburg nach Moskau. Als Tschaikowsky während der Aufführung im Maly-Theater am 29. März, der sie in der Loge Anton Rubinsteins beiwohnte, nach der zweiten Szene auf die Bühne trat, um den Applaus entgegenzunehmen, sah sie den Komponisten zum ersten Mal. Ihre Bekanntschaft begann in einer Zeit, da Tschaikowsky noch schwer an den Nachwirkungen seiner traumatischen Ehe zu leiden und noch größte Probleme damit hatte, mit fremden Menschen in Kontakt zu treten.

Ich hantierte mit meinem Opernglas und gewahrte einen nicht besonders großen und nicht besonders eleganten Mann mit ergrautem Bart, ziemlich zerzausten Haaren und rotem Gesicht. Er schien leicht verwirrt und entsprach so gar nicht dem, was ich erwartet hatte. »Das ist er also«, murmelte ich leicht enttäuscht vor mich hin.

»Wie, Sie haben ihn noch nie gesehen?« rief Rubinstein überrascht.

»Nein, noch nie.«

»Dann kennen Sie ihn nicht – und das, obwohl sie eine so große Verehrerin und Propagandistin seiner Kunst sind«, empörte sich Rubinstein voller Koketterie.

Daraufhin erzählte ich Anton Grigorjewitsch von meinen vergeblichen Anstrengungen, meine Lieblingskomponisten zu treffen, und von Tschaikowskys offensichtlichem Unwillen, meinen Bitten zu entsprechen.

»Warten Sie, ich kümmere mich darum«, verkündete Anton Grigorjewitsch verschwörerisch lächelnd und verließ die Loge, in der ich nun allein zurückblieb, da mein Vater, der uns begleitet hatte, schon gegangen war. Plötzlich ging die Tür der Loge auf, und ich erblickte Tschaikowsky und hinter ihm den lachenden Rubinstein. Tschaikowsky zögerte einzutreten, doch Rubinstein versetzte ihm einen Stoß, so daß er über die Schwelle stolpernd in die Loge fiel. Rubinstein brach in schallendes Gelächter aus und rief immer wieder: »Da liegst du genau richtig – zu ihren Füßen, um sie um Verzeihung zu bitten!«

Peter Iljitsch rappelte sich auf und nahm mit hochrotem Gesicht auf einer Stuhlkante Platz. Trotz all meiner Versuche, ein Gespräch zu beginnen, blieb er betont einsilbig und schielte mit Leidensmiene zum Ausgang. Schließlich sprang er auf, bat Rubinstein um Verzeihung und stürzte aus der Loge. Es stellte sich heraus, daß Rubinstein ihn hereingelegt und behauptet hatte, die Loge sei leer. Und nun freute sich Rubinstein wie ein Kind an diesem Streich.

Ich glaube, es war kaum eine Woche seit unserer Rückkehr aus Moskau vergangen, als Anatoly Iljitsch [Tschaikowskys Bruder] uns mit der Neuigkeit überraschte, daß Peter Iljitsch uns zu besuchen gedenke. Wenn wir einverstanden seien, wolle er sich erlauben, in Begleitung seiner beiden Brüder (Modest Iljitsch kannten wir damals noch nicht) am nächsten Tag zum Abendessen zu erscheinen. Und er ließ noch einen weiteren Wunsch übermitteln: Beim Essen wollte er zwischen seinen Brüdern sitzen, so daß er möglichst nicht in die Verlegenheit käme, mit mir Konversation treiben zu müssen. Ich solle ihm so wenig Beachtung schenken, wie irgend möglich. Das war nicht eben leicht zu garantieren, dennoch lautete meine Antwort natürlich: »Ich akzeptiere alle Bedingungen, wenn Sie es nur schaffen, ihn zu uns zu bringen.«

Die Gesellschaft traf wie verabredet ein, und die Zeit bis zum Abendessen wurde mit steifer Konversation im Salon überbrückt. Peter Iljitsch, offensichtlich völlig durcheinander, saß die ganze Zeit mit niedergeschlagenem Blick zwischen seinen Brüdern, die kein Auge von ihm ließen. Auch beim Tisch war es nicht anders. Nach dem Essen begaben sich alle wieder in den Salon, und nach einem kurzen Geflüster mit Peter Iljitsch bat mich sein Bruder Anatoly, etwas zu singen. Peter Iljitsch setzte sich an den Flügel, und ich wollte mich selbstverständlich daneben stellen, doch seine Brüder hielten mich zurück und baten mich, etwas mehr Abstand zu halten. Sie selbst nahmen wie Leibwächter zu beiden Seiten des Komponisten Platz. Der beugte sich zu seinem Bruder und sagte: »Anatoly, bitte sie, irgend etwas von Mozart zu singen.«

Darauf wandte Anatoly sich mir zu: »Peter Iljitsch bittet um etwas Mozart.«

Ich sang eine Arie aus der *Hochzeit des Figaro* und die Arie der Pamina aus der *Zauberflöte.* Peter Iljitsch schwieg eine Weile, dann seufzte er und ließ in einer Geste der Hilflosigkeit seine

Hände auf die Knie fallen. »Wie schön!« Und dann: »Modest, bitte sie, noch mehr zu singen.«
Die Zwillinge strahlten mich an: »Es hat ihm gefallen. Und er bittet sie, noch etwas zu singen.«
Ich sang eine Arie aus *Don Giovanni*, auf seinen Wunsch eine Arie aus *La Sonnambula*, die er, wie er angab, in seiner Jugend sehr geliebt hatte, sowie einige seiner eigenen Romanzen. Nach und nach taute er sichtlich auf, kommunizierte mit mir aber weiterhin nur über seine Brüder, die ihn mir schließlich wieder entführten… Ich war zwar glücklich, daß es mir endlich gelungen war, den von mir verehrten Peter Iljitsch zu treffen, und gleichzeitig traurig, weil ich damit rechnete, daß unsere Bekanntschaft mit dieser Begegnung auch beendet sei.
Am folgenden Tag wurde mir hinterbracht, daß »ein Herr Tschaikowsky die junge Dame zu sehen wünsche«. Davon überzeugt, daß es sich um Anatoly oder Modest handeln müsse, betrat ich gelassen den Salon. Umso größer war meine Überraschung, als ich mich Peter Iljitsch selbst, »solo soletto«, gegenübersah. Er trat auf mich zu, um in völlig ungezwungener Manier meine Hand zu ergreifen, und es entwickelte sich eine angeregte Unterhaltung. Zunächst dankte er mir für den angenehmen Abend, den er bei mir verbringen durfte. Ich hatte es plötzlich mit einem völlig anderen Menschen zu tun: Er war vergnügt, lebendig, ein Mann mit Stil, fast elegant. Nachdem er seine Scheu überwunden hatte, erwies er sich als überaus charmant und jenem Bilde gleich, das ich mir in meiner jugendlichen Phantasie zuvor von ihm gemacht hatte.

Von da an wurde die Beziehung enger, vor allem nachdem Alexandra Panajewa Tschaikowskys Cousin Georgij Kartsow geheiratet hatte. Deutlich offenbarte sich ihr gegenüber aber auch seine mimosenhafte Empfindlichkeit.

Einmal lud er mich aus irgendeinem Grund zum Essen ein. Als ich die Einladung annahm, wurde er plötzlich nervös und begann, sich selbst Vorwürfe zu machen: Vielleicht wäre es mir ja unangenehm zu kommen, oder vielleicht fühlte ich mich genötigt, obwohl ich gar nicht kommen wollte… Er steigerte sich so sehr da hinein, daß ich schließlich erklärte: »In Ordnung, ich werde nicht kommen!«
Das machte ihn nun noch unglücklicher, und so mußte ich am Ende ganz für mich allein entscheiden, und ich verkündete

bestimmt: »Ich komme auf jeden Fall, und damit Schluß der Diskussion!«

Am 6. April 1880 war Alexandra Panajewa in St. Petersburg an einem Konzertabend mit Tschaikowsky-Werken als Interpretin beteiligt. Es sprach sich herum, daß der Komponist, der erst am selben Tag in die Hauptstadt zurückgekehrt war, im Saal anwesend sei. Im Publikum saß auch die Gattin des zukünftigen Zars Alexander III., die, als sie davon erfuhr, mit ihrem Schleier in die Richtung deutete, wo Tschaikowsky saß, und ihn damit zwang, sich zu erkennen zu geben und den Applaus entgegenzunehmen.

Schließlich erschien er bei uns auf dem Podium, in der gleichen leicht derangierten Verfassung, in der ich ihn bei unserer ersten Begegnung erlebt hatte. Er ergriff meine Hand und zog die Augenbrauen hoch, rot bis unter den Haaransatz und sichtlich unter all dem Getöse leidend. Ich drehte ihn zum Publikum, die [zukünftige] Herrscherin lächelte huldvoll und streckte ihre klatschenden Hände dem Komponisten demonstrativ entgegen. In der Garderobe weinte er dann fast vor Scham, daß er sich dem Publikum in seinem schäbigen Reiserock hatte präsentieren müssen, und erging sich in Verwünschungen gegenüber der indiskreten Person, die seine Anwesenheit verraten hatte.
Nach jedem Stück gab es nichtendenwollende Beifallsstürme und Zurufe, und als er nach dem Konzert von der Menge seiner Freunde und Bewunderer im Saal umringt wurde, wußte er schon nicht mehr, wo ihm der Kopf stand. Maria Nikolajewna Wassiltschikowa (die Schwester des Konzertveranstalters), die dem Komponisten noch nicht vorgestellt worden war, lud ihn zu einer Abendgesellschaft; er lehnte ab, redete sie jedoch mit »du« an und verwechselte sie ganz offensichtlich mit jemand anderem.
»Ich komme ein andermal zu dir. Heute muß ich leider zu jemandem namens Wassiltschikow. Wie unangenehm.« Als er seinen Fauxpas bemerkte, geriet er so in Verlegenheit, daß er der Abendgesellschaft zum allgemeinen Bedauern ganz fern blieb. Dennoch ließ Maria Nikolajewna die Hoffnung nicht fahren, ihn im Hause zu empfangen, und bat mich, das Nötige zu arrangieren und mit Peter Iljitsch zum Diner im kleinen Kreise zu kommen. Als ich dies mit ihm verabredete, bat er mich, schon vor seinem Eintreffen dort zu sein und bei Tisch

neben ihm zu sitzen: »Ich kenne dort niemanden und werde ganz gewiß den Kopf verlieren.«
Ich tat wie geheißen und traf sehr zeitig ein. Um sieben Uhr sollte serviert werden, aber Tschaikowsky erschien weder um sieben noch um halb acht. Man wartete bis viertel vor acht, bevor entschieden wurde – wieder zum größten Bedauern aller und mit stillem Vorwurf gegen mich, als sei ich für die allgemeine Enttäuschung verantwortlich –, mit dem Essen zu beginnen. Doch kaum hatten wir uns zu Tisch begeben, betrat Peter Iljitsch hastig den Speiseraum, mit verwirrter Miene und rot im Gesicht, schweißbedeckt, der Schlips verrutscht und die Schuhe ganz staubig ... Er murmelte ein paar entschuldigende Worte und warf mir einen schuldbewußten Blick zu.
»Warum haben Sie sich denn so verspätet?« fragte ich, sobald wir uns alle niedergelassen hatten.
»Ich hatte beschlossen lieber draußen zu bleiben. Ich war bereits um halb sieben hier; als ich aber nach Ihnen fragte, sagte man mir, Sie seien noch nicht da. So ging ich an der Uferpromenade spazieren. Als ich wiederkam, waren Sie schon eingetroffen, und solche Furcht überfiel mich plötzlich, daß ich sogleich wieder davonlief. Noch zweimal spazierte ich das Flußufer rauf und runter, ehe ich mich schließlich in der Gewalt hatte und hereinkam... Bitte vergeben Sie mir und seien Sie mir nicht böse«, schloß er mit so rührendem, schuldbewußtem Blick und Tonfall, daß man ihm nicht nur unmöglich böse sein konnte, sondern im Gegenteil ihn am liebsten in den Arm genommen und getröstet hätte.
Bei Tisch sprach er wenig – das heißt, er antwortete nur auf Fragen, und ich war die ganze Zeit über genötigt, ihm flüsternd den Rücken zu stärken. Nach dem Essen ging man zum Kaffee in den Salon, wo unsere Gastgeberin mir zuraunte, daß sie sich für eine halbe Stunde zurückziehen müsse, um ihr drei Monate altes Baby zu stillen. Ich solle derweil für das Wohl unseres kostbaren Gastes Sorge tragen. Aber daraus wurde nichts! Unsere Gastgeberin war kaum in der Tür verschwunden, da begann Peter Iljitsch auf meine Zustimmung zu dringen, daß er ihre Abwesenheit nutzen dürfe, um fortzugehen, denn er könne es, wie er sagte, keinen Moment länger ertragen, mit fremden Menschen zusammen zu sein. Wie sehr ich auch versuchte, ihn zurückzuhalten, es half alles nichts, und da ich

seine echte Not bemerkte, mußte ich ihn wohl oder übel gehen lassen. Man kann sich vorstellen, wie betrübt unsere Gastgeberin war.
Am folgenden Tag jedoch kam Peter Iljitsch strahlend und vergnügt zu uns mit der Bitte, doch wieder eine Abendeinladung bei den Wassiltschikows zu arrangieren – »bei diesen vorzüglichen Menschen, die ich so sehr mag«. Selbstverständlich empfingen sie ihn mit offenen Armen, und so gelang es uns, nach Peter Iljitschs erstem Kurzbesuch noch zwei überaus angenehme Abende [bei den Wassiltschikows] zu verbringen.

Alexandra Panajewa, Erinnerungen (1933); in: PVC4, S. 123–127.

Alexander Glasunow
(1865–1936)

Alexander Glasunows Freundschaft zu Tschaikowsky begann im Herbst 1884 auf einer der Soireen bei Balakirew. Tschaikowsky war Balakirew erstmals 1868 begegnet und hatte im Jahr darauf die erste Fassung seiner Phantasie-Ouvertüre *Romeo und Julia* nach einem Entwurf komponiert, der in Grundzügen von Balakirew stammte. 1872 jedoch war Balakirew aufgrund einer persönlichen Krise genötigt, sich für einige Jahre völlig aus dem russischen Musikleben zurückzuziehen. Erst 1884, als Tschaikowsky in seinem Rang als Rußlands meistgeliebter und -bewunderter Komponist schon unangefochten war, traf er mit dem alten Autokraten Balakirew wieder zusammen. Da er jedoch musikalisch nicht zu »Balakirews Fraktion« zählte, erwartete man seine Ankunft auf der Soiree mit einigem Unbehagen.

Tschaikowskys Eintreffen bereitete der etwas gedrückten Stimmung der Anwesenden, insbesondere der jüngeren, mit einem Mal ein Ende. Mit seiner Verbindung von Einfachheit und Würde sowie durch seine geschliffenen, gänzlich europäischen Umgangsformen bei der Begrüßung hinterließ Tschaikowsky bei der Mehrheit der Anwesenden sogleich einen überaus günstigen Eindruck. Wir atmeten förmlich auf. In der Konversation brachte Peter Iljitsch einen Hauch von Frische in unsere sonst eher verstaubte Runde und äußerte sich unbefangen über Dinge, zu denen wir sonst schwiegen, meistenteils aus Ehrfurcht (verbunden mit ein wenig Furcht) vor der Größe Balakirews und einiger anderer Mitglieder der Gesellschaft. Bei aller Gastfreundschaft, die ihn auszeichnete, liebte Balakirew es, die Anwesenden, wie er sagte, etwas anzustacheln und zuweilen durch spöttische Scharfzüngigkeiten zu reizen. An je-

Alexander Glasunow

nem denkwürdigen Abend erlaubte sich Balakirew, während er sich Tschaikowsky zuwandte, einige wenig schmeichelhafte Worte über einen Moskauer Musiker und dessen Frau, welche gute Beziehungen zu Tschaikowsky unterhielten. Letzterer aber löste sich elegant aus der prekären Lage, indem er Balakirew in scherzhaftem, fast derbem Ton zurechtwies und ihn fragte, ob er denn diese Leute überhaupt kenne. Als Balakirew ausweichend zur Antwort gab, daß doch jedermann über sie spreche, fügte Tschaikowsky nur hinzu, daß man Gerüchten keinen Glauben schenken solle. Balakirew geriet in Verwirrung, sein Blick wurde ganz unruig, er erkannte seine Taktlosigkeit und unterließ weitere Attacken. Der Abend verlief auf die lebhafteste Weise. Tschaikowsky verabschiedete sich früher als die anderen, und mit seinem Weggang fanden wir uns in jene trübe Stimmung zurückversetzt, die vor seinem Eintreffen geherrscht hatte. So verließen viele der jüngeren Musiker, darunter Anatol Liadow und ich, die Soiree bei Balakirew und gingen, noch ganz im Banne von Tschaikowskys Persönlichkeit, in ein Gasthaus, um uns dort über unsere neu gewonnenen Eindrücke auszutauschen.

Alexander Glasunow, Erinnerungen; in: CVP, abgedruckt in PVC4, S. 208f.

Wladimir Pogoschew
(1851–1935)

Wladimir Pogoschew war ehemals Offizier in der Armee und seit 1882 für die Verwaltung der Kaiserlichen Theater in St. Petersburg verantwortlich. Seine ersten Erinnerungen an Tschaikowsky beziehen sich auf ein Treffen von 1884 im Direktionszimmer bei Iwan Wsewoloschsky.

Peter Iljitschs graues Haar und der Anblick seines freundlichen Gesichts mit den überaus gütigen, sanften Augen schienen mir zunächst dem bekannten Portrait aus seinen jungen Jahren gar nicht ähnlich zu sein. Das erste, was meine Aufmerksamkeit fesselte, waren Peter Iljitschs ausgesuchte Eleganz und Höflichkeit, seine ausgezeichneten Umgangsformen im Auftreten wie in der Rede, die Schlichtheit und zugleich Feinheit seiner Erscheinung und Kleidung... Seit eben jenem Treffen mit Peter Iljitsch bei Wsewoloschsky entsinne ich mich auch noch an eine andere Eigenheit von Tschaikowsky: die Häufigkeit, mit der er, wann immer er jemanden pries, die Worte »bezaubernd«, »hinreißend«, »entzückend« verwendete...
Selten war Peter Iljitsch so gesprächig wie auf den Abendgesellschaften bei [Emilia] Pawlowskaja [einer Sängerin und Freundin, für die Tschaikowsky große Bewunderung hegte]. Er sprach überaus liebenswürdig, ganz fließend und wohlgesetzt. Von Zeit zu Zeit rief er leidenschaftlich »hinreißend«, »abscheulich«, »entzückend« aus. Viele seiner Geschichten waren nicht ohne Humor, manche nicht ohne Gehässigkeit. Wann immer er eine Geschichte erzählte oder über etwas sprach, das er abstoßend fand, wurde seine Stimme gallig und trocken, sogar sein Gesichtsausdruck veränderte sich – er wurde hämisch. Themen, bei denen Tschaikowsky sich solcherart aufregte, waren die Uneinsichtigkeit und Engstirnigkeit der Musikkritiker sowie Werke, die er nicht mochte... In seinen Urteilen über Sänger und Interpreten, über die Theaterverwaltung, über Dirigenten und ausführende Musiker und auch über Komponisten war Tschaikowsky sehr vorsichtig und, wie

ich meine, sogar ausweichend und weniger aufrichtig, als man erwarten würde, während er in seinen Lobeshymnen nicht selten übertrieb.

Pogoschew erzählt im weiteren von Tschaikowskys besonderem Haß auf César Cui als Musikkritiker und von seinem Frohlocken über eine beißend satirische Cui-Karikatur.

Dieser boshafte Zug an Tschaikowsky schien zu seinem ansonsten so offenkundig gutmütigen und weichherzigen Wesen überhaupt nicht zu passen. Dabei sollte man aber bedenken, daß Tschaikowskys Unversöhnlichkeit auch nicht die kleinste Spur von Neid in sich trug. Soweit ich sehen konnte, richtete sie sich stets gegen Personen, die auf der Leiter des künstlerischen Erfolgs deutlich unter Tschaikowsky standen.
Auf der anderen Seite gab es aber im Gespräch mit Tschaikowsky auch Themen, bei denen eine besondere Anteilnahme, ja man kann fast sagen Rührseligkeit spürbar wurde. Zu diesen Themen gehörten Kinder, für die Peter Iljitsch stets besondere Neigung empfand, und alle menschliche (vor allem aber weibliche) Selbstlosigkeit. Jeder Bericht über irgendeine schreckliche materielle Notlage wirkte stets mit unmittelbarer, unbezwinglicher und schmerzlicher Macht auf ihn: die Augen wurden ihm feucht, auf den Lippen zeigte sich ein klägliches, gar trauriges Lächeln, seine Miene kündete, wie sehr er litt, und unwillkürlich glitt seine Hand in die Tasche, um daraus eine Banknote, die er dort hatte (oder vielmehr oft auch nicht hatte) hervorzuholen... Dieser Umstand ließ viele Leute Vorsicht walten, was sie einem solchen Menschen offenbarten, der unter der Atrophie seiner Selbstbeherrschung litt, sobald seine philanthropische Ader berührt wurde.

Zu Pogoschews Überraschung nahm Tschaikowsky eine Einladung zu ihm nach Hause bereitwillig an.

Mein freundschaftliches Verhältnis zu Peter Iljitsch währte über fünf Jahre. Dabei ist es bemerkenswert, daß ich, obgleich Tschaikowsky gar manchen Abend mein Gast war, kein einziges Mal bei ihm zu Besuch oder auch nur eingeladen war. Das erste Mal, daß ich seine [eigentlich Modests] Wohnung betrat, war am 7. November 1893, als der unvergeßliche Hausherr dieser Wohnung umgeben von Blumen unter den Ikonen auf der Bahre lag.

Drei- oder viermal in der Saison pflegte Pogoschew Empfänge zu geben, die vorwiegend von Theaterleuten sowie Armeeangehörigen und Medizinern besucht wurden. Darunter befanden sich meist auch die Salonlöwen Leonid Jakowlew, ein Bariton der Kaiserlichen Theater, Iwan Gorbunow und Pawel Weinberg, beide Schauspieler am Alexandrinsky-Theater.

Unter meinen Gästen waren stets erheblich mehr Herren als Damen. Wir versammelten uns in der Regel nicht vor zehn Uhr, viele kamen direkt nach der Vorstellung aus dem Theater. Die Zutaten für diese geselligen Abende waren stets nur die allergewöhnlichsten: Konversation zumeist in Gruppen, ein paar Tische, um Wint zu spielen, ein wenig Musik, Gesang von Leonid Jakowlew, nach dem Essen (besonders nach Dessert und Kaffee) allgemeine Konversation, zuweilen amüsante Erzählungen und eine »General Ditjatin«-Improvisation von Iwan Gorbunow oder kleine Szenen von Pawel Weinberg.
Tschaikowsky liebte es zuweilen Wint zu spielen. Er spielte ohne sonderliche Fähigkeiten, aber stets mir großer Anteilnahme und Lebhaftigkeit; Dispute vermied er und war bei seinen Fehlern immer sehr bekümmert. In weiblicher Gesellschaft war er nicht scheu und machte sehr zuvorkommend Konversation.

Wladimir Pogoschew, Erinnerungen; in: CVP, abgedruckt in PVC4, S. 151f. und 163–166.

Hans von Bülow
(1830–94)

Der deutsche Pianist und Dirigent Hans von Bülow war einer von Tschaikowskys frühesten Bewunderern im Ausland und gab 1875 die Uraufführung des Ersten Klavierkonzerts in Boston (USA). In den Augen des Komponisten war von Bülow, besonders als Dirigent, einer der besten Interpreten seiner Werke.

Tschaikowsky war einen Tag hier [...]. Der Verfasser [der *Manfredsinfonie*] ist persönlich einer der allerliebenswürdigsten Menschen, denen ich je in diesem Leben begegnet, dabei so tolerant und lobesfreudig für seine Collegen, kurz ein Prachtexemplar. 1840 geb., beinahe schon weißhaarig, aber voll geistiger Jugend; wenn er componirt, vergräbt er sich in die absolute Einsamkeit; ist er fertig mit der Arbeit, so erfreut er durch seinen herzlichen Verkehr alle ihm sympathischen Mitwesen.

Hans von Bülow, Brief an Richard Strauss, 30. März 1886; in: Marie von Bülow (Hg.); *Hans von Bülow, Briefe*, Bd. 7: Höhepunkt und Ende, 1886–94, Leipzig 1908, S. 33.

Wassilij Jastrebzew
(1866–1934)

Wassilij Jastrebzew war Musikschriftsteller und ein enger Freund Rimsky-Korsakows. Die von ihm veröffentlichten Erinnerungen an Rimsky-Korsakow zählen zu den wichtigsten biographischen Zeugnissen über das Leben dieses Komponisten. Jastrebzew sah Tschaikowsky zum ersten Mal, als dieser im März 1887 ein Konzert dirigierte. Nach dem Konzert schlich sich Jastrebzew aufs Podium und ließ als Andenken Tschaikowskys Dirigentenstab mitgehen. In der Pause des Borodin-Gedenkkonzerts am 15. November desselben Jahres in St. Petersburg bat er Tschaikowsky um ein Autogramm und wurde für den nächsten Vormittag in dessen Haus bestellt.

Während ich auf Tschaikowsky wartete, ging ich in sein Arbeitszimmer. Es war ein großer, hoher, luxuriös eingerichteter Raum mit Teppichen auf dem Boden; in seiner Mitte stand ein großer alter Schreibtisch, geschmückt mit Portraitbildern und einer Bronzestatue und mit jeder Art von Schreibutensilien überladen. An den Wänden standen Polstermöbel mit dunkelgrünen Bezügen sowie Regale, einige voller Partituren, andere leer. Linker Hand neben der Eingangstür stand ein elegantes Pianino, auf dem die Orchesterpartitur von [Tschaikowskys Oper] *Die Zauberin* aufgeschlagen lag. Die Wände waren mit Bildern in vergoldeten Rahmen bepflastert, über einem der Regale hing eine Gipsmaske mit Lorbeerkranz.

Peter Iljitsch trat ein. Ich grüßte und wollte mich ihm zum zweiten Male vorstellen, aber er hatte nicht nur meinen Familiennamen richtig behalten, sondern auch meinen Vor- und Vatersnamen dazu.

»Sehen Sie«, begann ich etwas verlegen, »ich wollte Sie darum bitten, mir ihr Bild zu signieren, doch leider konnte ich einfach keins mehr erwerben, denn gestern nach dem Konzert war es schon zu spät und heute morgen, als ich auf dem Weg zu Ihnen war, hatten die Geschäfte noch geschlossen.«

»In diesem Fall«, sagte Tschaikowsky, »wollen Sie vielleicht mit meiner musikalischen Unterschrift vorlieb nehmen?«

Ich dankte ihm. Peter Iljitsch nahm ein Bogen von seinem Briefpapier und begann zu schreiben. Während er schrieb, sprachen wir über das Konzert vom Abend vorher…
Während dieses Gesprächs wandte sich Tschaikowsky plötzlich zu mir um und sagte: »Wie es sich trifft, habe ich doch noch einige Bilder zur Hand, die ich vergessen hatte. Wenn Sie wünschen, kann ich Ihnen eins davon zur Erinnerung geben.«
Es versteht sich, daß mich seine Freundlichkeit überaus berührte. Während er die Photographien holen ging, trat ich an den Tisch (auf dem unter anderem ein wundervolles Boudoir-Portrait der französischen Schauspielerin Angélique lag) und betrachtete, was er geschrieben hatte. Wie es schien, hatte Peter Iljitsch etliche Takte aus seiner neuen Oper, genauer gesagt, aus der Arie der Zauberin selbst, aufgezeichnet. Wie auch immer, Tschaikowsky kehrte geschwind zurück und brachte mir die Photographie bereits unterschrieben mit. Indem er unser Gespräch wiederaufnahm und sich über allerlei aktuelle musikalische Fragen äußerte, vor allem über Berlioz und seine Memoiren sowie über die unvergleichliche Kunst seiner Orchestration, machte Peter Iljitsch unter anderem die folgende interessante Bemerkung: »Er komponiert ebenso wie ich stets ein kompliziertes Stimmengeflecht, aber mit einem Unterschied – nämlich dem, daß Berlioz' Werke, die insgesamt beim Einstudieren unerhörte Schwierigkeiten bieten, für jedes einzelne Instrument aber ganz einfach und anmutig geschrieben sind; meine Stücke hingegen sind kompliziert und nicht allzu leicht aufzuführen, nicht nur für das gesamte Orchester, sondern auch für jeden einzelnen Spieler, denn sie verlangen von ihm einiges an Virtuosität… Daß ich technisch so schwierige Partien für die Instrumentalisten schreibe, ist meine größte Schwäche, die ich trotz aller Anstrengungen nicht überwinden kann. Dies ist«, schloß Tschaikowsky, »fraglos ein Hauptfehler meines Stils.«
Es war Zeit zu gehen. Ich erhob mich, dankte Peter Iljitsch herzlich für seinen freundlichen Empfang und ging in die Eingangshalle, wohin er mir folgte. Dies waren seine Worte zum Abschied: »Wenn Sie in zwei oder drei Jahren etwas Größeres geschrieben haben« – (ich hatte ihm einige meiner Romanzen zur Durchsicht und Beurteilung mitgebracht) – »ein Quartett

oder eine Ouvertüre, lassen Sie mich es sehen, wenn ich wieder hier bin; es wird mir ein Vergnügen sein, Ihnen stets mit Rat und Tat zur Seite zu stehen. Und so hoffe ich, daß wir uns über die Musik wiedersehen werden.«
Es läßt sich denken, wie glücklich ich an jenem Morgen war!

Wassilij Jastrebzew, Erinnerungen; in: RMGa (1899), No. 10, abgedruckt in PVC4, S. 212f.

Edvard Grieg
(1843–1907)

Grieg traf Tschaikowsky im Januar 1888 in Leipzig. Tschaikowsky war von dem norwegischen Komponisten und seiner Frau sehr angetan und beschloß sofort, ihm seine nächste Symphonie zu widmen. Es wurde dann allerdings nicht die Symphonie, sondern die Phantasie-Ouvertüre *Hamlet,* die Grieg schließlich zugeeignet wurde.

Allabendlich lese ich in einem englischen Buch, *Tchaikovsky's Life and Letters* [hg. von Rosa Newmarch, London 1906]. Es rührt mich im Tiefsten meiner Seele an; oftmals scheint es mir, als schaute ich in meine eigene, so viel erkenne ich hier von mir selbst. Er ist fast bis zum Wahnsinn melancholisch. Er ist ein schöner und ein guter Mensch, aber ein unglückseliger. Letzteres hätte ich nie gedacht, als ich ihn seinerzeit traf, aber so ist es: Wenn man keine Feinde hat, hat man gegen sich selbst zu kämpfen.

Edvard Grieg, Brief an Frants Beyer, 6. Januar 1906; in: Bjarne Kortsen, *Grieg the Writer,* Bd. 1, *Essays and articles,* Bergen 1972, S. 22.

František Šubert
(1849–1915)

Der tschechische Dramatiker František Šubert leitete von 1883 bis 1900 das Nationaltheater Prag. Vor allem auch auf sein Betreiben kam 1888 Tschaikowskys erster Besuch in Prag zustande.

Gleich bei der ersten Begegnung – ich würde fast sagen, beim ersten Anblick – zog Tschaikowskys uns alle in seinen Bann. Seine Aufrichtigkeit, die sich zuweilen in Wärme wandelte, öffnete ihm das Herz eines jeden, mit dem er auch nur ein paar Worte wechseln konnte. Man erkannte in ihm nicht nur einen

Musiker aus ganzer Seele, sondern zugleich auch einen Mann von höchster Bildung und Kultur. Seit langem schon weiß man, daß diejenigen, die das intensive Leben eines Musikers führen, ein viel sensibleres und leichter erregbares Nervensystem besitzen; Dies zeigte sich auch bald schon bei unserem Gast. Die geringste Kleinigkeit, sei sie angenehm oder weniger willkommen, hinterließ eine tiefere Wirkung bei ihm als bei jedem anderen.

František Šubert, *Moje vzpominky*, Prag 1902, S. 107f.

Hugues Imbert
(1842–1905)

Hugues Imbert war ein französischer Schriftsteller und Musikkritiker, der seit 1886 in Paris lebte und arbeitete. Seine Erinnerung bezieht sich höchstwahrscheinlich auf Tschaikowskys Besuch im Frühjahr 1888, als der Russe in der französischen Metropole dirigierte.

Ein Kopf voller Intelligenz und Charme; eine wohlgeformte Stirn, deutlich sichtbar unter seinem kurzgeschnittenen Silberhaar; die Brauen sanft über den ziemlich tiefen Wölbungen geschwungen, aus denen weit offen seine blauen Augen hervorschauen; der Mund mit sinnlichen Lippen, die der gezwirbelte Schnurrbart nicht ganz bedeckt; das Kinn und die untere Gesichtshälfte mit einem weißen, fächerförmigen Bart vollständig bedeckt: das ist das Bild, das mein Gedächtnis von Pierre Tschaikowsky bewahrt hat.

Hugues Imbert, *Profils de musiciens* (Paris 1888).

Anonymus

Modest Tschaikowsky hat überliefert, daß sich sein Bruder über Bemerkungen zu seiner Körpergröße stets ärgerte, obwohl er in Wirklichkeit gar nicht so klein war. Mit M. de Freycinet ist vermutlich Charles de Saulces de Freycinet, ein bedeutender Ingenieur, gemeint.

Er ist ein kleiner Mann von vornehmer und zurückhaltender Art, die von Ferne an die von M. de Freycinet erinnert. Hinzu kommt eine Flamme der Melancholie in seinen Augen, die sich in all seinen Kompositionen spiegelt.

»Le Gaulois«, Paris, 1. März 1888; zitiert in: TZC3, S. 231f.

Anonymus

Der Komponist ist ein charmanter und gewandter Unterhalter, der auflebt, sobald das Wort Paris seine Lippen überschreitet …
Der russische Maestro ist überaus bescheiden; er meidet es, von den überschwenglichen Lobeshymnen zu sprechen, die österreichische und deutsche Kritiker auf ihn angestimmt haben, und zieht es vor, statt dessen seine Bewunderung für Lalo und Saint-Saëns, für Debussy und Bizet zu bekunden.
Sie sollten ihn hören, wenn er erzählt, wie ihn auf einem Musikfestspiel (ich glaube in Weimar) die Symphonische Dichtung eines berühmten deutschen Komponisten einzuschläfern drohte und ihn erst die Aufführung eines köstlichen Leckerbissens von Saint-Saëns davor bewahrte!
Dieser Slawe, der unsere Musiker und Schriftsteller so offenkundig schätzt, spricht über alles mit ebensoviel Gelehrsamkeit wie Charme.
Sein Wahlspruch sollte Kunst und Heimat lauten. In Prag drangen ihm die [Gefühls-] Darbietungen der Tschechen deswegen bis ins tiefste Herz, weil sie dem großen Künstler und dem Slawen gleichermaßen galten.

Aus *Bloc-notes parisien*, in: »Le Gaulois«, Paris, 28. Februar 1888, unterzeichnet mit »Tout Paris«.

Emil Sauer
(1862–1942)

Der deutsche Pianist Emil Sauer hatte von 1879 bis 1881 bei Nikolaj Rubinstein am Moskauer Konservatorium studiert.

[Tschaikowsky] kam im Februar 1889 nach Dresden, um in einem der von Hermann Wolff inscenierten philharmonischen Konzerte seine F-moll-Sinfonie [Nr. 4] und sein von mir gespieltes Klavierkonzert zu dirigieren. Natürlich wähnte ich den Meister von unserer russischen Kolonie förmlich überlaufen und war daher nicht wenig erstaunt, ihn bei unserer Begrüßung in Webers Hotel mutterseelenallein anzutreffen. Dem Umstande, daß sich unerklärlicherweise damals niemand um seine Anwesenheit kümmerte, ausgenommen am Konzertabend, wo er über alle Begriffe gefeiert wurde, dankten meine

Heute Mittwoch, den 20. Februar, Abends 7 Uhr
im Saale des Gewerbehauses:
V. Philharmonisches Concert.
Dirigent: Herr Peter Tschaikowsky,
Solisten: Frl. Agnes Witting, Concertsängerin,
Herr Emil Sauer (Clavier).
Begleitung: Herr Professor Eug. Krantz.

Billets à Rmk. 5, 3,50, 2,50 und 1,50 sind in der Kgl. Hof-Musikalienhandlung von F. Ries, Kaufhaus — Fernsprechstelle Nr. 1469 — zu haben.
NB. Billetverkauf von 8—1 und 3—6 Uhr.
Bestellungen auf Billets nimmt auch die Königl. Hof-Musikalienhandlung von Ad. Brauer (Plötner), Neustadt, entgegen — Fernsprechstelle Nr. 579.

Ankündigungsplakat für Tschaikowskys Konzert in Dresden, Februar 1889

Frau und ich drei unvergessene Tage, während welcher er in munterster Stimmung mit dem in unserem Hause Gebotenen fürlieb nahm. Nach dem Konzertabend gab ich ihm zu Ehren ein kleines Bankett, das in animiertester Weise verlief und dessen er sich später oft noch liebenswürdigst erinnerte. Als alte Bekannte waren wir zusammen gekommen; jetzt schieden wir als liebe Freunde. Tschaikowsky war ein Mensch von geradezu bezauberndem Wesen. Grand-Seigneur im besten Sinne des Wortes, ein Mensch von ausgesprochenem Takt und vollendeten Umgangsformen, dabei anspruchslos und bescheiden, streng gegen sich selbst, nachsichtig gegen andere. Ein Gespräch über seine Musik wußte er stets geschickt auf andere Größen zu lenken, mit Vorliebe auf den von ihm vergötterten Mozart, wodurch er andeuten wollte, wie gering eigentlich seine Verdienste diesem Göttlichen gegenüber anzuschlagen seien. Oft hat er mir allen Ernstes erklärt, daß sein erstes Klavierkonzert besonders im letzten Satze, mit dessen Umarbeitung er sich lange in Gedanken herumtrug, große Schwächen besäße, ja, daß seine Klaviersonate und namentlich die *Fantasie de Concert* als verhältnismäßig wirkungslos eigentlich eine Zumutung für den Klavierspieler sei.

Emil Sauer, *Meine Welt,* Stuttgart 1901, S. 206f.

Maria Anderson
(1870–1944)

Maria Anderson war eine Ballerina der Kaiserlichen Theater; ein Unfall sollte ihrer Laufbahn ein vorzeitiges Ende setzen. 1888 hatte sie eine der Hauptrollen in einer Ballettproduktion der Kaiserlichen Theater getanzt. Die hier beschriebene Begegnung muß am 2. Februar 1889, vermutlich im St. Petersburger Bolschoi-Theater, stattgefunden haben.

Peter Iljitsch war meine Darbietung aufgefallen, und so fragte er im Winter 1889 während der Probenarbeiten zu einem Ballett unseren Ballettmeister Marius Petipa:

»Wie heißt denn diese junge Tänzerin, die im Ballett *Vestalka* die Amourat gespielt hat?«

»Maria Anderson«, gab Petipa zur Antwort.

Noch lebhaft entsinne ich mich dieser Unterhaltung. Sie fand im Mariinsky-Theater auf dem Proszenium statt, dicht neben dem Orchester, nur fünf oder sechs Schritt von der rechten Seite entfernt. Peter Iljitsch war im blauen Jackett erschienen; sein Pincenez hing wie immer an einer blauen Kordel herab. Wenn er sich unterhielt, pflegte Tschaikowskys rechte Hand mit seinem Pincenez zu spielen.

Petipas Augen suchten nach jemandem. Als er mich erblickte, zitierte er mich mit einer Handbewegung und der Anrede »ma belle« zu sich her. Ich näherte mich schüchtern und blieb in einiger Entfernung stehen. Sie fuhren fort, sich auf französisch zu unterhalten, und schienen nicht die geringste Notiz von meinem Kommen zu nehmen. Aus den einzelnen Bruchstücken, die ich verstand, ließ sich entnehmen, daß sie über die Einstudierung eines neuen Balletts, *Dornröschen*, sprachen und insbesondere auch über mich, obwohl mein Name nicht fiel.

Unmerklich und verstohlen musterte mich Peter Iljitsch, offensichtlich um mich als Tänzerin einzuschätzen. Nach seinem Lächeln zu urteilen, mußte ich ihm gefallen haben. Etliche Ausrufe seinerseits, die er laut und deutlich auf französisch wiederholte, bestätigten diese Vermutung. Indem er die Unterredung beendete, machte Peter Iljitsch einige Schritte in seiner unnachahmlichen Art – den Körper leicht vornübergebeugt – in meine Richtung. Während er so auf mich zu trat, begann er mich Verschiedenes zu fragen, wobei er wie gewohnt Russisch und Französisch mischte und mit seinem Pincenez spielte.

Als Peter Iljitsch alle seine Fragen, auf die ich ihm schüchtern und mit Zurückhaltung geantwortet, gestellt hatte, unternahm es Petipa, der annahm, ich verstünde kein Französisch, mir in seinem französisch-russischen Kauderwelsch das Gespräch zu übermitteln. In der »Übersetzung« ergab sich, daß ich im Ballett *Dornröschen* die kleine Katze tanzen sollte – »Tschaikowsky wünscht es so«.

Maria Anderson, Erinnerungen (1943); in: PVC4, S. 202f.

Leon Bakst
(1866–1924)

Leon Bakst war Maler, Illustrator und Bühnenbildner, letzteres vor allem in Zusammenarbeit mit dem Ballett-Impresario Serge Diaghilew (1921 entwarf er für Diaghilews Ensemble die Ausstattung zu Tschaikowskys *Dornröschen*). Durch Vermittlung seines älteren Freundes Gennadij Kondratjew, des ersten Regisseurs der Kaiserlichen Theater, hatte Bakst eine Karte für die Generalprobe von *Dornröschen* am 14. Januar 1890 erhalten. Bevor er den Saal betrat, schaute er höflichkeitshalber kurz bei Kondratjew vorbei. Dort gewahrte er in den Tiefen des geräumigen Arbeitszimmers zwei Gestalten.

Eine war groß und etwas gebeugt, mit Adlernase und einem leichten, spitzbübischen Lächeln auf den Lippen sowie dem Wladimir-Stern auf der linken Brust der blauen Uniform des Direktors der Kaiserlichen Theater [Iwan Wsewoloschsky]. Der andere Herr war kleiner, sein Haar und Bart waren weiß, das Gesicht stark gerötet; er wirkte freundlich und bescheiden. Er war offenbar sehr nervös und versuchte sichtlich, die Fassung zu wahren.
Wer war das? Ich suchte den Blick meines älteren Freundes zu erhaschen, als der mich endlich bemerkte ...
»Lewuschka, komm doch herein, ich möchte dich vorstellen: Hier ist unser ganzer Stolz, Peter Iljitsch Tschaikowsky!«
Rot vor Aufregung, klein wie ich war und in meiner Uniform der Kunstschule, jedoch mit weißen Handschuhen, die mir ungeheuer elegant dünkten, das rote Haar ganz kurzgeschoren, muß ich ein lächerliches Bild abgegeben haben... Dennoch reichte ich dem berühmten Komponisten ohne mit der Wimper zu zucken die Hand.
»Nun«, fuhr Kondratjew unter allgemeinem Schmunzeln fort, »unser junger Freund hier liebt das Theater über alles und

macht auch schon fleißig Entwürfe. Neulich, als er seinen Freunden beim Tee von Ihrem *Dornröschen* erzählte, hat er bereits nach eigenem Gusto Skizzen angefertigt… Wo sind sie denn bloß?« – und er wühlte vergeblich in seiner Schreibtisch-Schublade.

»Ich finde die Musik zu *Dornröschen* wirklich gut!« rief ich mit vor Aufregung sich überschlagender Stimme aus, was erst allgemeine Verwunderung und sodann helles Gelächter auslöste.

»Aha, sie kennen mein Ballett bereits?« sagte Tschaikowsky überrascht und noch immer lachend – während sein forschender Blick sich dem väterlichen Bart Kondratjews zuwandte … Ein unvergeßlicher Tag! Drei Stunden lang lebte ich verwunschen und im Traum, berauscht von Feen und Prinzessinnen, von üppigen goldenen Schlössern und dem Zauber eines Märchens… Es war, als ob die Rhythmen und die schönen Melodien mit ihrem strahlend frischen und schon vertrauten Fluß in meinem ganzen Wesen widerklangen… An jenem Abend, so scheint es mir, hat sich meine Berufung entschieden.

Leon Bakst, Erinnerungen; (auf französisch) in: »Comoedia« (Paris), 9. Oktober 1921, abgedruckt (auf russisch) in: PVC4, S. 200f.

Igor Grabar
(1871–1960)

Nach Abschluß seines Jurastudiums an der St. Petersburger Universität im Jahre 1893 wurde Igor Grabar Künstler und Kunsthistoriker und arbeitete auch an Diaghilews Zeitschrift »Mir Iskustwa« mit. Er erinnert sich hier, wie er als Achtzehnjähriger mit Tschaikowsky nach Hause ging, nachdem er ihn zufällig bei einem gemeinsamen Bekannten getroffen hatte.

Wir gingen das Newa-Ufer entlang. Die Nacht war wunderbar mondhell und klar. Anfangs liefen wir schweigend, doch bald schon sagte Tschaikowsky: »Aber Sie wollen doch Künstler werden. Warum sind Sie denn dann auf die Universität gegangen?«

Ich erklärte mich, so gut ich vermochte, und fügte hizu, daß die Frage auch ihm selber gelte: Warum habe er die Schule für Jurisprudenz besucht, bevor er aufs Konservatorium gegangen sei?

Er lächelte nur und schwieg.
Nach langem Schweigen wagte ich wieder zu sprechen, sagte aber irgend etwas Unpassendes und geriet in Verwirrung. Ich erinnere mich nicht mehr an den Zusammenhang oder wie es sich auf seine Äußerung bezog, jedenfalls tat ich die Ansicht kund, daß ein Genie »nur durch Inspiration« schöpferisch sei. Es versteht sich, daß ich an seine Musik dachte.
Er hielt an, machte eine unwillige Geste mit der Hand und sagte verärgert: »Aber junger Mann, nun werden Sie doch nicht abgeschmackt! Auf Inspiration können Sie nicht warten, und alleine reicht sie ohnehin nicht aus. Vor allem braucht es Arbeit, Arbeit und nochmals Arbeit. Vergessen Sie nie, daß auch ein Mann, der mit der Gabe des Genies ausgezeichnet ist, nichts Großes, ja nicht einmal etwas Mittelmäßiges schafft, wenn er nicht wie der Teufel arbeitet. Und je mehr einem Manne gegeben ist, desto härter muß er arbeiten. Ich betrachte mich selbst als einen völlig durchschnittlichen, gewöhnlichen Menschen.«
Ich hob an zu widersprechen, aber er ließ mich nicht zu Worte kommen: »Nein, nein, keine Widerworte, ich weiß, wovon ich spreche. Ich rate Ihnen, junger Mann, merken Sie sich dies fürs Leben: ›Inspiration‹ wird nur durch Arbeit und nur beim Arbeiten geboren. Jeden Morgen setze ich mich an die Arbeit und komponiere. Und wenn heute nichts daraus entsteht, setze ich mich morgen hin und nehme eben jene Arbeit wieder auf. So schreibe ich einen Tag, zwei Tage, zehn Tage lang, ohne zu verzweifeln, selbst wenn noch immer nichts daraus entstanden ist, denn am elften Tage dann werden Sie sehen, daß sich die Mühe gelohnt hat. Durch unermüdliches Arbeiten, durch die übermenschliche Anstrengung des Willens erreicht man immer sein Ziel und wird Besseres und Bleibenderes schaffen als die genialen Müßiggänger…«
»Soll das heißen, daß es überhaupt keine unbegabten Menschen gibt?«
»Jedenfalls sehr viel weniger als man im allgemeinen denkt. Allerdings gibt es viele Menschen, die nicht arbeiten wollen oder nicht arbeiten können.«
Als wir auf der Malaja Morskaja vor seiner Tür anhielten und er nach dem Portier klingelte, konnte ich einen Gedanken, der mich noch beunruhigte, nicht unterdrücken:

„Natürlich ist es gut, Peter Iljitsch, wenn Sie für sich selbst und aus dem freien Entschluß Ihres Willens arbeiten. Aber was ist mit einem Manne, der nur auf Anweisung arbeitet?« Ich dachte dabei an Auftragswerke.
»Das ist mitnichten eine schlechte Sache; es ist sogar besser als aus dem eigenen freien Willen heraus. Ich erledige häufig Auftragsarbeiten, Mozart erledigte Auftragsarbeiten, und genau dies taten auch unsere Götter Michelangelo und Raffael.«
Der Portier öffnete die Tür, und Tschaikowsky verschwand im dunklen Rachen der Pforte.
Noch lange stand ich davor und dachte über diese neuen Einsichten nach, die mich so tief getroffen hatten.
Die Worte von Peter Iljitsch wurde mir zum Leitfaden meines ganzen Lebens.

Igor Grabar, Erinnerungen; in: »Ogonek« [»Flamme«] (1940), Nr. 12, abgedruckt in: PVC4, S. 288f.

V
Das »ewige Kind« – und der Misanthrop

Die Bandbreite von Tschaikowskys Verhaltensweisen in privaten Beziehungen war so groß wie die Bandbreite dieser Beziehungen selbst. Er bewies hier Treue wie Unbeständigkeit gleichermaßen. Auf der einen Seite gab es das, was er seine »Misanthropie« nannte, zweifellos eine der äußeren Erscheinungsformen seiner zum Teil unerträglichen inneren Spannungen. Diese Abneigung gegen alle menschliche Gesellschaft konnte ihn furchtbar abweisend und manchmal schroff bis zur Unhöflichkeit machen, wenn irgend jemand von außerhalb seines kleinen Kreises der Familie und der vertrauten Freunde Kontakt zu ihm suchte. Besonders kraß zeigte sich diese Überempfindlichkeit in den ersten Jahren nach dem Trauma seiner Eheschließung 1877, während er in späteren Jahren lernte, besser damit zurechtzukommen. Mitte der 80er Jahre erklärte er schließlich, daß er nunmehr so gut mit den unangenehmen sozialen Verpflichtungen einer international gefeierten Berühmtheit umzugehen gelernt habe, daß er die Zusammenkünfte, Empfänge und so weiter nicht nur gut überstand, sondern sich gar einreden konnte, Gefallen daran zu finden. Auf der anderen Seite gab es jedoch auch tiefe, enge und stabile Beziehungen, die ihn sein ganzes Leben lang begleiteten. Außerdem hatte er eine besondere Ader im Umgang mit Kindern. Dabei konnte er selbst sowohl kindisch wie auch kindlich sein und dies zuweilen auf ziemlich außergewöhnliche Weise. Ebenso gelang es ihm stets, zur einfachen Landbevölkerung ein völlig ungezwungenes, gutes Verhältnis zu unterhalten, das aus seiner tiefen Achtung für deren unverwüstliche und grundlegende Menschlichkeit erwuchs.

Sofia Kaschkina

(Siehe Seite 54)

Nikolaj und Alexandra Hubert, die im folgenden erwähnt werden, waren enge Freunde von Tschaikowsky. Nikolaj war ein Kommilitone in St. Petersburg und wurde dann auch Tschaikowskys Kollege am Moskauer Konservatorium. Dort arbeitete Alexandra Hubert in der Verwaltung, nachdem ihr Mann 1888 gestorben war. Nikolaj war Tschaikowskys Lied op. 16 Nr. 4 »O möchtest du noch einmal singen« gewidmet.

Wann immer Tschaikowsky unter Leuten war, in deren Gesellschaft er keinen Zwang verspürte, hatte er stets etwas Kindliches und Unbekümmertes an sich. Wie ein Kind konnte er mit Kindern spielen; kindliche Vergnügungen liebte er sehr und nahm an ihnen mit wahrer Freude teil. Ich erinnere mich, wie Hubert einmal, als Tschaikowsky nicht mehr in Moskau lebte, aber dort zu Gast war (es muß 1887 oder 1888 gewesen sein), seinen Freunden am Konservatorium erzählte, Tschaikowsky habe versprochen, den Abend mit ihnen zu verbringen... Es war Weihnachten, und Alexandra Iwanowna [Hubert] sagte, daß nach dem Diner der Christbaum angezündet und Geschenke verteilt werden sollten. Das Diner verlief in ausgelassener Stimmung. Nach Tisch wurden die Gäste nicht in den Saal geführt, wo der Christbaum stand, sondern saßen im verdunkelten Raum. Sodann, als die Kerzen angezündet waren, spielte die Gastgeberin einen Marsch, die Türen taten sich weit auf, und »die Kinder« (alle nahezu fünfzig Jahre alt), Tschaikowsky allen voran, stürmten in den Saal, faßten sich an den Händen und begannen, einen Chorowod [eine Art Prozessionstanz] um den Christbaum zu tanzen, wobei sie unter Anleitung ihres Führers verschiedene Figuren bildeten. Schließlich aber sprangen sie alle in die Höhe und holten sich vom Christbaum (manche gar mit Hilfe ihrer Zähne) die Geschenke, die ihnen zugewiesen waren. Dies waren allerhand komische Figürchen, Bilder und sonstige Spielereien, mit viel Witz und Geschick von den Huberts passend zum Wesen eines jeden »Kindes« ausgesucht. Die Begeisterung hätte man erleben müssen, mit der unsere alten Herrschaften uns, der jungen Generation, am nächsten Tag von diesem Abend erzählten. Nach ihrer Darstellung war Tschaikowsky selbst der größte Schelm bei diesem Schabernack und Spaß; er war auch an der Auswahl all der vergnüglichen Präsente beteiligt gewesen.

Sofia Kaschkina, Erinnerungen; in: PVC4, S. 83f.

Alexandra Jürgenson
(1870–1946)

Alexandra Jürgenson war eine Tochter von Tschaikowskys Verleger und engem Freund Peter Jürgenson; ihr ist das Klavierstück op. 72 Nr.12, *L'espiègle* gewidmet.

Peter Iljitsch liebte es, bei uns [den Kindern der Jürgensons] vorbeizukommen, wenn wir aus der Schule zurückgekehrt und um den Tisch versammelt waren. Er liebte es, uns bei Festvorbereitungen zuzuschauen oder auch zu helfen, beim [Schmükken] des Weihnachtsbaumes oder auch beim Osterfest. Er liebte das geschäftige Treiben einer festlich gestimmten Familie. »Ich schwärme dafür« – oftmals sprach er diese Worte, zog sie dabei auf eigenartige Weise in die Länge und wandte sie bei ganz unterschiedlichen Gelegenheiten an. Wenn wir Kerzen zogen, [Spielzeug] bastelten oder Leckereien für den Weihnachtsbaum machten, pflegte er bei uns im Kinderzimmer vor-

Musikverleger Peter Jürgenson

beizukommen. Einmal bat er uns, in der Karwoche ja keine Eier ohne ihn anzumalen. Der Tag wurde vereinbart, und obgleich er nicht in der Stadt wohnte, kam er und zeigte uns, wie man mit Seidenfäden, die man aus Seidenstoff herauszieht, ein Marmormuster herstellt. Er selbst bemalte einige Eier und rieb sie mit Olivenöl ein.

Er hatte gewissermaßen das Bedürfnis, das Familienleben mit Kindern und deren Freuden in vollen Zügen zu genießen. Auch liebte er zu necken und zu scherzen. Von uns dreien neckte er mich am allerliebsten. Wahrscheinlich freute ihn mein Unvermögen, die Wirkung und die Aufregung, die er in mir hervorrief, zu verbergen. Es war, als ob er mich nur zum besten hielt, damit ich mich zur Wehr setzte, denn sein Sticheln bestand in nichts anderem als mich anzusehen und immer nur zu wiederholen: »Sascha Jürgenson, Sascha Jürgenson«, und so weiter. Ich aber geriet aus der Fassung und suchte zuweilen Zuflucht vor seinen Blicken.

Einmal kam er zum Drei-Uhr-Tee, nachdem wir aus der Schule zurückgekehrt waren. Ich hatte noch ein Mädchen bei mir, das meine Mutter unter ihre Fittiche genommen und für dessen Schulgeld sie aufkam. In unserer Notenskala aus zwölf Punkten hatte sie lediglich die schlechteste Zensur erreicht, eine Eins. Insgeheim vertraute ich dies Peter Iljitsch an und bat ihn, meiner Mutter nichts davon zu sagen. Doch wann immer ich ihn ansah, zeigte er mit dem Finger eine Eins und ich bangte, meine Mutter könne es entdecken oder auch das Mädchen, das mir dann sicher böse gewesen wäre, daß ich ihr Geheimnis einem Außenstehenden verraten hatte.

Als wir einmal beieinander saßen, brachte er Photographien von sich mit und versah eine davon für seinen Patensohn mit der Widmung: »Für ein Mastodon von einem alten Affen.« Und für den Jüngsten, den Zwölfjährigen, schrieb er: »Dem aller Bissigsten der Sterblichen«. In der Tat hatte der Knabe stets ein vielsagendes und ironisches Lächeln auf den Lippen, das einem gewissermaßen zu verstehen gab: »Ich durchschaue dich – mir machst du nichts vor …«

Stets nahm Tschaikowsky an unseren Fortschritten in der Schule großen Anteil. Meine Mutter hatte ihm offenbar erzählt, daß ich mich mit einem Aufsatz zum Thema »Jeder ist seines Glückes Schmied« befassen mußte. Was aber vermag eine Dreizehnjährige, die bislang weder Glück noch Unglück kennt, zu diesem Thema schon zu sagen? Und so verstellte er seine Handschrift und schickte mir per Post einen Brief, der angeblich von der Zeitschrift »Russkaja Mysl« [»Der Russische Gedanke«] kam und das Angebot enthielt, meinen Aufsatz dort zu veröffentlichen. Auf dem Umschlag aber stand die Adresse in seiner unverkennbaren Handschrift.

Zu Neujahr, zu Weihnachten oder zum Geburtstag erhielten wir manchmal Geschenke von ihm. Zweimal bekam ich Bücher mit einer Widmung und einmal eine Schachtel Briefpapier mit sehr hübschen Sträußchen aus getrockneten Blumen. Es gefiel mir sehr, aber obwohl meine Mutter verlangte, daß ich mich bedanken sollte, scheute ich mich davor. Und so erhielt ich einen Brief, der mit Großbuchstaben verkündete: »UNDANKBARKEIT IST DIE MUTTER ALLEN ÜBELS.« Auf dem

Umschlag war sein Monogramm, wenn auch mit Tinte durchgestrichen, noch deutlich zu erkennen…

Alexandra Jürgenson, Erinnerungen (1938); in: PVC4, S. 102f.

Alina Brjullowa

(Siehe Seite 31)

Diese Erinnerung bezieht sich auf die späten 1880er oder frühen 1890er Jahre.

Meine jüngste Tochter (sie war noch keine acht, als Peter Iljitsch starb), ein ziemlich keckes Mädchen, rannte immer auf ihn zu, wenn er eintraf, kletterte ihm auf die Knie und bat ihn flüsternd: »Mein Komponist, spiel mir auf, ich möchte tanzen!« Und gehorsam ging er dann zum Piano und sagte verwirrt: »Aber ich weiß nicht, was ich spielen soll« – worauf er stets einige Polkas aneinanderreihte, während sie durchs Zimmer wirbelte. Wenn ich einschreiten und das Kind fortnehmen wollte, pflegte er zu sagen: »Nein, lassen Sie sie nur herumspringen. Es ist mir eine Freude, Lappalien für sie zu klimpern.«

Alina Brjullowa, Erinnerungen, (1929); in PVC4, S. 115.

Alexandra Amfiteatrowa-Lewitskaja

(Siehe Seite 51)

Das Folgende muß sich 1889 oder 1890 in Tiflis abgespielt haben.

Jeden Tag traf ich Tschaikowsky bei Michial Michailowitsch [Ippolitow-Iwanow], und oftmals fand ich ihn guter Dinge. Er scherzte, lachte und liebte es, mit Tanja, der zweijährigen [Adoptiv-]Tochter der Ippolitow-Iwanows umherzutollen. Wenn er so mit ihr zusammen war, zog es ihn selbst wie ein Kind in ihre Spiele. Er liebte dieses kleine Mädchen sehr und nannte sie sein »liebes Luder«. Es war schon ein ulkiger Anblick, wenn Tanja auf ihn zu klettern und sich an seinen Armen hochzuziehen versuchte, während er, seelenruhig in seinem Gespräch fortfahrend, sie behutsam auf den Schoß nahm.

Alexandra Amfiteatrowa-Lewitskaja erinnert sich an eine Begebenheit bei einer Gesellschaft im vertrauten Kreise bei den Ippolitow-Iwanows, als der Gastgeber bereits zu Bett gegangen war und die meisten anderen halb schlummerten.

Nur Peter Iljitsch spielte noch mit Tanja, wiegte sie hin und her. Das liebte Tanja; sie kreischte und lachte und bat »Onkel Pjotr«, daß er sie »wieder ganz herumdrehen« möge – was der »Onkel« auch mit Freuden tat, wobei er selbst, zu Tanjas größtem Vergnügen, sich hin und herwiegte.

Alexandra Amfiteatrowa-Lewitskaja, Erinnerungen (1940); in: CIT, abgedruckt in PVC4, S. 241f.

Wladimir Naprawnik
(1869–1948)

Wladimir war ein Sohn des Dirigenten Eduard Naprawnik, des musikalischen Leiters der Kaiserlichen Oper in St. Petersburg, der die meisten Uraufführungen von Tschaikowskys Opern dirigierte. Die folgenden Erinnerungen müssen sich auf die späten 1880er oder frühen 1890er Jahre beziehen.

Er beteiligte sich stets an Spielen und Scharaden und freute sich wie ein Kind, wenn es ihm gelang, jemanden durch Kartenkunststücke zu verblüffen oder durch die Kunst des Gedankenlesens ratlos zu machen. Letzteres pflegten wir als »Schwarze Kunst« zu bezeichnen und folgendermaßen zu betreiben: Einer der Gäste (der selbstverständlich nicht in das Geheimnis eingeweiht sein durfte) flüsterte einem von uns – üblicherweise Peter Iljitsch – ein Wort ins Ohr, das er gewählt hatte. Sodann nannte Peter Iljitsch eine Reihe von Wörtern, die dem Außenstehenden völlig bedeutungslos erschienen, aus deren Anfangsbuchstaben wir jedoch das gesuchte Wort entnehmen konnten. So simpel das Geheimnis dieses Spiels auch war, keiner konnte es je erraten, und Peter Iljitsch geriet in helle Verzückung, wenn er sah, wie jemand es vergeblich herauszufinden suchte. Ich entsinne mich, daß wir Sergej Tanejew einmal bis zur Weißglut trieben, weil er einfach nicht auf die Lösung kam.
Einmal traf ich Tschaikowsky und seinen Neffen Bobik Dawidow an, als sie gerade einen Berg von Briefen an Anna Petrowna Merkling [Tschaikowskys Kusine] adressierten, die er innig liebte, der er jetzt aber einen Streich spielen wollte. Die Briefe enthielten völlig unterschiedliche Dinge, die von scherzhaften zu tragischen Nachrichten reichten. In einem schrieb er beispielsweise selbst, daß Peter Iljitsch Tschaikowsky sich erschossen habe. Auch ich setzte mich dazu und schrieb. Insgesamt verfaßten wir fünfzehn bis zwanzig Briefe, die Peter Iljitsch

Eduard Naprawnik

eigenhändig auf die Post gab. In Erwartung ihrer überwältigenden Wirkung genoß er schon die Vorfreude eines gelungenen Streiches. Am nächsten Tag waren sowohl Peter Iljitsch als auch Anna Merkling bei uns zu Gast. Er dachte, daß sie, sobald sie ihn erblicke, mit blankem Entsetzen von den Briefen erzählen würde, die sie am Morgen erhalten hatte. Statt dessen aber schwieg unser Opfer beharrlich und sah uns nur vielsagend an. Lange Zeit wartete Peter Iljitsch, zwinkerte mir zu, konnte sich schließlich nicht länger halten und stellte eine Frage zu den Briefen, womit er sich preisgab. Wie sich herausstellte, hatte Anna Petrowna sofort erraten, wer dahintersteckte, und war absichtlich still geblieben, um Peter Iljitsch zum besten zu halten.

Wladimir Naprawnik, Erinnerungen; in: SM (1949), Ausgabe 7,
abgedruckt in PVC4, S. 217f.

Tatjana Schtschepkina-Kupernik
(1874–1952)

Tatjana Schtschepkina-Kuperniks Mutter hatte am Moskauer Konservatorium von 1870 bis 1873 Klavier bei Nikolaj Rubinstein und Harmonielehre bei Tschaikowsky studiert. Tatjana selbst wurde Schriftstellerin und Übersetzerin, verfaßte mehrere Opernlibretti und Gedichte, die u. a. von Arensky und Tscherepnin vertont wurden. Ihr Vater hatte Tschaikowsky im September 1889 nach Kiew geladen, wo sie ihn, als er bei einer Aufführung von *Eugen Onegin* die Ovationen entgegennahm, zum ersten Mal erblickte. Daniil Rathaus war Student an der Universität von Kiew; seine Gedichte bildeten die Vorlage für Tschaikowsky letztes vollendetes Werk, die *Sechs deutschen Lieder*, op. 73.

Ich erinnere mich noch deutlich an die wohlproportionierte, nicht sehr große Gestalt, das Haar und der Bart silbergrau, die Augenbrauen und der Schnurrbart dunkel …

In der Pause stellte ihr Vater sie dem Komponisten vor.

Mein Herz pochte kräftig, als ich auf ihn zutrat. Mein Vater erzählte Tschaikowsky, daß ich Verse schrieb. Er legte mir die Hand auf die Schulter und sagte mit seiner weichen Baritonstimme: »Ah, schreiben Sie, schreiben Sie nur – das ist gut… Vielleicht könnten Sie mir Verse für Romanzen schreiben.«
Er hatte eine sehr angenehme Art in der Unterhaltung. Selbstredend konnte es ihm nicht viel gelten, daß ein kleines Mädchen Verse schrieb. Seine freundlichen Worte jedoch und sein Händedruck machten einen großen Eindruck auf mich. Ich war so überwältigt, daß ich nichts zu sagen fand.

Im darauffolgenden Jahr besuchte Tschaikowsky Kiew erneut.

Aus Krankheitsgründen ging ich nicht zur Vorstellung, mein Vater jedoch traf dort wieder mit ihm zusammen, und aus dem Folgenden läßt sich all die Aufmerksamkeit erkennen, die Tschaikowsky anderen Menschen erwies. Er fragte meinen Vater: »Wie geht es mit den Versen Ihrer Tochter voran?« Und setzte hinzu: »Lassen Sie mich doch einmal sehen, was sie schreibt – vielleicht ist es brauchbar. Ich bin immer auf der Suche nach Texten für Romanzen.«
Ich war völlig sprachlos, als mein Vater mir dies erzählte. Nach einem ganzen Jahr noch an die Verse irgend eines Mädchens zu denken! Dennoch entschied ich, ihm keins meiner Gedichte zu schicken; sie schienen mir zu schlecht. Später war ich furchtbar

eifersüchtig auf jenen Studenten, den ich wohl kannte – jenen trägen blonden Jüngling Daniil Rathaus – nach dessen Gedichten Tschaikowsky so viele Romanzen komponierte.

Tatjana Schtschepkina-Kupernik, Erinnerungen; in: KP, 6. März 1940, abgedruckt in PVC4, S. 265f.

Iwan Iwanow
(1881–1942)

Iwan Iwanow war Tänzer in St. Petersburg und wurde 1918 Leiter des Kirow-Balletts. Bei der Uraufführung des Ballets *Der Nußknacker* war er erst elf Jahre alt und tanzte eines der Kinder. Die Kinder sollten lernen, auf Spielzeuginstrumenten zu musizieren, doch die Ergebnisse entsprachen nicht ganz den Erwartungen, so daß vor jeder Ballettprobe mit den Instrumenten geübt wurde. Marius Petipa war der Choreograph des *Nußknacker* und Riccardo Drigo der musikalische Leiter des Kaiserlichen Balletts in St. Petersburg; er dirigierte die Uraufführung.

An einem der folgenden Tage, nach langem, hartem Bemühen, zeigten wir in Gegenwart des Ballettmeisters Marius Petipa – und eines anderen ehrfurchtgebietenden Herrn im hellen Anzug, der neben ihm saß, ab und zu einige Worte mit Drigo wechselte und sich lebhaft mit Petipa unterhielt – mehrere Male, wozu wir es nunmehr gebracht hatten... Leider wurde unser Können als ungenügend erachtet, und nach längerer Konsultation auf französisch zwischen Petipa, dem Herrn im hellen Anzug und Drigo erklärte uns letzterer, daß man beschlossen habe, jeder solle spielen, so gut er eben könne ... Bei dieser Probe erfuhren wir, daß der Herr neben Petipa der Komponist des Balletts war: Tschaikowsky... Nach der Premiere ließ Tschaikowsky allen Schülern ausrichten, daß er mit der Aufführung und allen Mitwirkenden sehr zufrieden gewesen sei, daß er allen, die dazu beigetragen hatten, sehr danke und ihnen Leckereien schicken lasse. Zwei der Schulpförtner brachten große Körbe herein, und alle Schüler, Mädchen wie Jungen, und auch die Lehrer erhielten jeder eine Schachtel mit herrlichen Süßigkeiten.

Iwan Iwanow, Erinnerungen (1940); in: PVC4, S. 394.

Konstantin Dumtschew
(1879–1948)

Konstantin Dumtschew war Geiger und unterrichtete später an der Nowotscherkassker Musikschule. Im Januar 1893, als sich das Folgende abspielte, war Dumtschew erst dreizehn Jahre alt. Rudolf Feldaj war ein Pianist, der in Odessa lebte.

Nach dem Essen bei Feldaj spielte eine junge Pianistin, die Tochter eines Freundes von Ippolit Iljitsch, dem Bruder des Komponisten. Das Mädchen gab eine von Liszts Klavierfantasien (*La muette de Portici*) ganz ordentlich, doch ohne sonderliche Musikalität. Nachdem sie geendet hatte, trat Peter Iljitsch ans Piano und schlug einige Töne an, um ihr Ohr zu prüfen, doch sie konnte keinen einzigen davon benennen. Da sie nach Noten gespielt hatte, schlug Peter Iljitsch vor, sie sollte etwas Auswendiges spielen – doch auch dies vermochte sie nicht. Darauf wandte Peter Iljitsch sich an ihren Vater und sagte höflich, doch sichtlich verärgert: »Welch großen Dienst der Klavierlehrer Ihrer Tochter erwiesen hat, zeigt sich, wenn sie uns derartiges bietet.« Verwirrt verließ der Vater der Klavierspielerin sofort die Gesellschaft.

Konstantin Dumtschew, *Vstreči* [*Begegnungen*]; in: ZK, Nowotscherkassk, 6. Mai 1940, abgedruckt in PVC4, S. 417.

Helen Henschel
(1882–1973)

Helen Henschel war die Tochter des Sängers und Dirigenten Sir George Henschel. Sie wurde selbst eine geachtete Sängerin und Pianistin. Das Folgende ereignete sich im Juni 1893; ihr Vater datierte seine frühere Begegnung mit Tschaikowsky auf das Jahr 1876.

Ein anderer häufiger Gast in unserem Haus war zu jener Zeit Tschaikowsky, der nach England gekommen war, um in Cambridge die Ehrendoktorwürde entgegenzunehmen. Mein Vater hatte ihn zuvor in Moskau schon getroffen und damals (1875) geschildert, er sei »ein höchst liebenswürdiger, freundlicher, gütiger und bescheidener Mann mit just jener Spur von Schwermut in seinen Kompositionen, welche den Russen eigen zu sein scheint.«

Es versteht sich, daß die Schwermut mir als kleinem Kind nicht deutlich wurde, wohl aber seine Freundlichkeit und

Güte. Niemand hätte liebenswürdiger sein können, als er es war. Es zählt zu den Tragödien meines Lebens – wenngleich zu den geringeren – daß der Brief, den er mir schrieb, als er London verließ, von einem Windstoß vom Tisch in den Papierkorb geblasen wurde, und daß unser Mädchen das Feuer damit anmachte... Dennoch besitze ich ein persönliches Andenken an Tschaikowsky – die Photographie, die er meiner Mutter gegeben und und mit der Widmung versehen hatte: »À Madame Henschel, de la part de son fervent admirateur. P. Tschaikowsky« [»Für Madame Henschel, von ihrem glühenden Bewunderer«].

Helen Henschel, *When Soft Voices Die*, London 1944, S. 89.

Nikolaj Kaschkin

(Siehe Seite 48)

Tschaikowsky lebte von 1885 bis 1888 in Maidanowo, in der Nähe von Klin.

Einmal verbrachte ich, ich weiß nicht mehr in welchem Jahr, die Karwoche in Maidanowo. Noch immer war es Winter mehr als Frühling, obwohl der Schnee von unten schon ein wenig zu tauen begann und man beim Spazieren oftmals durchs Wasser stapfen mußte; mit den Stulpenstiefeln, die wir trugen, ware dies allerdings nicht so schlimm... Am Ostermorgen gingen wir zum Frühgottesdienst nach Maidanowo zur Kirche; am Vormittag kam der Pope bei uns zu Besuch, und ich glaube, es war um die Mittagszeit, daß aus dem Dorf Demjanow (jenseits von Klin gelegen) Sergej Tanejew eintraf, um sich mit uns zu einem Spaziergang aufzumachen. Peter Iljitsch liebte die Bauernkinder sehr, gönnte ihnen manches und verwöhnte sie gar mit allerhand kleinen Gaben, Kleingeld für gewöhnlich. Tanejew und ich wiesen ihn dafür zurecht und sagten, daß dies die Kinder nur verderbe; der Schuldige gestand betrübt ein, daß dies zweifellos wahr sei, machte uns indes wenig Hoffnung, daß er sich bessern würde. Dennoch faßte er, nachdem wir zu unserem Spaziergang aufgebrochen waren, den heroischen Vorsatz, sich anzustrengen und dem Wucher, den die Kinder mit ihm trieben, ein Ende zu setzen. Wir spazierten im Park am Flußufer entlang und hielten auf die Brücke zu, um die Sestra zu überqueren und die Straße nach Klin einzuschlagen. Die Dorfbewohner wußten nur allzu gut, wann Tschaikowsky spazierenzugehen pflegte, und er selbst wußte genau, daß sie ihn sicher beobachten würden, wenn er den Park verließ. Und so beschloß er, seine Verfolger zu überlisten. Er ging, indem er uns den Parkweg weiterlaufen ließ, zum Flußufer hinab, wo er sich duckte und sich in die dichten Weidenbüsche schlug, um sich unbemerkt zur Brücke vorzustehlen – währenddessen von oben der Gefährte, den er mit mir zurückgelassen hatte, mit Blick auf die geduckte Gestalt des Flüchtlings voller Schmerz ausrief: »Da hast du nun den verdienten Lohn für deine Schlechtigkeit!«

Dieser gutgemeinte Täuschungsversuch jedoch schlug fehl. Die Kinder hatten offenbar das Wesen ihres Opfers gründlich durchschaut und überall Beobachtungsposten aufgestellt. Bald hörten wir schon freudige, fordernde Rufe in der Ferne; die Jungen, die vor uns um den Park herumstreunten, machten sich schnurstracks in dieselbe Richtung auf, und als wir schließlich näherkamen, hatten die feindlichen Scharen bereits mit ihrer Beute im Triumph den Rückzug angetreten, während unser armer Freund, verwirrt und rot vor Aufregung, uns erwartete. Er rechtfertigte sich, indem er vorbrachte, daß er keine Wahl gehabt, den Kindern aber nur ganz wenig, wirklich nur eine Kleinigkeit gegeben habe. Letzteres sah er als mildernde Umstände seiner Missetat an. Inwieweit er uns bezüglich der völlig unbedeutenden Summe, die ihm abverlangt worden, die Wahrheit sagte, weiß ich nicht. Einmal jedoch gab er auf einem Spaziergang mit mir allein sechs Rubel aus, die er in kleinen Silbermünzen mitgenommen hatte, und verteilte darüber hinaus auch noch alles Kleingeld, das ich bei mir führte.

Nikolaj Kaschkin, KVC, S. 138ff.

Von 1888 bis 1892 wohnte Tschaikowsky in Frolowskoje.

Das Dorf Frolowskoje in der Nähe von Klin war seinem neuen Einwohner sehr lieb, denn er genoß dort Ruhe und Einsamkeit und hatte sich bald in Haus und Umgebung gut eingelebt. Die Dorfleute kümmerten sich bestens um ihren Meister, schenkten ihm großzügig Verpflegung zu Festtagen oder zu seinem Namenstag und halfen ihm sicher auch sonst, wann immer nötig. Da er, wie sie wußten, außer in einem schmutzigen Tümpel neben dem Haus in Frolowskoje nicht baden konnte, nutzten die Bauern einen Bach im Wald, um einen kleinen Staudamm zu bauen, so daß sich dort ein Becken füllte mit Waser klar wie Kristall. Zwar war es so kalt, daß man unmöglich darin baden konnte, doch war Tschaikowsky trotzdem zutiefst gerührt ...

Nikolaj Kaschkin, KVC, S. 155.

Alexander Glasunow

(Siehe Seite 93)

In Tschaikowskys späteren Jahren wurde Glasunow zu einem recht vertrauten Mitglied seines gesellschaftlichen Kreises. Der Vorfall am Bahnhof muß sich in den späten 1880er Jahren zugetragen haben.

Wenn ich das Werk der großen russischen Komponisten kennzeichnen sollte, würde ich Borodin mit einem prämoskowitischen Kriegsfürsten vergleichen, Mussorgsky mit einem grüblerischen Landmann, Rimsky-Korsakow mit einem Zauberer aus einem altrussischen Epos und Tschaikowsky mit einem russischen Adligen aus der gedanklichen und geistigen Welt Turgenjews. Tschaikowsky verehrte das Land, und in seiner Art liebte und kannte er das Volk. Er beherrschte den Umgang mit einfachen Menschen, und überall liebten sie ihn alle sehr. 1895 fuhr ich nach Klin, um das Haus, wo Tschaikowsky gewohnt hatte, aufzusuchen. Ich weiß noch, wie sich die Kutscher fast um mich schlugen, als ich das Ziel meiner Reise angab. Ich nahm schließlich einen von ihnen, der mit Spitznamen »der Totschläger« hieß. Er erwies sich als sehr aufmerksam und gesprächig und erzählte mir, wie Tschaikowsky die Alleen entlangzuspazieren pflegte mit »einem Büchlein in der Hand«, in dem er von Zeit zu Zeit etwas notierte. Seine Freundlichkeit pries er sehr. Als er mir Lebwohl wünschte, fragte der »Totschläger« mich plötzlich, ob ich denn [Tschaikowsky] gekannt hätte und ob es wahr sei, daß der Verstorbene »ein Komponist von allrussischer Musik« gewesen? All dies war völlig plausibel, und ich bejahte seine Frage.

Meine verstorbene Tante erzählte von einem anderen Vorfall. Sie war auf der Bahnstation von Podsolnetschnaja [in der Nähe von Klin] eingetroffen und wartete dort auf ihren Zug. Da bemerkte sie (wie sie sich ausdrückte) einen grauhaarigen, gutaussehenden alten Mann, der in einem Winkel Schutz suchte. Sie winkte dem Stationsvorsteher, den sie seit langem kannte, um sich zu erkundigen, wer dieser Nachbar sei. Der Vorsteher erklärte, daß dies der berühmte Tschaikowsky sei, der ein Gut in Podsolnetschnaja erwerben wolle. Meine Tante wies den Stationsvorsteher an, Tschaikowsky zu übermitteln, daß sie seine Bekanntschaft zu machen wünsche. Darauf erwiderte dieser: »Schlagen Sie sich das aus dem Kopf, Madame. Er zieht es vor, sich mit unseresgleichen zu unterhalten.« So wurde sie ihm nicht vorgestellt.

Alexander Glasunow, Erinnerungen; in: CVP, abgedruckt in PVC4, S. 210.

Alina Brjullowa

(Siehe Seite 31)

Bei allen ernsthaften künstlerischen und ästhetischen Dingen blieb er [Tschaikowsky] immer standhaft und gab keinen Zoll nach, wenn er etwas für sein Pflicht erachtete oder wenn sein empfindsames Herz ihm etwas eingab. Dennoch war er zweifellos ein Mensch, der an einem Nervenleiden litt. In den 1870er und 1880er Jahren waren Neurosen noch wenig erforscht, wurden nicht von Temperament und Charakter unterschieden, und es war noch kein Versuch, sie zu heilen, gemacht worden. Aber im Lichte der heutigen Wissenschaft hatte er eine klare Neurose, die sich zeitweilig zu unaussprechlichem Leiden steigerte: eine drückende, grundlose Schwermut, aus der er sich auf keine Weise zu befreien vermochte, ein Unvermögen, die Oberhand über seine überspannten Nerven zu gewinnen, eine Furcht vor anderen Menschen und das Bewußtsein, daß dieser Zustand seiner unwürdig war, daß er damit ringen mußte. Dies quälte ihn unsäglich und vergällte ihm das Leben, in dem ansonsten alles, wie es schien, rein äußerlich auf das schönste eingerichtet war.

Alina Brjullowa, Erinnerungen (1929); in: PVC4, S. 111.

Sofia Kaschkina

(Siehe Seite 54)

Aus irgendeinem Grund ging er einmal (ich glaube es war in Genf) gedankenverloren die Straße entlang. Plötzlich hielt eine Dame ihn an und grüßte erfreut auf russisch: »Pjotr Iljitsch, was für ein unerwartetes Vergnügen!«
»Entschuldigen Sie, Madame. Ich bin nicht Tschaikowsky«, sagte er, ohne zu merken, daß er sich, da er den eigenen Nachnamen nannte, verraten hatte.

Sofia Kaschkina, Erinnerungen (1959); in: PVC4, S. 86.

Alina Brjullowa

(Siehe Seite 31)

Tschaikowsky zeigte häufig wenig Neigung, sich mit ehemaligen Kommilitonen aus der Schule für Jurisprudenz zu treffen. Dies galt aber nicht für alle: Apuchtin und Meschtschersky beispielsweise, beide als homosexuell bekannt, waren Ausnahmen von dieser Regel.

Ich hatte zwei Bekannte, Kameraden von ihm, furchtbar nette Leute, die mit Musik überhaupt nichts anfangen konnten, was sie eigentlich auch in Tschaikowskys Augen nur anziehender machen sollte, denn so gab es wenigsten keine Unterhaltungen über Musik mit musikalischen Ignoranten. Sie speisten oft mit mir. Peter Iljitsch blickte mich stets flehend an: »Lade bitte nicht D. und Sch. ein, wenn ich da bin.« Natürlich wurde ihm die Bitte ohne Frage erfüllt. Lediglich mit Apuchtin und Meschtschersky machte Tschaikowsky eine Ausnahme. Warum er mit letzterem so gute Beziehungen unterhielt, bleibt ein Rätsel…
Bei einer anderen Gelegenheit traf Tschaikowsky im Eisenbahnwaggon Werschbilowitsch [einen Cellisten].
»Ah, Peter Iljitsch, das trifft sich gut. Turgenjew reist mit mir im Abteil. Er würde Sie sehr gerne treffen. Ich werde ihn holen gehen.«
Werschbilowitsch verschwand, Peter Iljitsch aber stahl sich wie ein nächtlicher Dieb davon und verbarg sich in der Dritten Klasse, bis der Zug Moskau erreicht hatte und auch der letzte Passagier gegangen war.

»Warum hast du das getan?« fragte ich, als er mir wie ein ungezogener Junge davon erzählte. »Turgenjew schätzst du doch sicher sehr.«
»Ich liebe ihn über alles, ich verneige mich vor ihm, aber was hätte ich ihm sagen sollen? Ich hätte mich nur unbeholfen aufgeführt – und so bin ich davongelaufen.«

Alina Brjullowa, Erinnerungen (1929); in: PVC4, S. 108f.

Michail Ippolitow-Iwanow
(1859–1935)

Der Komponist und Dirigent Michail Ippolitow-Iwanow gründete 1882 den Zweig der Russisch Musikalischen Gesellschaft (RMG) in Tiflis. Seit 1886, als Tschaikowsky dort seinen Bruder Anatoly regelmäßig besuchte, freundeten sie sich an. Nikolaj Peresleny war ein Neffe von Tschaikowskys Schwager Lew Dawidow.

Als er [Nikolaj Peresleny] unerwartet mit all seinen Koffern eintraf und darauf rechnete, eine beträchtliche Zeit mit ihm [Tschaikowsky] zu verbringen, während dieser gerade mitten in einer dringenden Arbeit steckte, bestellte Tschaikowsky, ohne ihm eine Verschnaufpause zu gönnen, sogleich wieder die Kutsche zur Rückfahrt, setzte den Neffen [von Lew] mitsamt seinen Koffern hinein und schickte ihn ohne weitere Erklärung zum Bahnhof zurück. Darauf mußte er herzlich lachen, wenn er an die überraschte Miene von Nikolaj Peresleny dachte, dem er ein so unerwartetes Willkommen geboten hatte.

Michail Ippolitow-Iwanow, IRM; in: PVC4, S. 238.

VI
Das Leben auf dem Lande

Tschaikowsky fühlte sich sein Leben lang zum Land besonders hingezogen und verlegte daher 1885 seinen Wohnort in die Gegend von Klin, wo er rund achtzig Kilometer nordwestlich von Moskau, aber günstigerweise direkt an der Bahnlinie nach St. Petersburg lebte. Doch schon zuvor hatte er immer wieder Aufenthalte bei Freunden auf dem Lande genossen.

Alina Brjullowa

(Siehe Seite 31)

Seit den frühen 1870er Jahren war Tschaikowsky oft in Grankino auf dem Gut von Herman Konradi, dem ersten Mann von Alina Brjullowa, zu Besuch.

Wenn Peter Iljitsch bei uns auf dem Lande zu Gast war, folgte sein Tagesablauf stets einer strengen Einteilung. Vormittags komponierte er; tagtäglich machte er sich an die Arbeit, gleich ob die Inspiration sich einstellte oder nicht. »Manchmal schreibe ich nur zwei oder drei Zeilen, und oftmals streiche ich diese schon am nächsten Tag wieder durch – doch immer versuche ich meine Gedanken zu ordnen. Manchmal kommt mir eine gute Melodie, eine brauchbare Phrase. Manchmal kommt sie mir leicht und wie von selbst, manchmal nur mit Mühe – aber ich verzweifle nicht. Ich fahre mit der Arbeit fort, bis meine Anstrengungen schließlich von Erfolg gekrönt sind.«

Wenn er bei uns weilte, bewohnte er einen Hausflügel für sich. Der Morgenkaffee wurde ihm dort alleine serviert, und er zeigte sich nie vor unserer frühen Mittagsvesper, so daß seine Einsamkeit von niemandem, nicht einmal von seinem Bruder, gestört wurde. Nach Tisch unternahm er, wie das Wetter auch sein mochte, stets einen Spaziergang durch die Steppe (wo die Sonne unerbittlich niederbrannte), nahm sodann ein Bad und erschien erfrischt und zufrieden zum Fünf-Uhr-Tee. Den Abend pflegte er stets mit uns zu verbringen; wir musizierten, lasen uns vor, plauderten oder spielten zuweilen eine Partie Wint. Peter Iljitsch liebte die Entspannung beim Kartenspiel sehr und konnte sich freuen wie ein Kind, wenn er alle Stiche machte. Als Lektüre schätzte er Memoiren am meisten, besonders über das Leben in Rußland. Auf Reisen führte er unweigerlich eine Ausgabe von »Russkaja Starina« [»Das alte Rußland«] mit sich. Wie sehr er sich alles Gelesene zu Herzen nahm, läßt sich an einem kleinen Vorfall zeigen. Auf seinem Nachttisch sah ich ein Exemplar von Zolas erst kürzlich erschienenem Roman *Pot-Bouille* liegen, das in Stücke gerissen war.

»Ich war dabei, es zu lesen«, gestand er ein, »und empörte mich so sehr über den Zynismus des Autors, daß ich es weit von mir warf« (er hatte im Wald gelesen). »Dennoch hat er zweifellos Talent; ich werde nicht widerstehen können, es erneut zur Hand zu nehmen und weiter zu lesen.«

Alina Brjullowa, Erinnerungen (1929); in: PVC4, S. 117.

Nikolaj Kaschkin

(Siehe Seite 48)

Seit Tschaikowsky 1885 seinen ersten Landsitz im Dorf Maidanowo kurz hinter Klin gepachtet hatte, war er von vielen der unvermeidlichen Störungen und Ablenkungen des Moskauer Lebens befreit. Jetzt konnte er seine Tage selbst gestalten und nur diejenigen einladen, deren Gesellschaft er wirklich schätzte. Maidanowo hatte »einen großartigen Park«, in dem er spazierengehen konnte, obwohl der Ort ansich keineswegs ideal war.

Für Peter Iljitsch lag der größte Makel von Maidanowo darin, daß es keinen großen Wald in der Nähe gab, denn er pflegte ohne Rücksicht auf das Wetter täglich einen langen Spaziergang zu unternehmen, wozu ihm ein Park den Wald nicht ersetzen konnte. Peter Iljitsch lebte fast ununterbrochen auf dem Lande; monatelang zeigte er sich nicht in Moskau, und monatelang kam ihn niemand besuchen. Wir, seine engsten Freunde, wußten sehr wohl, daß der Einsiedler von Maidanowo unablässig in seine Arbeit vertieft war und keine Störung duldete. Und so warteten wir stets, bis wir eingeladen wurden, was dann auf den Abschluß einer Komposition oder auf eine längere Arbeitspause schließen ließ.

Auf dem Lande speiste Tschaikowsky immer um Punkt ein Uhr zu Mittag und nahm sein Abendessen um halb neun. Für gewöhnlich besuchten wir ihn zu dritt oder zu viert, nahmen den Postzug um vier Uhr, speisten, verbrachten den Abend und den folgenden Tag bei ihm und fuhren dann mit dem letzten Zug nach Moskau zurück. Bei derartigen Besuchen in einer größeren Gesellschaft verging die Zeit immer lärmend und fröhlich; es versteht sich, daß es an Wein, den sich unser Gastgeber zu solchen Anlässen gönnte, nicht mangelte, wenn er auch sonst in dieser Hinsicht große Zurückhaltung übte.

Das Haus in Maidanowo (Klin), wo Tschaikowsky von Februar 1885 bis April 1888 wohnte

Über solch feucht-fröhliche Versammlungen hinaus verbrachte ich hin und wieder auch längere Zeiten mit Peter Iljitsch entweder allein oder in sehr kleiner Gesellschaft. Wie ich schon sagte, fürchtete Peter Iljitsch den Besuch von Außenstehenden und empfing niemanden, der ohne vorherige Zustimmung eintraf, so daß dem unangemeldeten Besucher nichts anderes blieb, als den nächsten Zug nach Moskau zurück zu nehmen …

Auf dem Lande beschäftigte Peter Iljitsch einen Koch, nahm aber nur äußerst bescheidene Mahlzeiten zu sich. Da er über einen gesunden Appetit verfügte, aß er fast alles mit Freuden. Gleichwohl wußte er gute Küche durchaus zu schätzen. Ich selbst esse stets sehr bescheiden, wie der Einsiedler von Klin wohl wußte; dennoch begann ihn die schlichte und unentwegte Einfachheit seiner Mittags- und Abendmenüs so zu beunruhigen, daß er stets auf etwas Neues sann. Auf eben diese Weise war er – trotz der vorbildlichen Fürsorge, die sein Hauspersonal den Gästen angedeihen ließ – stets in Sorge, daß irgend etwas fehle – in einem Wort, die Anwesenheit auch der anspruchslosesten Gäste bereitete ihm manch Kopfzerbrechen …

Um kurz nach acht trafen wir uns zum Morgentee, saßen etwa eine halbe Stunde beisammen, gingen bei sehr gutem Wetter ein paar Schritte und zogen uns dann bis zum Mittagessen, das immer um Punkt eins serviert wurde, auf unsere Zimmer zurück. Beide waren wir schnelle – vielleicht allzu schnelle – Esser; das Menü bestand gewöhnlich aus zwei Gerichten, so daß wir uns nicht lange damit aufhielten und schon um zwei Uhr zum Spaziergang aufbrachen. Beide waren wir an einsame Spaziergänge gewöhnt, und so gingen wir manchmal ohne ein Wort zu sprechen nebeneinander her, ja fast ohne Notiz voneinander zu nehmen. Es mochte vorkommen, daß ich, da ich schneller voranschritt, ihm unbemerkt etwas vorausgeeilt war und ihn, wenn ich mich besann und nach meinem Gefährten umblickte, ein-, zweihundert Schritt hinter mir fand; dann wartete ich stets, und wir fuhren in der gleichen Weise fort. Manchmal aber setzten wir auch unser Gespräch über ein Thema fort, das uns schon bei Tisch beschäftigt hatte, aber nicht beendet worden war. In diesem Falle dann pflegte die Unterhaltung meist bis zum Ende des Spaziergangs nicht abzureißen. Es kam auch vor, daß Tschaikowsky bei Tisch erklärte, er gedenke allein spazierenzugehen. Dies bedeutete, daß ihn eine Komposition beschäftigte, denn einsame Spaziergänge waren ihm die liebste Gelegenheit, den großen Aufbau [eines Werks] zu überdenken und zuweilen auch Themen zu erfinden, weswegen er ständig ein Notizbuch mit sich führte, in das er, was ihm in den Sinn kam, niederschrieb. Nach dem Spaziergang gab es um halb vier den Tee, woraufhin wir uns wieder bis um sechs auf die Zimmer zurückzogen – im Winter noch länger, da wir ohnehin nicht mehr hinausgingen, während wir im Sommer noch einmal vor dem Abendessen, das um punkt halb neun serviert wurde, einen kleinen Spaziergang unternahmen. Nach dem Abendessen pflegte Tschaikowsky außer bei sehr seltenen Gelegenheiten nicht mehr zu arbeiten …

Wenn wir das abendliche Mahl beendet hatten, räumte sein Hausdiener den Tisch, ließ uns noch eine Flasche Wein stehen und zog sich dann um neun oder kurz danach in seine Kammer zurück, da er bis zum nächsten Morgen frei hatte. Sobald wir beide allein waren, machten wir uns gemeinhin daran, vierhändig Klavier zu spielen; Peter Iljitsch verfügte stets über eine große Auswahl an entsprechenden Bearbeitungen. Bei derartigen Gelegenheiten spielten wir oftmals Werke von Brahms. Tschaikowsky verehrte diesen Komponisten, der nicht dem Erfolg nachjagte, für seinen aufrechten Ernst; zugleich jedoch zeigte er nur wenig Neigung für seine Werke, die ihm zu kalt und trocken dünkten. Wohl war er anfänglich geneigt, diesen Mangel an Sympathie seiner ungenügenden Kenntnis von Brahms zuzuschreiben, seinem mangelnden Verständnis für dessen Kompositionen. Doch auch die wiederholte Erfahrung, sie durchzuspielen, änderte an seiner Haltung nichts. Auch Glasunow, in dem er viel Begabung fand, spielten wir recht oft. Zuweilen wurde das Musizieren durch Vorlesen ergänzt oder ersetzt, wobei fast immer ich selbst der Lesende war, da unsere Gewohnheiten in dieser Hinsicht völlig entgegengesetzt waren. Weil ich gewohnt bin, schnell mit den Augen zu lesen, muß ich beim eher langsamen Lauschen auf etwas Vorgelesenes all meine Aufmerksamkeit sammeln, um den Faden nicht zu verlieren. Selbst vorzulesen bereitet mir allerdings auch Vergnügen. Peter Iljitsch dagegen genoß es sehr, nicht nur neue Werke, sondern auch aus den geliebten alten Werken der russischen Literatur vorgelesen zu bekommen; im übrigen fand er, daß ich recht gut lese. Ein neues Werk, das von Begabung zeugte, konnte ihn förmlich hinreißen …

Der wachsende Druck von Tschaikowskys beruflichen Verpflichtungen führte endlich zu dem Entschluß, auch in Moskau einen Wohnsitz zu nehmen.

Tschaikowsky nahm sich eine Wohnung und richtete sich dort sehr bequem ein. Zuerst war er damit durchaus zufrieden, doch als Fremde ihn aufzusuchen begannen und diese Besuche so häufig wurden, daß ihn das ständige Schellen der Türglocke vormittags von der Arbeit abhielt, verfiel Peter Iljitsch darauf, am Eingang eine Bronzetafel mit der Aufschrift anzubrigen: »Nicht daheim. Bitte nicht klingeln«. Selbstverständlich erachtete es nunmehr jeder Schuljunge, der vorbeikam, für seine unbeugsame Pflicht, so laut es irgend ging zu klingeln und sich zu verstecken, so daß der unglückselige Komponist nicht seltener als zuvor aufgeschreckt wurde. Schließlich, als er die Arbeit an *Pique Dame* in Gedanken aufnahm, beschloß der Komponist, daß es fürderhin unmöglich sei, dies in Moskau zu bewerkstelligen, und fuhr, so schnell er konnte, nach Italien… Damit endete für Peter Iljitsch das Moskauer Leben, und er machte keine weiteren Versuche, sich in der Stadt niederzulassen.

1888 war Tschaikowsky in sein neues Zuhause in der Nähe von Frolowskoje gezogen. Das Folgende bezieht sich wahrscheinlich auf das Jahr 1890.

In der ersten Hälfte des Sommers war ich zusammen mit Modest Tschaikowsky und Hermann Laroche in Frolowskoje zu Gast. Wenn wir uns abends zu viert versammelten, spielten wir – neben unseren üblichen Beschäftigungen wie Musik, Vorlesen oder Konversation – gelegentlich eine Partie Whist. Peter Iljitsch spielte gerne drei Doppelpartien, verlor dann aber das Interesse und gab das Kartenspiel auf. Im Sommer gab es in Wald und Park große Mengen Pilze. Anstelle des üblichen Spaziergangs machte Peter Iljitsch sich ans Pilzesammeln und triumphierte mit Genuß, weil er stets, obleich ich größere Erfahrung hatte, viel mehr Pilze fand als ich. Die Pilze wurden dann täglich in jeder Form bei Tisch serviert, und es überraschte uns selbst, daß wir ihrer nicht müde wurden. Eines Morgens traten wir noch vor dem Tee auf die Terrasse des Hauses, um uns mit Peter Iljitsch am schönen Wetter zu erfreuen. Plötzlich stürzte Peter Iljitsch mit einem Schrei zu Boden. Da ich nicht wußte, was ihm passiert war, erschrak ich sehr. Wie sich herausstellte aber, hatte er nur ein paar Steinpilze in der Nähe erspäht und aufgeschrien, weil er fürchtete, ich würde sie vor ihm entdecken. Einzig mit der Absicht, mich daran zu hindern, hatte er sich zu Boden geworfen, versperrte mit seinem Körper den Weg und reckte sich auf allen vieren schnell nach den Büschen, um die Pilze zu holen. Nachher lachten wir nicht wenig über seinen Jagdeifer. Da er den Wald bestens kannte, wußte Peter Iljitsch, wo Pilze zu finden waren, zeigte diese Stellen aber niemand anderem. Er fürchtete gar, man könne ihm folgen, und unternahm daher verschiedene Umwege.

Nikolaj Kaschkin, KVC, S. 135–138, 154, 143f.

Wladimir Naprawnik

(Siehe Seite 115)

Weil in Frolowskoje die Wälder abgeholzt wurden, kehrte Tschaikowsky 1891 nach Maidanowo zurück. 1892 verbrachte Wladimir Naprawnik dort vier Wochen, um sich auf eine Prüfung vorzubereiten. Zum Kreis von Tschaikowskys engeren Bekanntschaften zählte Naprawnik gleichwohl nicht.

Das Leben in Maidanowo war streng geregelt. Um Punkt acht Uhr wurde ich von Alexej, Peter Iljitschs Diener, geweckt, und wenn ich um halb neun zum Tee erschien, fand ich meinen Gastgeber bereits am Tische sitzend vor, ein Buch in der Hand und dem Bericht des Hofarbeiters Andrej lauschend, der ihm die Wetteraussichten mitteilte – welche Temperatur herrschte, ob Wind ging, ob das Wetter heiter oder trübe war und so fort. Was letzteres betraf, erwies sich das Wetter dann tatsächlich stets als das genaue Gegenteil zu der Miene, mit der es vorgetragen wurde. Nach der Unterhaltung mit Andrej pflegte er das Mittags- und das Abendmenü zu bestellen. Peter Iljitsch liebte die russische Küche über alles und aß mit besonderem Genuß Kohlsuppe mit Kascha [Hafergrütze], Borschtsch, Sauerkraut und alle Arten Fisch. Wenn er den Koch entlassen hatte, verfiel Peter Iljitsch in ein »hartnäckiges« Schweigen und las, während er den Tee beendete, ein Buch oder seine Post.

Um neun Uhr kleideten wir uns an, schlüpften in die Fellstiefel und gingen gemeinsam außer Haus. Peter Iljitsch pflegte als erstes den Hofhund zu begrüßen, den er mit Ausdrücken größter Zuneigung überschüttete. Während unseres Spaziergangs konnte ich bemerken, wie herzlich alle, denen wir begegneten, Peter Iljitsch grüßten und wie auch er für jeden ein paar herzliche Worte fand.

Um zehn kehrten wir zurück. Pjotr Iljitsch setzte sich sogleich an seine Arbeit und komponierte, ohne nochmals zu pausieren, am Piano oder am Schreibtisch.

Um ein Uhr trafen wir uns zum Mittagsmahl im Speisezimmer und berichteten einander, was wir jeweils den Morgen über erreicht hatten...

Von zwei bis drei unternahm Peter Iljitsch einen zweiten Spaziergang, aber stets allein, auf dem er das Komponierte überdachte und alle weiteren Ideen, die ihm kamen, auf der Stelle notierte.

Die Zeit von drei bis vier war dem Lesen vorbehalten. Um vier Uhr wurde der Tee serviert, währenddessen Schweigen herrschte, da der Gastgeber stets mit der Lektüre fortfur. Nach dem Tee um halb fünf – Arbeit an der Musik und Korrespondenz. Um halb neun – Abendessen.

Die Zeit nach dem Abendessen widmeten wir dem vierhändigen Klavierspiel. Peter Iljitsch verfügte über eine recht große

Bibliothek von Klaviermusik zu vier Händen. Wir spielten Klassiker oder allerneueste Komponisten: Grieg, Bruckner, Brahms. Die Werke des letzteren sprachen Tschaikowskys Seele kaum an. An russischen Komponisten [spielten wir] Borodin, Rimsky-Korsakow, Glasunow, Rubinstein, Arensky, Konjus (die *Kindersuite*, der Tschaikowsky sehr zuneigte) und [die dritte Symphonie] *Der Dämon* von meinem Vater. Niemals ließ Peter Iljitsch es zu, daß seine eigenen Kompositionen gespielt wurden, weder solistisch noch vierhändig, und selber spielte er nie eins seiner Werke.

Wladimir Naprawnik, Erinnerungen; in: SM (1949), Nr. 7,
abgedruckt in PVC4, S. 219f.

VII
Dirigent und Berühmtheit

Obwohl sein erster Auftritt auf dem Podium ein persönliches Debakel wurde, gelang Tschaikowsky in späteren Jahren doch noch eine beachtliche Karriere als Dirigent – zunächst seiner eigenen, bald aber auch anderer Werke. Seine Konzertreisen sollten ihn nicht nur nach Westeuropa, sondern bis in die USA führen. Da er mit dieser Tätigkeit am stärksten im Rampenlicht stand, ist sie auch sehr umfangreich – und aufschlußreich – dokumentiert. Manchmal sind die Berichte darüber höchst widersprüchlich.

Nikolaj Kaschkin

(Siehe Seite 48)

Als Student in St. Petersburg hatte Tschaikowsky gelegentlich innerhalb des Konservatoriums dirigiert, doch sein erster öffentlicher Auftritt fand 1868 statt, als er bei einem Wohltätigkeitskonzert eigene Werke leitete. Die 1865 entstandene Folge von Tänzen wurde später in seine erste Oper *Der Wojewode* eingearbeitet.

> Ich ging hinter die Bühne, wo der debütierende Dirigent wartete, und trat auf ihn zu. Er sagte mir, daß er sich zu seinem eigenen Erstaunen nicht im geringsten fürchte. Wir plauderten ein wenig, bis ich mich vor seinem Auftritt auf meinen Platz im Parkett begab. Wenig später betrat Peter Iljitsch das Podium, und mein erster Blick verriet mir, daß er völlig außer Fassung war. Die Orchestermusiker hatten ihre Plätze schon eingenommen, und er lief so geduckt zwischen ihren Notenpulten hindurch, als wolle er sich dort verstecken. Als er das Dirigentenpult endlich erreicht hatte, machte er einen völlig verzweifelten Eindruck. Sein eigenes Stück vergaß er völlig, sah nichts mehr, was in der Partitur stand, und vermochte nicht einmal, den Musikern, wenn es wirklich nötig war, ihre Einsätze zu geben. Glücklicherweise kannte das Orchester das Stück so gut, daß die Musiker seinen falschen Anweisungen keine Beachtung schenkten und die Tänze recht ordentlich spielten, während sie dem Komponisten, wenn sie ihn ansahen, verständnisvoll zulächelten.

Nikolaj Kaschkin, KVC, S. 42.

1877 unternahm Tschaikowsky einen zweiten bescheidenen Versuch zu dirigieren und kam diesmal besser zurecht. Doch erst 1885 entschloß er sich, ernsthafte Anstrengungen zu unternehmen, seine Nervenschwäche zu meistern.

Pawel Ptschelnikow
(1851–1913)

Seit 1882 war Pawel Ptschelnikow Leiter der Administration der Kaiserlichen Theater in Moskau. Das Zitat zu Anfang stammt aus einem Schreiben Tschaikowskys vom Dezember 1885, in dem er für die Uraufführung seiner Oper *Tscherewitschky* (die umgearbeitete Fassung des früheren *Wakula der Schmied*) seine Dienste als Dirigent anbietet.

»... bin ich als Dirigent sehr unvermögend, kann es jedoch versuchen, vorausgesetzt, daß Sie mich, wenn es mir mißlingt, im Falle eines ähnlichen Angebots meinerseits bei künftiger Gelegenheit ohne Umschweife ablehnen.«
Wer immer Opernaufführungen unter Peter Iljitschs Leitung besucht hat, wird verstehen, daß aus den Worten, die ich hier zitiere, jene gnadenlose Strenge spricht, mit der er seine eigene Arbeit einschätzte. Aufgrund einer solchen Einstellung war er stets ungeheuer erregt, wenn er die ersten öffentlichen Aufführungen seiner Werke dirigierte.

Pawel Ptschelnikow, Erinnerungen; in: MV, 27. und 28. Okt./ 8. und 9. Nov. 1900 und in RMGa (1900), Nr. 45, abgedruckt in PVC4, S. 143f.

Hermann Laroche
(Siehe Seite 35)

Ein Meisterdirigent zu werden, gelang ihm nie; er verblieb vielmehr auf der Stufe eines begabten Anfängers – wenngleich sich auch in seinem Fall die Begabung, wie dies oft in unserer (und vielleicht auch in manch anderer) Kunst geschieht, als wichtiger erwies denn Übung und Erfahrung. Ein Konzert unter seiner Stabführung ließ unweigerlich dieses oder jenes Detail zu wünschen übrig, war aber insgesamt lebendig und interessant; seine Tempowahl (wobei ich hier von jenen vergleichsweise seltenen Gelegenheiten spreche, da er die Werke anderer dirigierte) war stets korrekt, wenngleich doch mit einer merklichen Neigung zu raschen Tempi... Dies entsprach völlig seiner sonstigen Veranlagung und Gewohnheit – sein rascher Schritt, seine hohe Geschwindigkeit beim Schreiben und Lesen. Ich erinnere noch gut, wie er beim Abendtee oder auch im Zug drei oder vier Zeitungen nacheinander in einem Tempo durchlas, das ich unbegreiflich fand.

Hermann Laroche, VOC; abgedruckt in: LIS2, S. 168f. und PVC4, S. 38f.

Tschaikowsky begann seine professionelle Dirigentenlaufbahn mit der Leitung der ersten Aufführungen der Oper *Tscherewitschky*, die im Januar 1887 in Moskau stattfanden. Bereits ein Jahr später unternahm er eine Tournee durch Westeuropa, auf der er in Leipzig, Hamburg, Berlin, Prag, Paris und London dirigierte.

David Tschernomordikow
(1869–1947)

David Tschernomordikow war Komponist und Pianist und erlebte Anfang 1888 Tschaikowskys öffentliche Konzerte in Paris.

Der Saal war gefüllt. In der Direktorenloge linker Hand saß Edvard Grieg und begrüßte seine Musikerbekanntschaften. Sobald das Orchester und die Zuhörer ihre Plätze eingenommen hatten, betrat Edouard Colonne das Podium; Tschaikowsky folgte ihm. Wenngleich noch keine fünzig Jahre, vermittelte der Komponist den Eindruck eines alten Mannes. Ich erinnere mich an seine würdige Gestalt, an die sanften, angenehmen Züge seines Gesichts. Als er auf die Bühne kam, war er äußerst blaß; er wirkte, als wäre er gewaltsam hervorgezogen worden. An die Rampe tretend, stellte Colonne dem Publikum mit großer Geste den Komponisten vor und verließ die Bühne. Das Publikum begrüßte den Komponisten mit starkem, freundlichem Beifall. Als Stille im Saal eingetreten war, bestieg Tschaikowsky das Dirigentenpult, nahm den Taktstock und begann nach kurzem Innehalten zu dirigieren.
Man konnte spüren, daß Peter Iljitsch sehr aufgeregt war. Dies zeigte sich sowohl daran, wie unsicher er den Stab umfaßt hielt, als auch an einer gewissen Schwerfälligkeit seiner Handbewegungen. Während das Orchester die Serenade für Streicher zu spielen begann, schwamm der Taktstock des Komponisten förmlich durch die Luft. Man hatte fast den Eindruck, daß das Orchester, falls der Dirigent zu dirigieren aufhörte, unbeirrt weitergespielt hätte. Nach jedem Stück wurde dem Komponisten herzlich applaudiert, und in der

Direktorenloge klatschte Edvard Grieg mit großer Begeisterung in die Hände.
Tschaikowskys zweiter Auftritt gelang besser als der erste. Dieses Mal hatte es den Anschein, als fühle Peter Iljitsch sich sicherer; es gab kein nervöses Zittern in seinem Schlag wie beim ersten Konzert. Doch wie zuvor »schwamm« sein Taktstock durch die Luft.

David Tschernomordikow, Erinnerungen; in: SM (1940), Nr. 5 und 6, abgedruckt in PVC4, S. 244f.

František Šubert

(Siehe Seite 100)

Šubert erinnert sich hier an ein Gespräch, das er 1888 in Prag bei einem (auch von Dvořák besuchten) Ehrenbankett über eine mögliche Prager Opernproduktion mit Tschaikowsky führte. Natürlich irrte Šubert, wenn er annahm, daß Tschaikowsky nie zuvor Opern dirigiert hatte.

Ich gab der Hoffnung Ausdruck, daß wir den Maestro in nicht allzu ferner Zeit wieder in Prag begrüßen dürften und zwar als Dirigent einer seiner Opern.
»Hoffen Sie doch nur nicht so etwas«, entgegnete Tschaikowsky lächelnd. »Damit würde Ihnen schlecht gedient sein. Ich vermag Opern nicht zu dirigieren.«
Es gab Widerspruch, doch der Maestro blieb dabei.
»Bei Konzerten verspüre ich Selbstvertrauen, doch das Dirigieren meiner Opern überlasse ich nur allzugerne anderen.«
Ich weiß nicht mehr, ob er hinzufügte, daß er bislang noch keine einzige von ihnen dirigiert hatte.
»Und welche meiner Opern würden Sie denn gerne geben? Ich weiß nicht einmal, ob Sie irgend jemandem außerhalb Rußlands gefallen würden.«
Wir versicherten ihn, daß er die gesamte tschechische Republik tödlich verletzte, wollte er ihr Interesse an russischen und slawischen Belangen allgemein in Zweifel ziehen.
»Ich weiß nicht, ich weiß nicht«, beharrte der Maestro freimütig, »ob irgendeines meiner Werke Ihrem slawischen Geschmack entspricht. *Der Opritschnik*, *Die Zauberin*, [*Wakula*] *der Schmied* (*Tscherewitschky*) und andere: Sie alle sind vielleicht nur für uns Russen; andernorts würden sie sich wohl nur schwer dauerhaft behaupten können.«

»Welches Ihrer Werke ist Ihnen das liebste?« fragte ich.
»Das liebste?« wiederholte Peter Iljitsch. Er lehnte sich in seinen Stuhl zurück und richtete – was er sonst nicht tat – seinen Blick entschieden auf mich. Aufregung, größer als ich sie erwarten konnte, malte sich auf seinem länglichen Antlitz, das an das Bild des heiligen Petrus erinnerte. Erwartung huschte über seine Miene und sogleich die Furcht vor Enttäuschung.
Er lehnte sich nach vorn, beugte den Kopf über die Tischkante, als ob er mit seiner Rechten auf irgend etwas klimpere, und sprach mit gedämpfter, fast gepreßter Stimme: »Es gibt eines meiner Opernwerke, das mir in der Tat das liebste ist, aber außerhalb Rußlands ist es völlig unaufführbar.«
»Welches denn?« hakte ich nach.
»Es ist kein dramatisches Stück, es sind lediglich Szenen.«
Sodann schlug er den Blick zur Seite und sagte wiederum: »Es wäre völlig unaufführbar.«
Das Wort eines Menschen kann nur vollständig verstanden werden, wenn wir es hören und zugleich den Sprecher dabei sehen. Das Wort ist Maske, Schleier, Balsam für den Schmerz [der folgen würde], sollte es ein anderer äußern; es ist das Gegenteil von einem Wunsch. Seine Wahrheit liegt allein im Tonfall des Sprechers, in seinem Blick, in seiner Miene.
»Hier in Prag sind, was die Kunst betrifft, Dinge möglich, die andernorts wohl kaum verstanden würden«, gab ich zur Antwort. »Wir [Tschechen und Russen] sind einander näher als die fremden Nationen. Und so können Sie mir vielleicht anvertrauen, wie Ihr Lieblingswerk nun heißt.«
»*Eugen Onegin*«, stieß Tschaikowsky hervor, rasch hinzufügend: »Aber es ist überhaupt keine Oper, kein Drama; es sind lediglich lyrische Szenen…«
Zu meinem großen Glück und zu Tschaikowskys Freude gab es meinerseits darauf natürlich nur eine einzige mögliche Reaktion… Die Augen glänzten ihm vor Glück. Er erhob sich, ergriff über den Tisch meine Hand – ich saß ihm gegenüber – drückte sie und sagte nur: »Ich werde kommen, ich werde kommen.«
Erst zu diesem Zeitpunkt erfuhren die Anwesenden auf dem Empfang, worüber wir gesprochen hatten. Im nächsten Augenblick schon erhob man die Krüge und Gläser, um auf die Prager Premiere der Oper *Eugen Onegin* und auf einen weiteren

Besuch des Komponisten anzustoßen. So wurde *Eugen Onegin* unter dem Klingen der Gläser für das Nationaltheater angenommen. Alles nahm dann seinen üblichen Verlauf, und schon im November desselben Jahres hießen wir Tschaikowsky in Prag zur Premiere willkommen.

Bei der Premiere des *Onegin* fiel dem Generalmusikdirektor des Nationaltheaters eine ziemlich ungewöhnliche Rolle zu: die Rolle des Souffleurs. Als Peter Iljitsch meinte, daß er sich beim Dirigieren von Opern nicht recht wohl fühlte, hatte er schlicht die Wahrheit gesagt. Wenig erfahren wie er war, richtete er all seine Aufmerksamkeit auf das Orchester, ohne sich viel um die Bühne zu kümmern. Um jeden unerwünschten Schiffbruch bei der Premiere zu vermeiden, setzte sich unser Erster Dirigent in den Souffleurkasten und unterstütze die Aufführung in genau der Weise, wie italienische Opernsouffleure dies tun, die den Sängern nämlich nicht nur Stichworte, sondern auch andere nötige Anweisungen geben und den Takt schlagen. Er unterschied sich von ihnen nur dadurch, daß er für das Publikum unsichtbar blieb.

Bei den Proben, erst recht aber zu den Aufführungen, war der Komponist sehr aufgeregt und begab sich, da er ein eifriger Raucher war, nach jeder Szene hinaus, um sich eine Zigarette anzustecken. In unserem Hause war, zumal nach der fürchterlichen »Epidemie« an Theaterbränden, die uns in den 80er Jahren des letzten [des 19.] Jahrhunderts heimgesucht hatte, das Rauchen nicht mehr in Mode. In der Tat war es laut Hausordnung des Theaters strengstens verboten. Aber da Tschaikowsky als Raucher nicht zu maßregeln war, sah jedermann geflissentlich darüber hinweg, wenn er sich in das Dirigentenzimmer neben dem Orchester zurückzog. Dort saß er mit Knot, einem Orchestermitglied, am offenen Fenster (im Dezember), drehte sich seine Zigaretten, steckte sie an und trank dazu Mineralwasser mit Cognac.

František Šubert, *Moje vzpomínky* (Prag 1902), S. 108–113.

Anonymus

Im Dezember 1889 dirigierte Tschaikowsky an zwei aufeinander folgenden Tagen zwei Konzerte in St. Petersburg mit Werken seines einstigen Lehrers Anton Rubinstein, die Teil der Feierlichkeiten zum Goldenen Jubiläum von

Rubinsteins erstem Auftritt als Interpret waren. Ein Konzert schloß mit Rubinsteins geistlicher Oper *Der Turm zu Babel*, in der riesige Chöre mitwirkten. Dies bot, so scheint es, unüberwindliche Schwierigkeiten. Wie Alina Brjullowa, die in einem der Chöre mitsang, es ausdrückte, war die Aufführung »wahrhaftig ein Babel«. Der folgende Artikel, der in der Prager Zeitung »Novoe vremja« [»Neue Zeit«] erschien, war mit dem Pseudonym »b-Moll« gezeichnet. Die Identität von »b-Moll« ist nicht bekannt.

Ich gehörte zu einem der zahlreichen Chöre, die an dem Konzert mitwirkten. Zuerst probten die Chöre einzeln, dann wurde mehrere gemeinsame Proben anberaumt. Die erste Probe der versammelten Chöre fand im Schloß der Großherzogin Jekaterina Michailowna statt. Es war hier, daß ich Peter Iljitsch zum ersten Mal aus der Nähe sah.

Es war Abend. Gegen acht Uhr begannen die Chöre, die im *Turm zu Babel* mitzuwirken sich anschickten, sich zu versammeln. Nahezu alle russischen und deutschen Chöre, die es in Petersburg gab, waren anwesend, und wie man weiß, gibt es derer sehr viele. Man hörte fast ebenso viel deutsch wie russisch.

Ich weiß nicht mehr, wer mich zuerst auf den sympathischen und schon gänzlich ergrauten Kopf von Peter Iljitsch, der uns in einem der Schloßgemächer erwartete, hinwies. Unsere Chöre füllten den gesamten Saal, der für die Probe bereitgestellt war. Wir waren sechshundert. Es ging durchaus nicht ohne Schwierigkeiten vonstatten, als man uns der Reihe nach aufmarschieren ließ, währenddessen jeder Dirigent neben seinem Chor stand, um seinen jeweiligen Schützlingen, Amateure größtenteils, den Weg zu weisen. Endlich aber fanden alle ihren Platz. Die Männer standen, die Damen saßen. Unser Chor befand sich ganz vorn, unmittelbar vor dem Podium und dem Piano, so daß Peter Iljitsch die gesamte Zeit über in unserem Blickfeld war. Er bestieg das Pult und begann zu uns zu sprechen, wobei er sogleich eine überaus angenehme Einfachheit und Natürlichkeit an den Tag legte. Er gab das Tempo an, wie wir den ersten Satz des *Turms zu Babel* singen sollten, indem er die Worte des Komponisten selbst zitierte. Das Tempo erwies sich als sehr schnell; dabei ist der erste Satz des *Turms zu Babel* nichts geringeres als eine höchst kunstreiche Fuge, sehr gewagt und wirkungsvoll geschrieben. Wir alle verfielen in andächtiges Schweigen und schauten den Dirigenten erwartungsvoll an. Die ersten Akkorde der Begleitung und die Eingangsphrase

erklangen. Peter Iljitsch erhob den Taktstock, und fixierte uns mit dem ehrfurchtgebietenden Blick des Dirigenten. Die Maschine lief an, und die geballte Wucht all der Chöre erfüllte den Saal mit den Klängen dieser massigen, eindrucksvollen, vielstimmigen Fuge, welche die Menschenmenge beim Turmbau zu Babel darstellt.
Aber ach! Kaum hatten wir zehn Takte gesungen, da brach der Turm schon auf die aller schmählichste Weise zusammen. Der Archangelsky-Chor auf der einen, die Liedertafel auf der anderen Seite; hier die Tenöre, da die Bässe – mit einem Wort: ein wahrhaft babylonisches Babel! Peter Iljitsch begann mit dem Taktstock abzuschlagen; die Hälfte der Chöre verstummte wie durch Zauberhand, die andere Hälfte aber, die ganz hinten stand, wo sie den Dirigenten durch eine solche Masse von Menschen und Stimmen hindurch weder sehen noch hören konnte, gab den Eindruck einer unaufhaltsamen Lawine, die von oben herniederbrach. Daraufhin zog Peter Iljitsch alle Register, die ihm zur Verfügung standen; verzweifelt wedelte er mit den Armen, rief die wütenden chorischen Elemente zur Ordnung und bat uns, als sie endlich wirr verstummten, nochmals zu beginnen und dabei unbedingt aufmerksamer zu sein. Dieselbe Geschichte wiederholte sich mehrmals. Nach einer halben Stunde war Peter Iljitsch völlig verzweifelt. Es war offenkundig, daß er sich zu Anfang gleich gänzlich verausgabt hatte; keine Spur von Ruhe und Methode war zu sehen. Ganz im Gegenteil! Bereits zu Beginn der Probe war er schon rot im Gesicht; Schweißperlen tropften ihm von der Stirn. Seine gedrungene Gestalt krampfte sich noch mehr zusammen. Wie es schien, wollte er allein durch die schiere Anstrengung all seiner Kräfte jene unförmige träge Masse an Stimmen, die er zu dirigieren hatte, inspirieren… Zwar waren die Chöre einzeln gut vorbereitet und sangen nicht schlecht – aber laß sie diese Fuge aus unzähligen Stimmen erst gemeinsam singen und alle Einsätze bekommen und dazu noch in solch einem teuflischen Tempo!
»Aber meine Herrschaften, mich müssen Sie anschauen, nicht Ihre Noten«, rief Peter Iljitsch. »Wie soll ich anfangen, wenn Sie nicht zum Dirigenten sehen!« Er flehte uns auf russisch wie auf deutsch an und brachte uns schließlich dazu, wenigstens die halbe Fuge ohne Stolpern durchzusingen. Aber sei es, weil

wir fürchteten, irgend etwas falsch zu machen, sei es, daß einfach viele von der Grippe, die in der Stadt die Runde machte, heiser waren – wir sangen alle nur verhalten und fast leise.
»Aber warum denn so leise, meine Herrschaften! Hier müssen Sie fortissimo geben. Ihre volle Kraft ist gefordert! Taub müssen Sie mich machen, und ich kann Sie kaum hören!« klagte Peter Iljitsch. Besonders enttäuscht war er von den Altstimmen, die im letzten Satz des *Turms zu Babel* gesondert den Chor der Geister aus der Hölle bildeten. Die Dämonen waren aber eher schwach auf der Brust und verloren sich in der Masse der Stimmen.
Gequält von den widerspenstigen Elementen in den Chören, verlor Peter Iljitsch schließlich die Beherrschung. Er schrie uns an und schlug so heftig mit dem Taktstock um sich, daß dieser schließlich zerbrach und seine Splitter in einen der Chöre flogen. Doch waren all diese Ausbrüche von so außergewöhnlicher Güte und von so unermeßlicher russischer Sanftmut durchsetzt, daß man dem Dirigenten nicht böse sein konnte und dies um so mehr, als die Lage tatsächlich sehr schwierig war...
Die Proben mit Orchester und Solisten fanden im Saal der Adelsversammlung statt. Wir waren auf der Bühne aufgebaut wie Krieger vor der Schlacht. Kaum hatte Peter Iljitsch sein Pult betreten, da rief er halblaut: »Wassilij!« Ein Gehilfe erschien und begann, indem er an der Seite einen Hubmechanismus mit einer Kurbel betätigte, Peter Iljitsch über die Köpfe der Menge zu erheben. Als Peter Iljitsch hoch genug war, gab er dem Orchester ein Zeichen – und der Spaß fing an. Die Chöre zeigten sich jetzt genügend exerziert, und mit dem Orchester zusammen fiel das Singen viel leichter. Das Orchester jedoch, gewohnt, ohne Chor zu spielen, geriet durcheinander, und wir kamen mit unserem Einsatz nach den Solisten zu spät. Mal fehlten die Bässe, mal die Tenöre, und mal verdarben die Pauken alles...
»Kann man so dumm sein!« schrie Peter Iljitsch auf deutsch, indem er, völlig die Geduld verlierend, sich an die Deutschen wandte. »Das ist doch der Tenoreinsatz – wir müssen die Stelle nochmals wiederholen«, sagte er zu Herrn Michailow. Herr Michailow sang ein zweites Mal; wiederum verpaßte der Chor den Einsatz.

»Hören Sie zu, meine Herren. Ich singe es Ihnen vor«, sagte Peter Iljitsch und hob an, mit völlig klarer, doch gänzlich unmusikalischer Stimme zu singen. Er sang das gesamte Rezitativ brav durch, wobei er in der Hoffnung auf Erfolg alle Töne überdeutlich in die Länge zog. Doch was half es ihm? Der Chor setzte wiederum nicht richtig ein.
»Was ist denn los mit Ihnen, meine Herren?« rief Peter Iljitsch voller Enttäuschung. »Jetzt habe ich es Ihnen eigens mit meiner fürchterlichen Stimme vollständig vorgesungen, und wieder kommen Sie zu spät!«
Und so fort. Auf diese Weise maßregelte uns Peter Iljitsch, wenn wir Fehler machten – doch hinterher war er auch schnell mit Lob zur Hand, sobald es besser ging.
»Bitte, meine Herren, geht es nicht ein wenig leiser?« Er wandte sich ans Orchester: »So können wir doch kaum seine wunderbare Stimme hören.« Dieses Kompliment galt dem Tenor Michailow.
Zum Schluß ging alles gut. Auf der letzten Probe sangen wir gut, beim Konzert noch besser. Aber es war Peter Iljitsch, der sich mit uns solche Mühe gegeben hatte. Sein sanftes Gemüt, sein wohlmeinendes Schelten und überhaupt die Art, wie er sowohl Tadel als auch Ermunterung erteilte, eroberten ihm das Herz eines jeden Chorsängers im *Turm zu Babel.*

Anonymus, in: »Novoe vremja« (1893), Nr. 6355, abgedruckt in PVC4, S. 227ff.

Isaak Matkowsky
(1862–1940)

Isaak Matkowsky hatte am Moskauer Konservatorium Klavier studiert. Er wirkte in einem Konzert mit, das Tschaikowsky 1890 bei seinem letzten Besuch in Tiflis dirigierte.

Als ich die Orchesterproben vor dem Konzert besuchte, stellte ich befriedigt fest, daß Tschaikowsky nicht nur liebenswürdig und feinfühlig, nicht nur sanft und umgänglich, sondern auch streng und hartnäckig sein konnte. Er gab sich nicht zufrieden, bis er beim Orchester die erwünschten Nuancierungen erlangt hatte. Bei dem Konzert selbst erkannte ich unser Opernorchester nicht wieder. Die einst weitverbreitete Ansicht, daß Tschaikowsky ein schwacher Dirigent sei, ist grundlegend verfehlt. Das Konzert ging mit beispiellosem Erfolg vonstatten.

Isaak Matkowsky, *Nezabyvaemoe* [*Ein unvergeßliches Erlebnis*]; in: »Ogonek« [»Flamme«], (1940) Nr. 12, abgedruckt in PVC4, S. 403.

Michail Ippolitow-Iwanow

(Siehe Seite 125)

Das Folgende bezieht sich ebenfalls auf das oben genannte Konzert.

Schon Tage vor dem Konzert hatte Peter Iljitsch begonnen, seine Nerven aufzureiben und insbesondere am Tage des Konzertes selbst [war er sehr aufgeregt]. Wir versuchten auf alle erdenkliche Weise, ihn zu zerstreuen, entführten ihn in den Botanischen Garten, wo er mit Vorliebe Spaziergänge unternahm, zeigten ihm dann den Riesen in einer der Jahrmarktbuden und unternahmen am Ende gar eine Karussellfahrt, was ihn sehr erheiterte. Danach brachten wir ihn vor dem Konzert nach Hause und legten ihn zu Bett. Am Abend war er heiter und fröhlich; er beklagte allein, daß er seine [Erste] Suite komplett vergessen habe und daß er nicht mehr wisse, wie die Einleitung zur Fuge beginne. All dies war jedoch pure Einbildung. Er dirigierte die Fuge hervorragend aus dem Gedächtnis, ohne auch nur einmal auf seine Partitur zu blicken.

Michail Ippolitow-Iwanow, IRM; abgedruckt in PVC4, S. 235.

Frederic Lamond

(1868–1948)

Frederic Lamond war ein schottischer Pianist, der bei Hans von Bülow und Franz Liszt studiert hatte.

Ein denkwürdiges Erlebnis hatte ich im Zusammenhang mit dem Valse im langsamen Satz des Klavierkonzerts in b-Moll. Tschaikowsky nahm ihn ziemlich schnell, doch nur gerade so schnell, daß der Solist die Verzierungen noch deutlich und im pianissimo auszuführen vermochte. Die Streicher ließ er lediglich mit halbem Bogen, die Holzbläser äußerst zurückhaltend spielen, ohne jedoch dabei das Tempo auch nur im geringsten zu verändern – die Wirkung war ein Wunder. Manch ein berühmter, ja hochberühmter Dirigent nimmt dieses Mittelstück in solch einem atemberaubenden Tempo, daß er damit, ehe es überhaupt begonnen hat, schon fertig ist. Und Pianisten machen aus diesem zarten, kostbaren Gebilde zuweilen einen deutschen Walzer – schändlich anzuhören! Beide Auffassungen sind völlig falsch! Zweimal habe ich diesem Werk unter Leitung des Komponisten gelauscht und daher kann ich es bezeugen.

Frederic Lamond, *The Memoirs of Frederic Lamond*, (Glasgow 1949), S. 94.

Walter Damrosch
(1862–1950)

1891 reiste Tschaikowsky in die USA, um dort anläßlich der Einweihung der neuen Carnegie Hall Konzerte zu leiten. Der Dirigent Walter Damrosch war damals Leiter der Oratorio und der Symphony Society in New York.

Walter Damrosch

Er war kein Dirigent von Beruf, und so waren ihm die technische Seite der Sache, die Proben und Konzerte außerordentlich ermüdend. Doch er wußte, was er wollte, und die Ausstrahlung, die von ihm ausging, war so einnehmend und bezwingend, daß alle Ausführenden sich mit doppeltem Eifer mühten, seine Intentionen zu erahnen und sie umzusetzen. Die Aufführung seiner Dritten Suite beispielsweise, die er leitete, war bewunderungswürdig, obgleich das Werk teilweise sehr schwer ist. Und da er im Grunde der erste der großen Komponisten unserer Zeit war, der Amerika besuchte, wurde er von der Öffentlichkeit mit großem Jubel empfangen...

Walter Damrosch, *My Musical Life* (New York 1923), S. 143f.

Ippolit Prjanischnikow
(1847–1921)

Ippolit Prjanischnikow gab 1880 die Partie des Lionel in Tschaikowskys *Die Jungfrau von Orleans* sowie 1884 die Titelpartie bei der Petersburger Aufführung von *Mazeppa*. 1889 gründete er in Kiew ein Opernensemble, das als Kooperative organisiert war. Tschaikowsky war von seiner Initiative wie auch von deren Ergebnissen sehr angetan, und als das Ensemble im Mai 1892 ein kurzes Gastspiel in Moskau gab, bot er sich als Dirigent an; er leitete Aufführungen von Rubinsteins *Der Dämon*, Gounods *Faust* sowie seiner eigenen Oper *Eugen Onegin*.

In so bekannten und viel gespielten Opern wie *Der Dämon* oder *Faust* gelang es ihm, noch neue und in höchstem Grade künstlerische Schattierungen zu entdecken. Wenn die Neuartigkeit solcher Nuancen bemerkt wurde, gab er stets zur Antwort: »Womöglich ist man sonst der Ansicht, daß sie anders gespielt werden sollte, aber ich empfinde diese Stelle eben so.« Hier ist es angebracht, eine Eigenart zu nennen, nämlich daß Peter Iljitsch alle Proben und Aufführungen im Stehen leitete, so daß das Dirigentenpodest für ihn tiefergestellt werden mußte; er bat sogar darum, den Hocker gänzlich zu entfernen. Dies erklärte er mit seiner Angewohnheit, [stehend] zu dirigieren, denn wenn er sich erst auf einem Orchesterstuhl niederlasse, fühle er sich dort so wohl, daß er gewiß alle Fähigkeit verliere, sich wirklich hinreißen zu lassen und sich seiner Aufgabe ganz zu widmen.

Ich entsinne mich einer Begebenheit, die sich während einer unserer Vorstellungen zutrug; und obgleich es Peter Iljitschs musikalische Tätigkeit in keiner Weise berührt, ist es doch aufschlußreich, weil es seine Ruhe und Gelassenheit im Augenblick der Gefahr zeigt.
Zur Erklärung muß ich vorausschicken, daß im Schelaputin-Theater [in Moskau] der einzige und winzige Ausgang vom Orchestergraben (und dazu unter der Bühne) so ungünstig gebaut war, daß im Falle eines Brandes die bei weitem größte Gefahr für die Orchestermusiker und den Dirigenten drohte, da sie kaum zu fliehen vermocht hätten. Wie es der Zufall wollte, verbreitete sich bei einer der Vorstellungen, in denen Tschaikowsky mitwirkte, im dritten Akt von Gounods *Faust*, im restlos gefüllten Saal ein leichter Brandgeruch. Zunächst blieben die Zuschauer, wenn sie auch besorgt umherblickten, ruhig auf ihren Plätzen; doch leider erhoben sich dann in der ersten Reihe zwei Herren und machten sich leise, aber hastig auf den Weg zum Ausgang. Andere folgten ihrem Beispiel, bis das gesamte Parkett unruhig wurde. Plötzlich rief jemand »Feuer!« – woraufhin das gesamte Publikum aufsprang und voller Panik zu den Türen stürzte. Während es mir von der Bühne aus gelang, alle zu beruhigen und zu erklären, daß es nirgends brenne und daß man nicht wisse, woher dieser rein zufällige Brandgeruch komme, und während Publikum und Orchester sich wieder auf den Plätzen niederließen, verging eine geraume Zeit. In all der Panik hatte Peter Iljitsch seinen Platz nicht verlassen, sondern stand zum Saal gewandt mit verschränkten Armen da und wartete, bis die Aufregung sich legte und ich ihm das Zeichen geben konnte, mit der Vorstellung fortzufahren.

Ippolit Prjanischnikow, Erinnerungen; in: RMGa (1918), Nr. 9, abgedruckt in PVC4, S. 256f.

Leonid Nikolajew
(1878–1942)

Leonid Nikolajew war Pianist und Komponist und wurde 1909 als Professor ans St. Petersburger Konservatorium berufen. Er erinnert sich hier an ein Konzert mit Tschaikowsky, das 1892 in Kiew stattfand. Nikolajew war damals erst dreizehn Jahre alt.

Beim Dirigieren wurde Peter Iljitsch gewöhnlich sehr aufgeregt und verwirrt. Als er in Kiew dirigierte, stampfte er aufgrund seiner Erregung zuweilen unwillkürlich mit dem Fuß auf, aber nicht im Takt, was die Cellisten, die zu seinen Füßen saßen, einigermaßen durcheinander brachte.

Leonid Nikolajew, Erinnerungen; in: PVC4, S. 263f.

Isaak Bukinik
(1867–1942)

Isaak Bukinik war Geiger und Begründer der Musikschule in Charkow. Bei dem Konzert, das Tschaikowsky im März 1893 in Charkow dirigierte, war Bukinik Zweiter Konzertmeister. Tschaikowsky wurde am Bahnhof von einer Menge Bewunderer begrüßt.

Niemals sah ich einen so prächtigen Empfang. Gekommen waren Mitglieder des Musikvereins, darunter Ilja Slatin, der Direktor, gekommen waren auch Lehrer und Schüler der neuen Musikschule, und unter denen, die ich traf, waren musikbegeisterte Studenten und andere Bewunderer des großen Komponisten. Sobald der Zug eingefahren war, bestiegen Slatin und der Lehrer Konstantin Gorsky den Waggon, um zusammen mit Peter Iljitsch sogleich wieder auf dem Bahnsteig zu erscheinen. Alle Versammelten begrüßten unseren erlesenen Gast mit lautem Beifall. Er wurde mit frischen Blumen überschüttet. Alle drängten sich nach vorn, um ihn besser zu sehen oder ihm die Hand zu drücken. Er aber war, so schien es, verlegen und verwirrt, reichte dem vor ihm Stehenden die Hand und bewegte sich langsam zum Ausgang, von der Menge umringt.
Vor dem Bahnhof warteten Kutschen. Peter Iljitsch nahm in einer Kutsche zwischen Slatin und Gorksy Platz. Die Menge aber, immer noch jubelnd, umringte sie und ließ sie lange Zeit nicht gehen. Von Slatin wußte ich, daß sie direkt ins Hotel Europa fahren und in zwei Stunden mit Peter Iljitsch zur Probe kommen würden; er hatte mich gebeten, dafür Sorge zu tragen, daß das Orchester dann auf seinem Platze sei. Die Zusammensetzung des Orchester, das in dem bevorstehenden Konzert spielen sollte, war sehr ungewöhnlich. Nie zuvor war in Charkow ein Orchester aus mehr als vierzig oder fünfundvier-

zig Musikern aufgetreten. Diesmal war es auf siebzig Personen erweitert worden. Es bestand aus Opernmusikern, Lehrern der Musikschule, Absolventen der Musikschule, die aus anderen Städten eingeladen worden waren, sowie aus den besten Schülern der Musikschule… Außer dem Orchester befand sich auch ein Chor aus allen Schülern der Musikschule im Saal.
Gegen ein Uhr lief jemand in den Saal und rief: »Sie kommen, sie kommen – sie sind da!«
Augenblicklich setzten wir uns an unsere Plätze, nahmen jeder unser Instrument zur Hand und wurden fast starr vor Erwartung…
Peter Iljitsch und Slatin erschienen im Eingang. Tschaikowsky war von mittlerem Wuchs, gänzlich ergraut, sehr elegant in einem braunen Anzug nach französischem Schnitt gekleidet. Noch in der Tür verbeugte er sich und schritt dann eilends auf das Orchester zu. Alle erhoben sich. Orchester und Chor bereiteten unserem kostbaren Gast einen musikalischen Empfang. Sie spielten die »Slawa« aus seiner Oper *Mazeppa.*
Nach dieser Begrüßung bestieg Tschaikowsky das Podium und wandte sich ans Orchester: »Gestatten Sie, daß ich mich vorstelle – Peter Iljitsch Tschaikowsky.«
Chor und Orchester spendeten wiederum herzlichen Beifall.
Sobald es still geworden war, reichte Peter Iljitsch mir die Hand und fragte, wieviele erste Geigen da seien. Ich erwiderte sechzehn. Wieviele zweite Geigen? Zwölf. Wieviele Bratschen? Acht. Wieviele Celli? Acht. Wieviele Kontrabässe? Sechs.
Auf diese Weise mit der Zusammensetzung des Orchesters vertraut gemacht, schien Peter Iljitsch zufrieden gestellt. Er nahm seinen Taktstock und sagte: »Nun, dann wollen wir proben.«
Die ganze Aufmerksamkeit des Orchesters war auf den Dirigenten gerichtet. Ich weiß noch, wie entsetzt wir alle über Peter Iljitschs Art zu dirigieren waren. Er hielt den Taktstock nicht wie die meisten Dirigenten mit den Fingern, sondern umfaßte ihn fest mit seiner Faust. Er hob ihn hoch über den Kopf, ließ ihn beim ersten Taktschlag abrupt niedergehen, zog ihn beim zweiten an die linke Schulter, beim dritten an die rechte und hob ihn beim vierten wieder nach oben. Diese Art des Dirigierens war keinem der Musiker vertraut. Alle schauten sich verstohlen an, doch das Gefühl, daß der Komponist hier schließ-

lich sein eigenes Stück, das wir zu spielen uns anschickten, dirigierte, ließ uns alle schnell die erste Befangenheit ablegen. Wir gaben unser Bestes – und zum Ende der Probe hatten wir uns bereits an Peter Iljitschs eigentümliche Dirigierweise gewöhnt.

Wir probten Peter Iljitschs zweite Symphonie. Die Musiker ließen sich so hinreißen, daß sie nicht bemerkten, wie aufmerksam Peter Iljitsch unablässig jeden Mitwirkenden anhörte und beobachtete und dabei die ganze Zeit das zufriedene Lächeln in seiner Miene nicht verlor. Ich erinnere mich noch, wie Peter Iljitsch, als das Erste Horn das Hauptthema intonierte, dem Hornisten besondere Aufmerksamkeit widmete. Er spielte seinen Part so inspiriert, daß Peter Iljitsch förmlich strahlte und ihm dankbar zunickte. Während der ersten Probenpause trat er auf den Hornisten zu, reichte ihm die Hand und äußerte sich hoch erfreut über sein Spiel. Es entspann sich ein freundliches Gespräch…

Nach der Pause probten wir die Phantasie-Ouvertüre *Der Sturm* (nach Shakespeare). Die Probe währte über drei Stunden. Als sie vorüber war, dankte Peter Iljitsch dem Orchester, und alle waren von der überaus verbindlichen Art des Komponisten gänzlich eingenommen…

Das lang erwartete Konzert fand schließlich am 26. März 1893 um zwei Uhr im Saal der Adelsversammlung statt. Es war ein wahres Fest. Saal und Bühne waren mit frischen Blumen und tropischen Pflanzen geschmückt. Auf dem Podium konnte man kaum mehr laufen, denn nur mit größter Mühe war es gelungen, ein doppelt so großes Orchester als üblich und dazu den Opernchor darauf unterzubringen. Wir waren so aufgereget, daß wir geraume Zeit brauchten, bis sich unsere Gemüter beruhigt und wir uns gesammelt und auf das bevorstehende Konzert entsprechend vorbereitet hatten. Auch ich erwartete den Konzertbeginn mit innerer Unruhe. Es begann auf ungewöhnliche Weise, mit einer ungewöhnlichen Zeremonie. In Frack und weißem Binder betrat Tschaikowsky unbemerkt die Bühne und wollte sich bescheiden auf seinen Platz stehlen. Die Zuschauer aber bemerkten ihn noch vor dem Orchester. Sie applaudierten, riefen: »Hurra! Bravo! Der große Komponist sei gegrüßt! Unser Gast sei gegrüßt!« Und jedermann klatschte und klatschte. Das Orchester (stehend) und der Chor gaben die »Slawa« aus dem ersten [tatsächlich: letzten] Akt von *Mazeppa*.

Der Jubel des Publikums riß auch nach der »Slawa« nicht ab. Der gesamte Saal und die Bühne wandten sich Peter Iljitsch zu, der neben seinem Pult stand, ein wenig blaß an einem Stuhl lehnte und starr geradeaus blickte. Mehrmals verbeugte er sich, was den Applaus noch steigerte. Schließlich bestieg er das Pult, der Saal verstummte, wir machten uns bereit. Doch wie es schien, sollte das Konzert noch lange nicht beginnen. Plötzlich bestieg Welitschenko, ein Mitglied des Musikvereins, die Bühne und hielt im Namen der Leitung des Musikvereins eine kurze Ansprache für Peter Iljitsch. Publikum, Chor und Orchester erhoben sich, um die Ansprache zu vernehmen …

Nach diesem Grußwort an Peter Iljitsch brach das Publikum erneut in unbändigen Jubel aus. Als Welitschenko das Podium verlassen hatte, wurde sein Platz sogleich von einem anderen Mitglied des Musikvereins eingenommen, das Peter Iljitsch einen Kranz überreichte, gestiftet von den Vereinsmitgliedern. Sodann erhielt er einen Silberkranz von Bewunderern, einen Silberkranz vom Opernensemble, einen Kranz von der Zeitung »Juschnij Kraj« [»Die Südliche Region«], einen Kranz vom Kollegium der Musikschule; die Schüler der Musikschule überreichten wunderbare Blumensträuße. Während dieser ganzen Zeit spendete das Publikum lautstarken Applaus; der Jubelsturm wollte nicht enden.

Auch das ganze Konzert hindurch setzten sich die Ovationen fort und erreichten nach dem Ende der *Ouvertüre 1812* ihren Höhepunkt. Bei der letzten Probe schon war diese Ouvertüre gut gelungen und klang jetzt im Konzert sogar noch besser. Die Ausführenden waren ganz eins mit dem Dirigenten. Ich erinnere mich noch, daß diese allumfassende Begeisterung schließlich zu einem außergewöhnlichen Vorfall führte. Das Konzert war längst vorüber; Peter Iljitsch hatte sein Pult verlassen und verbeugte sich, während irgendwo im Hintergrund Glocken geschlagen wurden. Schon strömte das Publikum zur Bühne. Alle waren in glücklicher, ausgelassener Stimmung. Die Glocken klangen weiter mit voller Kraft. Mehrmals zuckte Peter Iljitsch zusammen und sagte schließlich: »Warum hören diese Glocken denn nicht auf? Bereitet man schon mein Begräbnis vor?«

Und da ich ihm am nächsten saß, wandte Peter Iljitsch sich an mich: »Wer immer dafür verantwortlich ist – kann niemand diesen Lärm zum Schweigen bringen? Er peinigt mich.«
Ich lief sogleich dorthin, wo die Röhrenglocken aufgestellt waren. Wie es schien, hatte Slatin einen der Schüler aus der Gesangsklasse der Musikschule zum Schlagen der Glocken beauftragt, einen ziemlich großen, kerngesunden Burschen und eifrigen Musikliebhaber. Er befand sich hier mehrere Räume vom Orchester entfernt. Wegen der lautstarken Ovationen hatte er nicht hören können, daß das Orchester schon gar nicht mehr spielte und daß das Konzert längst vorüber war. Und so schlug er immer weiter, auch als ich schon eintraf. Sobald die Glocken zum Schweigen gebracht waren, war Peter Iljitsch wieder ganz der Alte, ließ sich von der allgemeinen Stimmung mitreißen, verbeugte sich in alle Richtungen, ließ das Orchester sich erheben, damit es auch den Applaus entgegennehme... Einige der jungen Leute im Publikum und Schüler der Musikschule stürmten auf die Bühne, setzten Peter Iljitsch auf einen Sessel und trugen ihn unter Jubel und Beifall durch den ganzen Saal. Die Mitglieder des Musikvereins mit Slatin an der Spitze brachten Peter Iljitsch zur Kutsche und fuhren mit ihm in Frack und Binder zum Photographieren davon.

Isaak Bukinik, Erinnerungen; in: PVC4, S. 291ff., 296ff.

VIII
Drei Komponisten

Am 31. Dezember 1887 kam Tschaikowsky für seinen allerersten Auftritt als Dirigent außerhalb Rußlands nach Leipzig. Am folgenden Neujahrstag fand, ganz unvorhergesehen, eine historische Begegnung statt.

Madame A. Brodsky
(Daten unbekannt)

Madame Brodsky war die Frau des Geigers Adolf Brodsky (1851–1929), der 1881 Tschaikowskys Violinkonzert bei der Uraufführung spielte. Seit 1880 hatte Brodsky die Professur für Violine am Leipziger Konservatorium inne. 1895 ließ er sich in Manchester nieder, wo er Senior Violin Professor am Royal Manchester College of Music wurde.

Im Winter 1887 lud das [Leipziger] Gewandhaus Tschaikowsky ein, einige seiner Kompositionen zu dirigieren. Da er ähnliche Einladungen auch in andere deutsche Städte erhalten hatte, entschloß er sich anzunehmen, und kam so zum ersten Male ins Ausland, um seine eigenen Werke zu leiten. Heiligabend kam er in Leipzig an. [Madame Brodsky meint hier den Heiligen Abend der Russisch Orthodoxen Kirche, d. h. den 5. Januar 1888. Tatsächlich war Tschaikowsky schon früher in Leipzig eingetroffen, nämlich am letzten Tag des Jahres 1887, und seine erste Begegnung mit den Brodskys hatte sich an jenem Abend ereignet.] Es war ein kalter und frostiger Abend und alles war dick verschneit. Mein Gatte ging zum Bahnhof, um Tschaikowsky zu empfangen, und meine Schwester Olga und ihr kleiner Sohn, die gerade bei uns zu Gast waren, halfen, den Weihnachtsbaum zu behängen. Bis zu Tschaikowskys Ankunft sollte er vollständig geschmückt sein und so prächtig wie nur möglich aussehen, um den Gast willkommen zu heißen. Als wir die Kerzen anzündeten, hörten wir das Geräusch eines Schlittens, und bald darauf trat Tschaikowsky, gefolgt von Ziloti und meinem Gatten, ein.

Ich hatte ihn zuvor noch nie gesehen. Der Anblick des Weihnachtsbaumes oder auch unsere russische Begrüßung schienen ihm in hohem Maße zu gefallen, denn seine Miene erstrahlte mit einem freudigen Lächeln, und er begrüßte uns, als ob er uns seit Jahren kannte. In seiner Erscheinung lag nichts Auffallendes oder Künstlerisches, jedoch tat alles an ihm – der Ausdruck seiner blauen Augen, seine Stimme und insbesondere sein Lächeln – eine große Liebenswürdigkeit kund. Ich habe niemals einen Menschen gekannt, der solch eine herz-

liche Atmosphäre verbreitete wie Tschaikowsky. Noch keine Stunde hatte er in unserm Hause verweilt, als wir schon vergaßen, daß er ein so großer Komponist war. Wir sprachen mit ihm ohne jeden Vorbehalt über äußerst vertraute Angelegenheiten und hatten das Gefühl, daß er unser Zutrauen genoß.
Das Abendessen verging in angeregter Unterhaltung, und Tschaikowsky blieb ungeachtet der Strapazen seiner Reise noch sehr lang bei uns, bevor er in sein Hotel zurückkehrte. Er versprach, uns zu besuchen, wann immer ihm der Sinn danach stünde, und er hielt sein Wort.
Einer seiner vielen Besuche blieb besonders denkwürdig. Dieser begab sich am Neujahrstag. Wir luden Tschaikowsky zum Essen ein, verschwiegen ihm jedoch, da wir um seine Scheu Fremden gegenüber wußten, daß noch weitere Gäste anwesend sein würden. Brahms wollte an jenem Vormittag in unserem Hause eine Probe seines [c-Moll] Trios abhalten mit Klengel und A[dolf] B[rodsky], denn für den folgenden Tag war ein Konzert angesetzt. Brahms hatte vor, nach der Probe auf ein frühes Mahl zu bleiben. Inmitten der Proben hörte ich die Türglocke, und da ich ahnte, daß es Tschaikowsky sein müsse, eilte ich ihm zu öffnen. Der Klang der Musik setzte ihn sogleich in Erstaunen; er fragte, wer denn anwesend sei und was gespielt werde. Ich führte ihn in das angrenzende Zimmer und versuchte, ihn behutsam auf Brahms' Anwesenheit vorzubereiten. Während wir so sprachen, pausierte die Musik. Ich bat ihn einzutreten, doch er war nervlich zu angespannt, also öffnete ich die Tür und rief leise meinen Gatten. Er nahm Tschaikowsky mit sich, und ich folgte ihnen.
Tschaikowsky und Brahms waren sich noch nie begegnet. Es dürfte schwerfallen, zwei Menschen zu finden, die sich unähnlicher sind. Tschaikowsky hatte etwas Elegantes und Kultiviertes in seinem gesamten Verhalten und war von ausgesuchter Höflichkeit. Brahms hingegen, von kleinem, eher untersetztem Wuchs und mit mächtigem Schädel, war ein Ausbund an Energie und Stärke und erklärtermaßen ein Feind aller sogenannten »guten Manieren«. Sein Gesichtsausdruck war häufig leicht sarkastisch. Als A.B. sie einander vorstellte, sagte Tschaikowsky mit seiner sanften, melodischen Stimme: »Störe ich Sie auch nicht?«

»Nicht im geringsten«, gab Brahms mit seiner charakteristischen rauhen Stimme zur Antwort. »Aber warum wollen Sie sich dies anhören? Es ist gänzlich uninteressant.«
Tschaikowsky setzte sich und hörte aufmerksam zu. Wie er uns später erzählte, beeindruckte ihn die Persönlichkeit von Brahms sehr, an der Musik fand er jedoch keinen Gefallen. Als das Trio beendet war, bemerkte ich, daß es Tschaikowsky unbehaglich zu sein schien. Es war nur natürlich, daß er sich nun äußern sollte, doch war er nicht der Mensch, der nichtssagende Koplimente verteilt. Die Situation hätte schwierig werden können, aber in diesem Moment tat sich die Tür weit auf und herein kamen unsere lieben Freunde, Grieg und seine Frau, die, wie immer, eine sonnige Stimmung verbreiteten. Brahms kannten sie, Tschaikowsky aber waren sie noch nie begegnet. Letzterer liebte Griegs Musik und fühlte sich sofort zu den beiden bezaubernden Menschen hingezogen – reich an Lebendigkeit, Begeisterungsfähigkeit und Ungezwungenheit, wie sie waren, und dabei doch von einer solchen Einfachheit, daß jedermann sich wohl fühlte. Mit seinem empfindsamen und empfindlichen Wesen verstand sich Tschaikowsky sofort mit ihnen. Nach der allgemeinen Bekanntmachung und Begrüßung begaben wir uns in das Speisezimmer. Nina Grieg wurde der Platz zwischen Brahms und Tschaikowsky zugewiesen, doch saßen wir lediglich ein paar Minuten zu Tisch, als sie von ihrem Platz emporfuhr: »Ich kann unmöglich zwischen diesen beiden sitzen bleiben. Es macht mich ganz nervös.«
Grieg sprang auf und sagte: »Ich wage es!« und tauschte mit seiner Frau die Plätze. So kam es, daß die drei Komponisten beisammen saßen, und alle waren guter Dinge. Ich sehe noch Brahms vor mir, wie er nach einem Schälchen mit Erdbeermarmelade greift und verkündet, daß dies alles für ihn sei und niemand etwas abhaben könne. Es wirkte eher wie ein Kinderfest als wie die Zusammenkunft großer Komponisten. Mein Gatte spürte eben dies so stark, daß er, als das Essen vorüber war und unsere Gäste noch bei Zigarre und Kaffee zu Tische saßen, einen Zauberkasten – das Weihnachtsgeschenk für meinen kleinen Neffen – hervorholte und Zauberkunststücke vorzuführen begann. Alle unsere Gäste fanden Gefallen daran, besonders aber Brahms, der von A. B. für jedes Kunststück, sobald es vorgeführt war, die Erklärung verlangte.

Johannes Brahms (links) und Edvard Grieg, mit denen Tschaikowsky zum Jahreswechsel 1887/88 in Leipzig zusammentraf

Es tat uns aufrichtig leid, als unsere Gäste gehen mußten. Tschaikowsky blieb bis zuletzt, und als wir ihn ein Stück auf seinem Weg begleiteten, fragte A B., wie ihm das Trio von Brahms gefallen habe.

»Seien Sie mir nicht böse, mein teurer Freund«, war Tschaikowskys Antwort, »aber ich mochte es nicht«.

A. B. war enttäuscht, hatte er doch die Hoffnung gehegt, daß eine Aufführung des Trios, in dem Brahms selbst mitwirkte, einen besonderen Eindruck hinterlassen und Tschaikowskys Augen für die Vortrefflichkeit der Brahms'schen Musik insgesamt öffnen würde. Bisher hatte Tschaikowsky nur selten Gelegenheit gehabt, diese zu hören, und dies mochte womöglich ein Grund dafür sein, daß sie ihn so wenig berührte.

Bei Tschaikowskys häufigen Besuchen in Leipzig erlebten wir ihn in jedmöglichem Gemütszustand, in allen seinen Höhen und Tiefen, und gewannen ihn immer lieber, je besser wir ihn kennenlernten.

Da er ein außerordentlich reizbares Wesen hatte, verfiel er ungemein schnell von einer Gemütslage in die andere. An einen Abend erinnere ich mich noch gut. Es war der Vorabend seines Debüts in Leipzig. A. B. war nicht zugegen, da er in Köln spielte. Meine Schwester Olga und ich hatten unser Abendessen schon seit einer Weile beendet, als uns Tschaikowsky, sich für die späte Stunde entschuldigend, plötzlich aufsuchte. Sein trauriger Gesichtsausdruck traf uns zutiefst, und wir dachten, daß er schlechte Nachrichten erhalten habe. Ohne Fragen zu stellen, hießen wir ihn herzlich willkommen und taten unser Möglichstes, ihn aufzuheitern. Dies gelang uns bald, und er erzählte, daß der Gedanke an das morgige Konzert ihn zutiefst bedrücke und daß er, wenn er nur könnte, alle seine Verpflichtungen am liebsten aufgeben und sofort nach Rußland zurückkehren würde.

Diese Art von Aufregung gab es öfter, als er ertragen konnte. Sie versetzte ihn jedesmal in Stimmungen schrecklicher Schwermut, in denen er den Tod in Gestalt einer alten Frau zu sehen glaubte, die hinter seinem Stuhl stand und auf ihn wartete. Tschaikowsky sprach häufig vom Tod, und noch häufiger dachte er an ihn.

Er war dem Leben sehr verbunden und liebte viele Dinge mit Leidenschaft: Menschen, die er kannte, die Schönheit der Natur und Kunstwerke. Er hatte keinen festen Glauben an ein künftiges Leben und konnte sich niemals mit dem Gedanken versöhnen, daß er alles, was ihm lieb und schön war, dereinst zurücklassen würde …

Dann und wann schickte Tschaikowsky uns ein Telegramm aus Berlin oder irgendeiner anderen Stadt, wo er gerade weilte, das stets lautete: »Komme Sie besuchen. Bitte geheimhalten.« Wir wußten sehr wohl, was dies bedeutete: Er war müde, hatte Heimweh und sehnte sich nach Freunden. Einmal kam Tschaikowsky nach einem solchen Telegramm gerade rechtzeitig zum Essen. Zunächst hatten wir ihn ganz für uns, nach Tisch jedoch, als er im Musikzimmer saß, den Kopf, wie es seine Gewohnheit war, auf die Hand gestützt, traten die Mitglieder des Brodsky-Quartetts leise ins Zimmer und brachten ihre Instrumente mit, wie wir es zuvor verabredet hatten. Still setzten sie sich und spielten Tschaikowskys eigenes Streichquartett Nr. 3, das sie gerade für ein Konzert sorgfältig vorbereitet hatten. Wie groß war Tschaikowskys Freude! Ich sah Tränen über seine Wangen rollen, während er zuhörte, und hernach ging er von einem Musiker zum anderen und versicherte immer wie-

der seine Dankbarkeit für diese glückliche Stunde, die sie ihm geschenkt. Dann wandte er sich an Brodsky und sagte in seiner unschuldigen Art: »Ich wußte nicht, daß ich ein solch vorzügliches Quartett komponiert habe. Ich habe das Finale bisher nie gemocht, aber nun sehe ich, daß es wahrlich gut ist.« Diesmal tadelte er uns nicht, daß wir seinen Wunsch, inkognito zu bleiben, nicht respektiert hatten.
Er schätzte es sehr, die Griegs in unserem Hause zu treffen, und weil wir darum wußten, arrangierten wir dies so oft wie möglich. Nach Tisch wurde üblicherweise musiziert. Madame Grieg sang einige der schönen Lieder ihres Gatten, und er selbst begleitete sie am Klavier. Sie sang stets mit großer Anteilnahme und bewegte uns zutiefst. Es war ein großes Vergnügen, ihr zuzuhören, und Tschaikowsky drückte jedesmal aufs neue seine Freude aus.
Die Komponisten wurden bald vertraute Freunde. Als Zeichen seiner großen Wertschätzung widmete Tschaikowsky Grieg seine [Phantasie-] Ouvertüre zu *Hamlet*, eine Anerkennung, die Grieg in hohem Maße zu würdigen wußte.

Madame A. Brodsky, *Recollections of a Russian Home*, London/ Manchester, 1904, S. 153–167.

IX
Tschaikowsky in Gesellschaft: Begegnungen

Kaum ein Komponist pflegte ein engeres Verhältnis zur Öffentlichkeit als Tschaikowsky. Die Zuneigung, die ihm überall entgegengebracht wurde, war unter Musikerkollegen ebenso groß wie beim allgemeinen Publikum. Zwar war es deutlich die Anziehungskraft seiner Musik, die den Weg dazu bereitete, doch setzten die öffentlichen Huldigungen erst ein, nachdem er 1887 mit der Leitung der ersten Aufführungen von *Tscherewitschky* seine Dirigentenlaufbahn begonnen hatte. Danach wurde es zunehmend unmöglich für ihn, bei Aufführungen seiner Werke zu erscheinen, ohne vom Publikum ekstatisch gefeiert zu werden. Obwohl sein Bestreben, mehr Menschen mehr Gelegenheit zum Hören von Orchestermusik zu verschaffen, in manchen etablierten und elitären Musikerkreisen für Feindseligkeiten sorgte, brachte es ihm doch die Verehrung derer ein, die von seiner Initiative profitierten. Und auch bei Berufsmusikern waren es letztlich neben seiner musikalischen Begabung sein persönliches Engagement und sein freundliches Wesen, die ihre Sympathie gewannen.

Viktor Tschetschott
(1846–1917)

Viktor Tschetschott war ein russischer Kritiker, Komponist und Pianist. Am 16. September 1889 schlich sich Tschaikowsky in Kiew in eine Aufführung seiner Oper *Eugen Onegin*, der auch Tschetschott beiwohnte.

> Nur bis zum Ende der vierten Szene der Oper gelang es dem berühmten Komponisten, unerkannt zu bleiben. Nach und nach hatte sich im Publikum die Nachricht verbreitet, daß der Komponist in einer der unteren Logen rechter Hand zugegen sei. Der Teil des Publikums, der in der Lage war, ihn dort zu sehen, wandte sich in seine Richtung, und dies löste allgemeinen Beifall aus, der rasch zu ungeahnter Stärke anschwoll. Geraume Zeit verneigte Herr Tschaikowsky sich in seiner Loge; den zunehmenden Rufen »Kommen Sie auf die Bühne!« Folge leistend, machte er sich schließlich dorthin auf. Während er den Weg durch die Hinterräume des Theaters nahm, ließ die ganze Zeit der Applaus nicht nach. Schließlich hob sich der Vorhang, und der Komponist erschien im Kreise der Solisten an der Rampe, um die Ovationen, die mit doppelter Stärke aufbrausten, entgegenzunehmen. Das Orchester spielte einen Tusch. Mehr als einmal führte der Versuch, den Vorhang wieder zu senken, nur zu neuen Beifallsstürmen und Rufen »Komponist!«, so daß die Bühne lange offen bleiben mußte. Und als es endlich gelang, den Vorhang zu schließen, mußte er sogleich wieder hochgezogen werden, weil die Zuschauer jenen Künstler, dem sie so viele ungetrübte Augenblicke ästhetischen

Tschaikowsky, 1884

Wohlgefallens dankten, nochmals zu sehen verlangten. Die aufrichtigen und herzlichen Beifallsbekundungen dieses Abends, die ich hier beschreibe, werden allen, die daran teil hatten, zweifellos lange im Gedächtnis bleiben. Sie entsprangen unmittelbar dem Herzen der Verehrer unseres berühmten Landsmannes und seiner Gaben; in ihnen war keine Spur von Förmlichkeit und gekünstelter Höflichkeit.

Viktor Tschetschott, *Čajkowskij v kieve* [*Tschaikowsky in Kiew*], in: »Kiewljanin« [»Der Kiewer«], 6./18. Sept. 1889; abgedruckt in PVC4, S. 412.

Emilia Pawlowskaja
(1853–1935)

Emilia Pawlowskaja war die Sopranistin, die die Partien der Maria und der Kuma bei den Premieren von Tschaikowskys Opern *Mazeppa* bzw. *Die Zauberin* sang. Es beeindruckte sie, daß Tschaikowsky und die Moskauer Sektion der Russisch Musikalischen Gesellschaft bestrebt waren, ihr Publikum zu erweitern, indem sie offizielle Konzerte am darauffolgenden Vormittag zu allgemein erschwinglichen Preisen wiederholten. Dies war z. B. der Fall bei einem Konzert mit Werken ausschließlich von Tschaikowsky, das der Komponist im November 1887 selbst dirigierte. Es ist anzunehmen, daß die folgenden Erinnerungen zu Zeiten der Existenz der Sowjetunion niedergeschrieben wurden.

Der Saal war übervoll. Das Publikum (zum größten Teil einfache Kanzleischreiber, Fabrikarbeiter und andere Werktätige) begrüßten Peter Iljitsch mit freudiger Erregung, und trotz der gehässigen Unkerei [der Kritiker], daß eine solche Menge (wie sie sagten) ernsthafter Musik kein Verständnis entgegenbrächte, daß man das »richtige« Publikum nicht zum Gespött machen dürfe, weil es (wie sie sagten) nicht zusammen mit der »Menge« eine Vorstellung besuchen könne, und daß das Konzert aufgrund dieser und anderer, ebenso lächerlicher Vorurteile zum Scheitern verurteilt sei, verlief das Konzert so erfolgreich, daß es [das Experiment] schon bald wiederholt wurde – ungeachtet des Schwalls an Schmähung und Verleumdung, der sich über den Kopf Tschaikowskys und des Konzertveranstalters Tanejew überreich ergoß. Wie Peter Iljitsch mir selbst sagte, freute ihn der Erfolg dieser Konzerte nicht nur seinetwegen, sondern ganz besonders, weil dadurch die gehässigen Kritiker ins Unrecht gesetzt wurden, die das Volk in seinen Bedürfnissen und Vorlieben nicht kennen und die nicht einsehen wollen, daß die Kunst unweigerlich den wahren Weg in das Herz und Wesen des Volkes finden wird.

Emilia Pawlowskaja, Erinnerungen; in: PVC4, S. 149.

Pjotr Rjasanzew
(1881–?)

Pjotr Rjasanzew war Trompeter und arbeitete später am Moskauer Konservatorium. Als Zwölfjähriger wirkte er in dem Konzert mit, das Tschaikowsky im März 1893 in Charkow leitete.

Peter Iljitsch wußte sich in die Welt der Orchestermusiker auf das schnellste hineinzuversetzen; er machte nicht nur unsere Bekanntschaft, sondern nahm an unserem Dasein, unserer Lebensweise Anteil. Wie könnte ich nur folgenden Vorfall übergehen, der doch so überaus charakteristisch für Peter Iljitsch ist? Der Klarinettist Feofan Pantschenko, den Tschaikowsky von früher her kannte, konnte, da er schwerkrank im Hospital lag, am Konzert nicht teilnehmen. Peter Iljitsch bemerkte, daß Feofan Pantschenko im Orchester fehlte. Sobald er erfuhr, daß Pantschenko krank war und im Alexandrowskaja Hospital lag, fand er die Zeit, den Kranken persönlich zu besuchen; überdies half er dem bedürftigen Musiker auch noch finanziell aus.

Pjotr Rjasanzew, Erinnerungen (1944); in: PVC4, S. 416.

Frederic Lamond
(Siehe Seite 148)

Ich verdanke diesem großen Menschen und perfekten Gentleman Tschaikowsky meine ersten Auftritte in Rußland. In meinem jugendlichen Überschwang schrieb ich ihm, nachdem ich ihn in Frankfurt getroffen hatte, daß seine drei Klavierkonzerte, d. h. das b-Moll, das G-Dur (in der alten ungekürzten Fassung) und die *Fantaisie de Concert*, ein Teil meiner selbst geworden seien, denn ich kannte diese Werke bis auf die letzte Note und liebte sie immer nur mehr und mehr. Weiterhin aber dachte ich nicht mehr an diesen Brief. Sechs Wochen später jedoch suchte mich der Postbote in meiner Unterkunft auf: »Hier ist ein Brief aus Moskau.« Ich öffnete ihn hastig mit zitternder Hand – Herr Gott, ein Brief von Tschaikowsky! Er war auf französisch geschrieben. »Lieber Künstlergefährte, mit Freuden entnehme ich Ihrem Schreiben, daß Sie meine Klavierkonzerte spielen. Vielleicht ließe sich eine Gelegenheit finden, daß Sie hier in Moskau damit auftreten. Ich habe darüber

mit Monsieur Safonow [dem leitenden Dirigenten der Moskauer Sektion der RMG] wärmstens gesprochen: tout à vous, Tschaikowsky.«
Monate vergingen, und zu meiner unendlichen Trauer erfuhr ich von seinem Tod in St. Petersburg. Eines Sonntags kam ein Telegramm vom Leiter der Konzertagentur Wolff in Berlin: »Können Sie am 10. Oktober in Moskau spielen, Tschaikowskys b-Moll Bedingung. Bei Zustimmung sofort Reisepaß beantragen.« In jenen glücklichen, ach so glücklichen Tagen brauchte man in ganz Europa keinen Reisepaß außer in Rußland. In letzter Minute wurde noch ein Auftritt in Warschau arrangiert – mit hervorragendem Ergebnis. Ich reiste nach Moskau weiter wie im Traum, die schwermütigen Weiten der Steppe betrachtend: ganz in Schnee gehüllt. Unter der Schirmherrschaft der Kaiserlich Russischen [Musik-]Gesellschaft und unter Safonows Leitung errang ich einen triumphalen Erfolg. Auf dem Abendessen, das dem Konzert folgte, sprach mich Professor Gaymaly [vermutlich der Geiger Jan Hrímaly] an: »Wissen Sie eigentlich, wem Sie für diesen wunderbaren Erfolg zu danken haben? Niemand anderem als Tschaikowsky selbst. Auf einer der letzten Versammlungen der Kaiserlichen Symphonischen Gesellschaft, an der er teilnahm, bestand er darauf, daß wir Sie engagieren sollten. All Ihre Auftritte wurden geplant, als er noch am Leben war…«
Und noch ein weiteres Beispiel für die außergewöhnliche Güte Tschaikowskys: Es war in jenen Tagen üblich, Künstlern, die zum ersten Mal bei Symphoniekonzerten auftraten, eine Gage von 300 Rubeln zu zahlen. Tschaikowsky aber, obwohl selbst keineswegs vermögend, pflegte zum Schatzmeister zu sagen: »Monsieur oder Madame X hatte Reisekosten aufzuwenden«, entnahm sodann seiner Brieftasche hundert Rubel (was damals ungefähr zwölf Pfund Sterling in englischer Währung entsprach), fügte sie den 300 Rubeln hinzu und verschloß den Umschlag, damit der Schatzmeister ihn so dem Solisten überreichen konnte. Dazu muß gesagt werden, daß es sich hier um Künstler handelte, die Tschaikowsky nicht kannte und von denen er nicht den geringsten Vorteil erwarten konnte.
Tschaikowsky pflegte die edlen Umgangsformen des Aristokraten aus alter Zeit. Doch er war mehr als ein Aristokrat. Er war im Grunde ein Edelmann des Geistes: einer der Auserwählten

Gottes, und sein Gedenken wird mir ewig unvergeßlich bleiben.

Frederic Lamond, *The Memoirs of Frederic Lamond,* Glasgow 1949, S. 95–98.

Iwan Lipajew
(1865–1942)

Iwan Lipajew war Hornist und gründete eine Selbsthilfeorganisation für Orchestermusiker. Seit 1912 lehrte er am Konservatorium Saratow. Zu Anfang des folgenden Textes bezieht er sich auf Colonnes Vormittagsprobe von Tschaikowskys Phantasie-Ouvertüre *Der Sturm* im Februar 1891 in Moskau.

Neben mir hörte ich verstohlen Schritte – und ein Mann, äußerst einfach, aber mit Geschmack gekleidet, lehnte sich an eine Marmorsäule. Es war Tschaikowsky, der Schöpfer des *Sturms* selbst. Vermutlich aus Gewohnheit strich er sich mit der rechten Hand durchs Silberhaar und trat, mich flüchtig anschauend, zielstrebig auf das Orchester zu. Dies erwies sich als inopportun. Die Musiker setzten einer nach dem anderen aus, begannen zu flüstern und hörten nicht mehr auf den Dirigenten, der mit dem Taktstock ungeduldig gegen sein Pult klopfte. Auf einmal aber geriet alles in Bewegung, und ein ohrenbetäubender Tusch der Bläser und Streicher hallte durch den Saal. Es schien, als würden die massiven, festen Säulen diesen heftigen und stürmischen Klangausbruch nicht überstehen, als erbebte die Decke und alle müßten ebenso gemeinsam untergehen, wie die Musiker gemeinsam ihren Willkommensgruß für Peter Iljitsch Tschaikowsky spielten. Verlegen begann er, sich aus der Entfernung zu verbeugen, doch als er den unnachgiebigen, inbrünstigen Willkommensgruß vernahm, kam er schüchtern zur Bühne vor. Aus der Herzlichkeit, mit der er den Musikern die Hand schüttelte, aus dem freundlichen Lächeln, das er ihnen schenkte, und aus der Art, wie ihre Mienen beim Anblick Tschaikowskys erstrahlten, ließ sich mit Sicherheit sagen, daß dieser Künstler und Schöpfer ein äußerst warmes und aufrichtiges Verhältnis zu seinen Interpreten pflegte.

Bis zu jenem Tage war ich mit dem großen Musiker nicht näher bekannt. Zwar waren wir uns schon begegnet, hatten uns verbeugt, die Hand geschüttelt und allgemeine kurze Flos-

keln ausgetauscht, aber all dies trug nur den Charakter einer flüchtigen Bekanntschaft. Aber dann traf im Frühjahr 1892 Prjanischnikows Opernensemble [aus Kiew] in Moskau ein. Tschaikowsky hegte große Sympathien für dieses Ensemble, das angetreten war, russische Opern zur Aufführung zu bringen. Dies stellte er dadurch unter Beweis, daß er es bereitwillig übernahm, ohne Honorar drei Opern zu dirigieren: seinen eigenen *Eugen Onegin*, Rubinsteins *Der Dämon* und Gounods *Faust*. Ich war seinerzeit im Orchester dieses Ensembles. Von daher rührte eigentlich auch meine Bekanntschaft mit Tschaikowsky. Während einer Vorstellung von Borodins *Prinz Igor* kam Herr Pribik, der ständige Dirigent des Ensembles, einmal zu mir, faßte mich am Arm und führte mich ins Büro des Theaters. Dort stand Tschaikowsky mitten im Raum und zog, derweil er sich mit Valentina Serowa [der Witwe des Komponisten Alexander Serow] unterhielt, heftig an einer Zigarette. Sobald wir erschienen, verließ die Serowa das Zimmer. Tschaikowsky sah erst mich, dann Herrn Pribik überrascht an und sagte lachend: »Josif Wjatscheslawowitsch! Ich bin doch schon seit langem mit ihm bekannt, seit langem...«
Pribik ging hinaus, und ich blieb mit Tschaikowsky unter vier Augen zurück. Hastig beendete er seine Zigarette, nahm sich eine weitere und bot auch mir eine an: »Ich habe Geschäftliches mit Ihnen zu bereden und äußerst Wichtiges dazu«, sagte er. »Jetzt ist aber keine Zeit dazu, und außerdem ist hier nicht der rechte Ort, sich zu unterhalten. Seien Sie doch so gut, bei mir vorbeizuschauen – allerdings morgens um acht oder noch früher; ich werde auf sein.«
Etliche Tage vergingen, und es gelang mir nicht, zu Peter Iljitsch zu gehen, denn die Proben zu *Eugen Onegin* liefen, so daß der Komponist stets sehr ermüdet war. Auf einer der Proben trat Tschaikowsky in sehr erregtem Gemütszustand auf mich zu. Es stellte sich heraus, daß die Ursache dafür die ständigen Unterbrechungen aus den aller gewöhnlichsten Gründen waren, deretwegen sich die Probe bis spät in die Abendstunden hineinzog.
»Ist es wirklich immer so?« fragte er mich angstvoll.
»Alle Beteiligten kennen Ihre Oper gut«, erwiderte ich, »die Disziplin des Ensembles ist vorbildlich – und es könnte schlechter gehen.«

»Ja, aber wie können Orchestermusiker die ganze Zeit nur dasitzen und zusammen mit den Sängern ihre Stimmen üben?« bemerkte er.

Man muß dazusagen, daß Tschaikowsky aufgrund seiner Nervosität niemals still an einem Platz sitzen mochte. Nicht nur bei den Proben, sondern auch bei Aufführungen, die er dirigierte, stand er, und in seiner Wohnung lief er entweder ständig umher oder versuchte, sooft er konnte, seine Körperstellung auf dem Stuhl zu ändern.

Beim Dirigieren einer Oper – und nicht nur einer eigenen, sondern auch einer von einem anderen Komponisten – wurde er stets heftig aufgewühlt. Das kleinste Versehen auf der Bühne oder im Orchester traf ihn dann zutiefst. Wenn dies geschah, färbte sich Tschaikowskys Gesicht zuerst weiß und wurde dann von roten Flecken überdeckt; der Taktstock zitterte ihm in der Hand, seine Blicke schossen in alle Richtungen, und er griff oft nach einem Glas Wasser.

Nach dem Ende von *Eugen Onegin* legte Peter Iljitsch seinen Taktstock aufs Pult und seufzte, ohne dem Jubel und Applaus Beachtung zu schenken, deutlich vernehmbar: »Welch eine Qual!«

Wir begegneten uns am Orchesterausgang zur Bühne, und ich erkannte ihn schlicht nicht wieder. Er schien fürchterlich erschöpft, blaß, matt. Das Taschentuch, von Schweiß durchtränkt, zitterte ihm in der Hand, und sein ganzer Körper schien buchstäblich zu fiebern.

»Wann werden Sie kommen?« fragte er, sich zu mir wendend.

Ich ging gleich am nächsten Tag zu ihm. Peter Iljitsch bewohnte damals zwei Zimmer im Grand Hotel Moskau, gegenüber dem Gebäude der Duma. Es war erst halb acht. Nur ein schlaftrunkener Diener lief durch die Flure. Dennoch war Tschaikowsky schon auf und saß, in einen Morgenrock gehüllt, beim Tee. Das Zimmer war ganz verraucht. Die Morgenzeitungen lagen auf dem Divan, die neuesten Ausgaben dicker Journale auf dem Tisch.

Peter Iljitsch empfing mich mit ausgesuchter Höflichkeit und Aufmerksamkeit. Er goß mir ein Glas Tee ein und begann, von irgend etwas zu sprechen, als ein Lakai das Zimmer betrat und ihm ein Telegramm überreichte, aus dem hervorging, daß er von der Gesellschaft der Musikschaffenden in Odessa zum Ehrenmitglied gewählt worden war.

An jenem Morgen gelang es uns nicht, die Sache zu besprechen, deretwegen Tschaikowsky mich herbestellt hatte. Während er noch von der Gesellschaft in Odessa erzählte, klopfte es abermals, und ein General [im Beamtendienst] trat ein. Ihm folgte der Direktor eines Opernhauses in der Provinz, sodann der Bühnenbildner und der Dirigent. Mit jedem unterhielt sich Peter Iljitsch eine geraume Weile, und seine Worte verrieten die allergrößte Gelehrsamkeit. Es gab keinen Zweig der Kunst, den er nicht kannte, wenn nicht vollständig, so doch wenigstens zum Teil. Einzig Fragen zur Musik und ihren Ausführenden wich er aus, wenngleich einige [seiner Besucher] ihn dazu herausforderten und drängten.

Mehr als ein Monat verging, ehe wir endlich über unsere Geschäfte reden konnten. Ich wurde damals Zeuge mehrerer charakteristischer Züge des Komponisten. Er verfügte über ein außerordentliches Gedächtnis und vergaß keine der zahlreichen Bitten, die an ihn herangetragen wurden. Wann immer er von seinen Reisen in Dingen der Kunst zurückkehrte, pflegte er sich sogleich zum Konservatorium oder zu Personen, die eine Verbindung dahin unterhielten, aufzumachen und in der allerbewegendsten, tief empfundenen Art das Schicksal eines »jungen, talentierten Menschen« zu schildern, der in einer der Provinzen darbte und der ihm anempfohlen worden sei.

»Wie schade, daß wir nur zwei Konservatorien haben«, sagte er, »wo doch so viele nur darauf warten, etwas zu lernen, und doch zurückgewiesen werden müssen. Möglicherweise wären aus vielen von ihnen einmal gute Musiker geworden…«

Überhaupt war Peter Iljitsch stets sehr aufmerksam und kümmerte sich hilfsbereit um junge Künstler. Seine Zuwendung bestärkte sie, gab ihnen neues Zutrauen und brachte sie weiter auf dem Dornenwege ihrer Kunst. Zweimal, während ich zugegen war, erhielt er per Post von jungen Komponisten Manuskripte, die er durchsehen und begutachten sollte. Die Zeit – so teuer sie ihm war –, ein solches Manuskript zu korrigieren, dauerte ihn nicht und sei es auch nur, um die Rückgabe nicht zu verzögern. Einmal traf ich ihn an, wie er gerade Notenblätter durchsah. Mit blauem Stift verbesserte er sie und summte die Melodien, um sie laut zu prüfen, vor sich hin.

Auch gegenüber Orchestermusikern war Tschaikowsky stets überaus zuvorkommend. Er erklärte oftmals: »Sie arbeiten so hart und empfangen so wenig Lohn. Das ist nicht gerecht. Sehen Sie die Sänger an: Die erhalten großes Geld, das nicht immer wohlverdient ist. Ist es denn wirklich unmöglich, etwas dagegen zu unternehmen?«
Bereitwillig trat Tschaikowsky den Wohlfahrtsverbänden für Musiker bei und warb, indem er den festen Grundsatz der Zusammengehörigkeit erklärte, auch weitere Mitglieder für diese Einrichtungen. Kurz, er versuchte zumindest auf diese Weise, seine Verbundenheit mit den Orchestermusikern unter Beweis zu stellen.
Ich wurde Zeuge einer solchen Szene. Aus irgendeinem Grunde kam der Konzertmeister eines Privatorchesters eines Morgens zu Peter Iljitsch und bat ihn um ein Empfehlungsschreiben über seine musikalischen Verdienste. Letzterer setzte sich sogleich an den Schreibtisch und wiederholte mehrmals: »Es ist mir ein Vergnügen.«
Doch ehe Tschaikowsky sein Empfehlungsschreiben noch abgeschlossen hatte, kam schon ein zweiter Orchestermusiker mit demselben Anliegen. Wiederum schrieb Tschaikowsky, worum man ihn bat. Darauf kam ein dritter, sodann ein vierter.
»Sind Sie der letzte?« fragte Tschaikowsky unvermittelt.
»N-nein... Es sind noch...«
Die Tür öffnete sich ein wenig, und in der Tat standen noch zehn oder elf Personen im Flur, die darauf warteten, an die Reihe zu kommen. Tschaikowsky konnte sich nicht mehr halten und brach in ein gutmütiges Lachen aus. »Nun gut, meine Herren«, sprach er. »Ich mache sie Ihnen bis morgen fertig.«
Sodann notierte er bei einem jeden den Namen, Nachnamen und die Besonderheiten derjenigen Musiker, die unter seiner Leitung gespielt hatten, und bat alle, ihr »Zertifikat« am folgenden Tag abzuholen.
Schließlich aber, nachdem mehrere Monate ins Land gegangen waren, gelang es uns endlich, über unsere geschäftlichen Angelegenheiten zu sprechen. »Sie haben einen Artikel über das Leben von Musikern veröffentlicht«, sagte er versonnen und strich sich lange über seine Braue. »Ich gestehe, daß ich ihn gie-

rig gelesen habe. Seit langem schon interessiert mich das Leben dieser fleißigen Leute. Der Fortschritt der Musik hängt an ihrem Wohlergehen. Ein Orchester ist ein Instrument besonderer Art. Für ein gutes Instrument scheuen wir weder das Geld noch die Mühe und Pflege; dasselbe tun wir für das tote Holz oder das Metall, aus dem es gemacht ist. Wie können wir also das lebende Instrument, das Orchester, anders als mit Fürsorge behandeln? Stimmen Sie mir zu?«

»Allerdings.«

»Vielleicht ist mein Vergleich nicht allzu treffend, aber darauf kommt es nicht an. In Ihrem Artikel beklagen Sie, daß es nur wenige Wohltätigkeitsverbände für Musiker gibt. Das ist wahr. Eine Gesellschaft ist die Gewähr für das beste Leben eines jeden Menschen und eines Künstlers allemal. Haben Sie eigentlich versucht, über die Theorie hinauszugelangen und Ihre Ideen Praxis werden zu lassen?«

Ich gab zur Antwort, daß dem nicht so sei. Ein langes Schweigen folgte. Peter Iljitsch sann erneut nach und fragte dann: »Sie würden sich dieser Sache widmen?«

Ich bejahte seine Frage, gab aber auch zu bedenken, wie viele Hindernisse der Erfüllung eines solchen Traumes im Wege stünden.

»Ach, was sind schon Hindernisse!« erwiderte er voller Unmut. »Geld brauchen Sie und Verbindungen. Ich bin zu allem bereit.« Und wiederum verfiel er in Schweigen. In solchen Augenblicken kannte ich Tschaikowsky einfach nicht wieder. [Zunächst] eigentlich eher ruhig, schien er jetzt aufs Äußerste erregt zu sein.

»Wir meinen also, daß es von allerhöchster Wichtigkeit ist, dies irgendwann zu tun«, fuhr er fort. »Ich selbst habe nicht die Zeit dazu, schon jetzt bin ich viel zu beschäftigt.«

Dies war sein letztes Wort und unser Gespräch im Grunde damit beendet. Ich begann, Unterlagen zusammenzustellen, um die Satzung eines Selbsthilfevereins für Orchestermusiker zu entwerfen, wobei ich sie [die Unterlagen] aus allen mir erreichbaren Quellen bezog. Ich trug sie Tschaikowsky vor und hoffte, seine Aufmerksamkeit damit auf eine Art öffentlicher Einrichtung zu lenken. Aber das stellte ihn nicht zufrieden.

Im Frühjahr 1892 fuhr er ins Ausland. Er versprach, mir als Leitfaden die Satzungen von deutschen Vereinen zu schicken.

Ich wartete lange, aber keine Sendung traf ein. Unterdessen hatte ich in St. Petersburg zu tun, wo ich im Symphonieorchester am »Aquarium« mitspielte. Das Orchester wurde damals von Kajanus und Engel geleitet. Bei einer Abendvorstellung, die ausschließlich den Werken russischer Komponisten vorbehalten war, nahm Engel die Orchestersuite aus Tschaikowskys Ballett *Der Nußknacker* ins Programm auf. In St. Petersburg zumindest wurde sie zum ersten [tatsächlich zum zweiten] Male aufgeführt. Und wie groß war mein Erstaunen, als ich im Saal Tschaikowsky erblickte, der eigens gekommen war, sein Stück zu hören. In der Pause eilte ich zum Saal und traf den Komponisten schon an der Tür.

»Ah!« rief er aus. »Wie freut es mich...«

Wir traten in den Garten hinaus und zogen uns unbemerkt in eine der entlegenen Alleen zurück.

»Geben Sie mir bitte keine Schuld. Ich habe nach Satzungen gesucht, allein, es ließ sich nichts machen. Ich denke, die Sache muß bis zum Herbst verschoben werden.«

Ich suchte ihn so gut es ging zu beruhigen und sagte, daß ich es unternommen hatte, die Satzung selbst und ohne Anleihen bei anderen zu entwerfen. Während wir uns kurz darüber verständigen konnten, läutete es. Ich mußte zum Orchester eilen, und wir trennten uns.

Tschaikowsky bahnte sich seinen Weg durch die Menge und stellte sich in einen Winkel – doch Rimsky-Korsakow kam auf ihn zu und entführte ihn sogleich ins Parkett. *Der Nußknacker* erfreute das Publikum so sehr, daß das Orchester fast jede Nummer der Suite zweimal geben mußte. Sobald es vorüber war, erhob Tschaikowsky sich rasch und hastete zum Ausgang. Doch der Weg wurde ihm verwehrt, so daß er die Tür nicht erreichen konnte. »Der Komponist!« rief jemand aus. »Der Komponist! Der Komponist! Auf die Bühne!« riefen Hunderte von Stimmen.

Vier Leute griffen Tschaikowsky bei den Armen und zerrten ihn buchstäblich aufs Podium. Sprachlos und ganz verstört fing er an, sich zu verbeugen, worauf ein unvorstellbares Toben und Tosen sich im Saal erhob, zumal, als das Orchester noch einen Tusch spielte. Die Damen rissen sich die Blumen aus dem Knopfloch und warfen sie Tschaikowsky zu. Als der Beifallssturm etwas abgeklungen war, kam Peter Iljitsch schweiß-

gebadet und schwer atmend zu uns in die Künstlergarderobe. Er dankte den Musikern für die gelungene Aufführung und tauschte Küsse mit jedem in der Runde.
Danach begaben wir uns wieder in den Garten. Doch auch hier begann das Publikum, ihm zu applaudieren. Völlig überwältigt stürzte Tschaikowsky zum Hauptausgang, sprang in eine Droschke und verschwand.
Zwei Tage später ging ich den Njewskij-Prospekt entlang. Jemand rief meinen Nachnamen. Ich wandte mich um und erblickte Peter Iljitsch. Er schickte sich an, wieder ins Ausland zu reisen, und versprach, diesmal aber ganz sicher ein paar Satzungen mitzubringen. Danach erfuhr ich nur über die Zeitungen von ihm, doch im Herbst jenes Jahres verstummten auch diese Quellen.
Es war erst im Herbst 1893, daß ich Tschaikowsky in Moskau wieder begegnete. Die ersten Worte, mit denen er mich begrüßte, lauteten: »Ah, die Satzungen… Stellen Sie sich vor…«
»Aber sie sind doch jetzt überflüssig. Ich habe ein Exemplar der vorgesehenen Satzung für die geplante Einrichtung bei mir.«
Dies freute Peter Iljitsch unbeschreiblich.
»Schenken Sie den Tee ein, während ich…« Mit diesen Worten entriß er mir den Stapel und versenkte sich mit strahlender Miene in die Lektüre. Zunächst las er gelassen und still, geriet dann aber in Unruhe, sprang aus seinem Stuhl, ging an den Schreibtisch und begann, hastig mit Bleistift zu kritzeln. Mal setzte er Fragezeichen, mal Ausrufezeichen hinzu. Ich stand hinter ihm und folgte seinen Randnotizen.
»Warum können Fünfundfünzigjährige der Einrichtung nicht beitreten?« fragte er. »Das ist nicht gerecht. Warum Vorteile, Privilegien? Alle müssen gleich sein.«
Und heftig unterstrich er, was ihm falsch erschien. Mein Gott! Nach vielleicht einer Stunde war die gesamte Aufstellung der Satzungsartikel mit Bleistiftzusätzen verunziert. Aus seinen Anmerkungen ging deutlich hervor, daß seine Güte und Menschlichkeit keine Grenzen kannten.
„Peter Iljitsch«, sagte ich, »was wollen Sie an dieser Satzung überhaupt ungeschoren lassen!«
»Nun gut… Man muß einen Notar hinzuziehen. Viele dieser Punkte hier erfordern die Kenntnisse eines Spezialisten.«

Er nahm sich sein Teeglas und dachte nach. »Was ist das nur für eine verwickelte Sache«, murmelte er. Peter Iljitsch überlegte, wen man als Gründungsmitglied einladen sollte, und nannte mehrere Namen. Als ich im Begriff zu gehen war, nahm er seine Visitenkarte, schrieb rasch ein paar Zeilen auf die Rückseite und sagte: »Geben Sie diese Karte meinem Freund, dem Anwalt [L.W.] Sch[adurskij]. Er wird die Satzung durchsehen.«

Der Herbst war jetzt weit fortgeschritten. Schon gefror der Regen, der Wind heulte, Schneematsch lag umher. Ich hatte Tschaikowsky zu ungewöhnlicher Stunde, um sechs Unr abends, aufgesucht, aber traf ihn an. Er war hoch erfreut, mich zu sehen, und dies vor allem, weil ich, wie es schien, in seine Einsamkeit ein gewisses Maß an Abwechslung brachte. Irgend etwas bedrückte ihn. Es wollte sich kein rechtes Gespräch entspinnen. Als er mich zur Tür geleitete, sagte Peter Iljitsch mit etwas gezwungener Leichtigkeit: »Vielleicht sehen wir uns nicht mehr... Ich gehe für einige Zeit nach St. Petersburg. In einem Monat aber werde ich zurück sein. Wenn Sie die Satzung abgeschlossen haben, schicken Sie sie mir zu. Ich werde mir Zeit dafür nehmen. Schreiben Sie zu Händen des Direktoriums der Staatstheater oder an Herrn Jürgenson.«

Wir verabschiedeten uns. Beim ersten Symphoniekonzert erhielt Safonow ein Telegramm. Peter Iljitsch war erkrankt! Die Nachricht verbreite sich mit erstaunlicher Geschwindigkeit nicht nur unter den Musikern, sondern auch unter den Besuchern des Konzerts. Von Zeit zu Zeit erkundigte Safonow sich nach Tschaikowskys Zustand. Zwei Tage später war ich am Konservatorium. Dort erfuhr ich, daß Tschaikowsy die Cholera hatte! Die schreckliche Neuigkeit wurde schon bald durch Telegramme aus St. Petersburg bestätigt. Bei den Orchestermusikern war die Niedergeschlagenheit offenkundig und wandelte sich bald schon in Verzweiflung. Tschaikowsky war von uns gegangen... Das erste Theater, das ich mit der Trauermeldung aufsuchte, war das Schelaputina. Man wußte es dort bereits und hielt ein Requiem ab. Auf dem Gesicht der Orchestermusiker sah ich erste Tränen...

Iwan Lipajew, Erinnerungen; in: RS, Sept. 1896, und RMGa (1896), Nr. 11, abgedruckt in PVC4, S. 270–277.

X
Vorlieben, Charakterzüge und Eigenarten

Nikolaj Kaschkin

(Siehe Seite 48)

Da sich Peter Iljitsch erst verhältnismäßig spät dem ernsthaften Musikstudium zuwandte, war er weit davon entfernt, in seinen Ansichten zur Musik so gefestigt zu sein, wie es Menschen sind, die seit Kindheitstagen in musikalischer Umgebung aufwachsen und die ihr Leben lang in enger Verbindung zu gewissen Strömungen und Vorlieben hinsichtlich der Kunst gestanden haben. Er mußte sich seine persönlichen Kriterien des musikalischen Urteils erst durch harte Arbeit aneignen, vor allem natürlich durch das gründliche Studium der Musikliteratur. Soweit ich erinnere, vermochte er zu jener Zeit (d. h. um 1870) Orchesterpartituren nicht mit allzu großer Leichtigkeit zu lesen und zog es daher vor, sich mit der symphonischen Literatur durch Klavierbearbeitungen zu zwei Händen vertraut zu machen. Kammermusik, insbesondere Streichquartette, kannte er damals kaum und kam nur unter Schwierigkeiten damit zurecht – allein der Klang eines Streichquartetts schon war ihm oftmals zuwider. Kaum ertragen konnte er die späten Beethoven-Quartette; und er gestand mir, daß er einmal vor Schläfrigkeit, die ihn beim Anhören des großen a-Moll Quartetts von Beethoven überkommen habe, fast vom Sessel gefallen sei. Was das Zusammenspiel von Piano und Streichinstrumenten betraf, bewunderte er zwar viele Kompositionen dieser Art, besonders jene von Beethoven, konnte es sich jedoch nicht vorstellen, jemals etwas für diese Besetzung komponieren zu wollen – obwohl er später selbst, wie man weiß, ein Klaviertrio in memoriam Nikolaj Rubinstein schrieb, das in Gehalt und Ausführung gleichermaßen überwältigend ist.

Nikolaj Kaschkin, KVC, S. 75.

Alina Brjullowa

(Siehe Seite 31)

Was Alina Brjullowa hier beschreibt, kann sich frühestens auf die späten 1870er Jahre beziehen.

Er [Tschaikowsky] liebte es sehr, vierhändig Klavier zu spielen. Eines Sommers beispielsweise, als er bei uns auf dem Lande weilte, spielte ich mit ihm alle Beethoven-Quartette durch...

In St. Petersburg hatten wir zwei große Flügel, und wenn er zum Diner zu uns im kleinen Kreise, nicht zu einem großen Empfang, kam, pflegte er sofort vorzuschlagen, daß wir achthändig spielen sollten – er zusammen mit seinem Bruder [Modest] und ich mit meinem Gatten. Und stets begann er mit der *Leonoren-Ouvertüre* Nr. 3 [von Beethoven], die er, was die dramatische Wirkung anbelangte, am meisten schätzte: »Es überläuft mich kalt, wenn in der Ferne der Trompetenstoß erschallt«, erklärte er. »Eine solch gewaltige Wirkung läßt sich sonst, meine ich, nirgendwo finden.« Doch während er sich vor Beethovens Genie verbeugte, richtete er all seine Liebe auf Mozart.

Alina Brjullowa, Erinnerungen (1929); in: PVC4, S. 115f.

Pawel Ptschelnikow

(Siehe Seite 139)

Aus Tschaikowskys frühen Jahren ist bekannt, daß er sich damals sehr für italienische Oper begeistern konnte. Was Ptschelnikow im folgenden schildert, bezieht sich aber eindeutig auf eine spätere Zeit im Leben des Komponisten. Dennoch zeigt sich auch an anderen Zeugnissen wiederum nur, daß Tschaikowskys Haltung hierzu wie zu den Beethoven-Quartetten (bzw. zu Beethovens Werken überhaupt) zutiefst ambivalent war.

Peter Iljitschs Schwäche für leichte italienische Musik scheint sonderbar. Sehr oft ging er ins Theater, um [Verdis] *La Traviata*, [Rossinis] *Der Barbier von Sevilla* und insbesondere [Donizettis] *Lucia* zu hören, wobei er in letzterer das Sextett am meisten schätzte. Wenn er dies gehört hatte, verließ er oftmals das Theater schon. Wenn das Parkett vollständig ausverkauft war, zögerte er nicht, auch einen Platz in den hintersten Rängen zu nehmen. Nach solchen Vorstellungen sprach er stets davon, einst eine komische Oper über ein russisches Thema komponieren zu wollen; er dachte an ein Libretto aus der Zeit Peters des Großen.

Pawel Ptschelnikow, Erinnerungen; in: MV, 27./28. Okt., 8./9. Nov. 1900, und RMGa (1900), Nr. 45, abgedruckt in PVC4, S. 144.

Alexander Glasunow

(Siehe Seite 93)

In den 1880er Jahren – wie auch danach – wurde Tschaikowsky von Balakirew, Borodin, Cui und Rimsky-Korsakow, d. h. von den Komponisten aus Balakirews sich langsam auflösendem Kreis, mit Argwohn betrachtet, der aus purem Parteiinteresse herrührte, wobei die größten Eiferer des Kreises ihn mit Unmut und Feindseligkeiten bedachten. Es gab allerdings Ausnahmen. Rimsky-Korsakow, der *Pique Dame* später lieben und schätzen lernte, äußerte mir gegenüber einmal sein Bedauern, daß es zu Tschaikowskys Lebzeiten nie gelungen sei, ihm dies zu sagen, und setzte hinzu: »Gewiß hätte er gerne meine Ansicht über die beste seiner Opern vernommen.«

Peter Iljitsch seinerseits verhielt sich zur Musik von Komponisten der Neuen Russischen Schule eher unparteiisch, ebenso wie gegenüber den Werken von Wagner oder Liszt, da er seinem Wesen nach von ihren Grundsätzen und Ansichten nicht angezogen wurde. Mir schien, daß ihn sein Temperament stärker zu den Werken Anton Rubinsteins hinzog, wenngleich Peter Iljitsch nicht selten die Fehlerhaftigkeit ihres Stils und die mangelnde Sorgfalt, mit der sie geschrieben waren, bemängelte. Wie dem auch sei, Tschaikowsky pries stets das »Lied vom Papagei« aus [Mussorgskys] *Boris Godunow*, hielt sehr viel vom ersten Satz von Borodins Zweiter Symphonie sowie vom Bauernchor aus *Fürst Igor*, und er bewunderte Rimskys-Korsakows musikalisches Handwerk. Die Werke von César Antonowitsch Cui dagegen schätze Tschaikowsky sehr viel weniger und war von ihm weder als Komponisten noch als Musikkritiker, der ihm so manche Sorge bereitete, allzu angetan…

An meiner Arbeit nahm Tschaikowsky regen Anteil, begrüßte ihren Erfolg, erwartete aber in Zukunft noch mehr von mir.

Alexander Glasunow, *Pis'ma, stat'i, vospominanija.* [*Briefe, Artikel und Erinnerungen*], Moskau 1958; abgedruckt in PVC4, S. 210f.

Tschaikowsky, Ende der 1860er Jahre

Michail Ippolitow-Iwanow

(Siehe Seite 125)

Seine Gastfreundschaft kannte keine Grenzen. Wenn er im Ausland beispielsweise mit einem Ständchen begrüßt wurde, sprach er sogleich allen Mitwirkenden eine Einladung aus und bewirtete sie fürstlich, ohne sich um die Aufwendungen zu bekümmern. Solch unerwarteten Ausgaben bereiteten seinem Diener Alexej immer allergrößte Not. Seinen Freunden Gastgeber zu sein, war Peter Iljitsch stets die schönste Freude, für die er keine Kosten scheute. Als Nikolaj Figner [der führende Tenor bei den Uraufführungen von Tschaikowskys beiden letzten Opern] ihn fragte, wo er sein Kapital habe, erwiderte er in seiner humorvollen Art:

»Zum jetzigen Zeitpunkt am Moskauer Bolschoi [d. h. in den erhofften Aufführungstantiemen] und manchmal auch in ähnlichen Einrichtungen.«

Michail Ippolitow-Iwanow, IRM; abgedruckt in PVC4, S. 236.

Nikolaj Kaschkin

(Siehe Seite 48)

Beim Folgenden handelt es sich vermutlich um eine andere Version derselben Begebenheit mit Nikolaj Figner, von der Ippolitow-Iwanow oben berichtet hat.

Ich erinnere mich eines Vorfalls, der ein bezeichnendes Licht auf Tschaikowskys Einstellung zum Gelde wirft. 1891 waren wir einmal auf das Landgut eines berühmten Künstlers geladen, der uns am Bahnhof, von wo wir uns gemeinsam aufmachten, abholte. Eine Stunde oder länger mußten wir mit der Kutsche fahren, währenddessen wir über Verschiedenes sprachen, als unser Amphitryon fragte: »Peter Iljitsch, wo investieren Sie ihr Kapital?«

Als Entgegnung riß Peter Iljitsch zuerst höchst erstaunt die Augen auf und brach sodann in hilfloses Gelächter aus; nie im Leben war ihm der Gedanke an die Möglichkeit gekommen, sein Kapital anders als in Form von Geschenken oder Ausgaben anzulegen. Ich verstand natürlich sogleich, wie sich die Sache verhielt, doch unser Gefährte zerbrach sich über die unerwartete Fröhlichkeit seitens seines Gastes noch lange den Kopf. Schließlich sagte letzterer, vor Lachen fast völlig erstickt und mit stockender Stimme, daß er sein Kapital zuletzt im Hotel Moskau, wo er abgestiegen, investiert habe und noch nicht genau wisse, wo er das nächste Mal investiere. Für einen praktisch veranlagten Menschen war eine solche Einstellung zum Geld schlicht unbegreiflich, bei Tschaikowsky aber verhielt es sich eben so und nicht anders.

Nikolaj Kaschkin, KVC; S. 141.

Wladimir Naprawnik

(Siehe Seite 115)

Zur Fastnachtszeit beschloß Peter Iljitsch, etwas zu unternehmen und nach Moskau zu fahren, hatte aber gegenwärtig nicht ausreichend Geld. Ich half ihm aus, und er trug mir auf, das Geld in verschiedenen Büchern in seiner Bibliothek zu verstecken. Sodann wurde sein Diener Alexej, der die Finanzen des Komponisten verwaltete, gerufen und von Peter Iljitsch um Geld für die Fahrt gebeten. Nachdem Peter Iljitsch eine abschlägige Antwort erhalten hatte, sagte er mit reiner Unschuldsmiene: »Aber sieh nur, Alexej, ist da nicht noch etwas in dem-und-dem Buch und auch in dem-und-dem?« Und er freute sich wie ein Kind an der Überraschung seines Dieners.

Eine weitere Einzelheit will ich hinzufügen. Als ich mich anschickte, Klin zu verlassen, machte mir Peter Iljitsch folgende Rechnung auf: »Und jetzt müssen wir überlegen, was für ein Trinkgeld Sie Alexej geben sollten und wieviel dem Koch. Dies hier können Sie Alexej geben, und dies ist für den Koch.« Und trotz meiner energischen Einwände drängte er mir das Geld dafür auf.

Wladimir Naprawnik, Erinnerungen; in: SM (1949), Nr. 7, abgedruckt in PVC4, S. 221.

Alina Brjullowa

(Siehe Seite 31)

Als Rimsky-Korsakows *Spanisches Capriccio* zum ersten Mal aufgeführt wurde, war Tschaikowsky so entzückt, daß er sogleich hinauslief, einen Lorbeerkranz zu kaufen, den er dem Komponisten überreichte. Doch danach quälte ihn der Zweifel:

»Vielleicht hätte ich es nicht tun sollen, vielleicht handelte ich taktlos, vielleicht wird man denken, daß ich etwas im Schilde führe. Was meinen Sie?« fragte er ganz verlegen und rieb sich, wie er es zu tun pflegte, die Stirn…

Bei anderer Gelegenheit war ich impertinent genug zu sagen, daß ich einen Satz aus der Ersten Suite nicht mochte. Als sie das nächste Mal aufgeführt wurde, vernahm ich mit Erstaunen, daß er ausgelassen worden war.

»Warum?« fragte ich.

»Aber Sie mögen ihn doch nicht, und Sie haben völlig recht: die Suite ist zu lang und alles im 3/4- [tatsächlich im 4/4-] Takt.«
Sie können sich vorstellen, wie verlegen ich war.

Alina Brjullowa, Erinnerungen (1929); in: PVC4, S. 116, 110.

Michail Ippolitow-Iwanow
(Siehe Seite 125)

Während unseres Spaziergangs summte ich, wie ich es oftmals tat, vor mich hin und wiederholte dabei ständig das Thema aus Liszts Erstem Klavierkonzert, woraufhin er [Tschaikowsky] ziemlich unwirsch bemerkte: »Bitte erinnere mich nicht an diesen Schauspieler. Ich kann seine Falschheit und Verstellung nicht ertragen!« Ich wollte ihn in Schutz nehmen, doch die Folge war erschreckend. Peter Iljitsch schüttete sein Herz nur noch stärker aus, so daß ich verstummte, um seine Laune nicht zu verderben...
Obgleich Tschaikowsky sich vor Leo Tolstoi als einem großen Schriftsteller verneigte, schätze er dessen Abhandlungen über die Kunst im allgemeinen und die Musik im besonderen keineswegs, da er seine Urteile für dilettantisch und oberflächlich hielt. Tolstois Ansicht, daß Beethoven unbegabt sei, empörte Peter Iljitsch zutiefst, doch wegen Tolstois andauernder Halsstarrigkeit erschien es ihm unnütz, mit ihm darüber zu streiten und das Gegenteil zu beweisen. Und so vermied er es stets, mit ihm über diese Dinge zu sprechen, und machte überdies, wenn er Tolstoi auf der Straße kommen sah, von umliegenden Hofeinfahrten Gebrauch, um – wie er selbst gestand – etwaigen Zusammentreffen und Streitgesprächen aus dem Weg zu gehen.

Michail Ippolitow-Iwanow, IRM; abgedruckt in PVC4, S. 238ff.

Wladimir Pogoschew
(Siehe Seite 95)

Pogoschew schildert zunächst, wie tolerant Tschaikowsky gegenüber mündlich und privat vorgebrachter Kritik an seiner Musik war, und fährt dann fort:

Als Zeugnis seines gutmütigen Wesens gebe ich das folgende Beispiel. 1885 meine ich (genau weiß ich es nicht mehr), wurde auf der Bühne des Michailowsky-Theaters das kleine deutsche Märchen *Der gestiefelte Kater* gegeben. Aus irgendeinem Grunde endete dieses unterhaltsame Stück mit eine Apotheose, die auch eine komische Prozession von Opernkomponisten und den Helden ihrer Werke enthielt. So gab es beispielsweise eine Karikatur von Faust zusammen mit Margarethe, sowie vom Komponisten Wagner zusammen mit Lohengeld (anstatt Lohengrin); die Prozession wurde von Parodien der entsprechenden Melodien begleitet. Der Leiter der deutschen Truppe, Philip Bock, äußerte mir gegenüber sein Bedauern darüber, daß in der Schlußprozession der Phantasiegeschöpfe auf der Petersburger Bühne keine Parodie einer russischen Oper enthalten sei. Ich meinte, daß es kaum lohnen würde und obendrein verwerflich sei, eine erfolglose Oper zum Gespött zu machen. Ich schlug daher die Möglichkeit vor, eine Oper von Ruf und Ansehen zu parodieren, beispielsweise *Eugen Onegin*, und wies in diesem Zusammenhang darauf hin, daß zwischen dem bekannten Lied *Der kleine Pfeil* und Onegins Melodie in der Gartenszene mit Tatjana bei den Worten »Ich liebe dich mit der Liebe eines Bruders, der Liebe eines Bruders« eine gewisse Ähnlichkeit bestehe. Daher sei es möglich, in die musikalische Prozession eine Karikatur von Onegin aufzunehmen, der über die Bühne laufen und [die entsprechenden Worte aus dem populären Lied] singen würde: »Ich will dir sagen, will dir sagen.« Bock gefiel dieser Vorschlag sehr, und als ich Peter Iljitsch wieder traf, wagte ich es, um seine Erlaubnis für die geplante Parodie zu bitten – wobei ich selbstverständlich bereit war, bei dem geringsten Anzeichen des Zögerns oder Unwillens seitens Tschaikowskys die Idee fallenzulassen. Meine Befürchtungen waren grundlos: Tschaikowsky lachte schallend und stimmte meinem Plane sofort bei. Dennoch wurde die Idee, soweit ich mich erinnere, aus übertriebener Rücksichtnahme niemals ausgeführt.

Wladimir Pogoschew, Erinnerungen; in MV, 27./28. Okt., 8./9. Nov. 1900, und in RMGa (1900), Nr. 45, abgedruckt in PVC4, S. 191.

Madame A. Brodsky

(Siehe Seite 158)

Bei anderer Gelegenheit zeigte sich erneut seine außerordentliche Empfindlichkeit. Zwischen Leipzig und Berlin war soeben eine Telephonleitung gelegt worden. Tschaikowsky und Brodsky vereinbarten, sich am Telephon zu unterhalten, ersterer von Berlin, letzterer von Leipzig aus. Brodsky begab sich zum verabredeten Zeitpunkt ins Fernsprechamt, auf eine freundliche Unterhaltung mit seinem Freunde hoffend. Doch kaum hatte er ein paar Worte gesprochen, als er Tschaikowsky mit zitternder Stimme sagen hörte: »Bester Freund! Laß mich bitte gehen. Ich bin so schrecklich nervös.«
»Ich halte dich nicht am Schlawittchen«, entgegnete A.B. »Du kannst gehen, wann immer du willst.«
Später erklärte Tschaikowsky uns, daß sein Herz, sobald er die Stimme des Freundes hörte und zugleich an die Entfernung zwischen ihnen dachte, so ungestüm zu schlagen anfing, daß er es nicht ertragen konnte.

Mrs. A. Brodsky, *Recollections of a Russian Home,* Manchester/ London 1904; S. 164f.

Julian Poplawsky

(1871–1958)

Julian Poplawsky war Cellist und hatte am Moskauer Konservatorium studiert. In dem dem folgenden vorangegangenen Abschnitt hatte er zuvor von Tschaikowskys gutem Gedächtnis für gewisse musikalische Belange gesprochen.

Trotz alledem beklagte Peter Iljitsch sein musikalisches Gedächtnis. So pflegte er beispielsweise oft zu fragen: »Von wem ist denn diese nette Romanze?« Und er war stets gründlich verwirrt, wenn er zur Antwort erhielt: »Von Tschaikowsky!«

Julian Poplawsky, Erinnerungen; in: »Artist« (1894), Nr. 42, Bd. 10, abgedruckt in PVC4, S. 325.

Michail Ippolitow-Iwanow

(Siehe Seite 125)

Zu jener Zeit [in den späten 1880er Jahren] verbrachte Peter Iljitsch mehr als einen Monat in Tiflis. Wir leisteten ihm un-

entwegt Gesellschaft und schlossen Freundschaft mit ihm. Oftmals besuchte er uns zum Frühstück oder zum Mittagsmahl und liebte es, stundenlang mit meiner kleinen Tochter Tanja zu spielen, die er sein »kleines Luder« nannte. Einmal kam er zu uns, als Warwara Michailowa [Ippolitow-Iwanows Frau] gerade seine Romanze *Der Kanarienvogel*, eine seiner frühesten Kompositionen, sang. Er lauschte lange Zeit und fragte schließlich: »Was ist es, was Sie da singen?«
Sie sah ihn gänzlich überrascht ab, aber er fuhr fort: »Was ist es? Es ist sehr hübsch.«
Lachend erwiderte sie: »Es ist mehr als hübsch!«
Peter Iljitsch war erstaunt und sagte: »Warum lachen Sie? Ich meine es ganz ernst; es gefällt mir sehr gut.«
Dann aber konnte er sich selbst vor Lachen nicht mehr halten, als er erfuhr, daß es sich um eins seiner eigenen Werke handelte...
Als ich einmal mit ihm Karten spielte, summte ich unwillkürlich eine Phrase aus seiner Oper *Die Zauberin*. Eine Weile hörte er mir zu, ohne etwas zu bemerken, und fragte schließlich: »Sag mir doch bitte: Über eine Stunde habe ich jetzt gehört, was du da summst, und kann mich einfach nicht erinnern, woher es stammt. Ich weiß, daß es mir recht vertraut ist, aber was es ist, weiß ich nicht mehr.«

Michail Ippolitow-Iwanow, IRM; abgedruckt in PVC4, S. 235.

Alexander Goldenweiser
(1875–1961)

Alexander Goldenweiser war Pianist und Komponist und wurde später Direktor des Moskauer Konservatoriums.

Der Direktor der Synodalschule, Stepan Wassiljewitsch Smolensky, erzählte, wie er, wenn Tschaikowsky nach Moskau kam, gewöhnlich eine Choraufführung an der Schule mit ihm vereinbarte. Als Tschaikowsky einmal bei einer solchen Aufführung neben Smolensky saß und eines der Kirchenmusikstücke anhörte, runzelte er die Stirn. Es war deutlich zu erkennen, daß es ihm nicht gefiel. Schließlich wandte er sich an Smolensky und fragte: »Sagen Sie, was ist das für ein Unfug?«

In der Tat führte man gerade eine von Tschaikowskys Kompositionen auf, die er vor langer Zeit geschrieben und offenbar seither gänzlich vergessen hatte. Stepan Wassiljewitsch sagte mir, es sei äußerst unangenehm gewesen, Tschaikowsky zu erklären, daß es sich um sein eigenes Werk handelte.

Alexander Goldenweiser, Erinnerungen; in: PVC4, S. 314.

A. Kaufmann

(Daten unbekannt)

A. Kaufmann aus Odessa erinnert sich hier an Tschaikowskys Besuch in der Stadt im Jahre 1893.

Ich weiß noch, wie der Dirigent Emmanuel auf einer Probe zu Peter Iljitschs Oper [*Pique Dame*] anmerkte: »Aber wissen Sie, Peter Iljitsch, in *Mazeppa* finden sich Anklänge an *Eugen Onegin*, *Der Opritschnik* und andere [Ihrer] Opern.«
»Aber wissen Sie, Maestro«, entgegnete Tschaikowsky in demselben Tonfall, »*Mazeppa* ist ebenso meine Oper wie *Eugen Onegin* und *Der Opritschnik.*«

A. Kaufmann, *Vstreči s Čajkovskim* [*Begegnungen mit Tschaikowsky*]; in: »Solnce Rossii« [»Sonne Rußlands«], 1913, Nr. 44, abgedruckt in PVC4, S. 419.

Tatjana Schtschepkina-Kupernik

(Siehe Seite 117)

Der folgende Vorfall trug sich 1887 bei einer Flußfahrt auf der Wolga zu.

Alle Künstler bemerkten vor allem die Bescheidenheit und Feinfühligkeit Tschaikowskys, der zu dem unbedeutendsten Choristen von ebenso ausgesuchter Freundlichkeit war wie zu Premierministern. In diesem Zusammenhang erzählte mir sein Bruder [Modest] viel später ein köstliches Ereignis, das Peter Iljitsch auf irgendeiner Dampferfahrt widerfahren war. Es war Tschaikowsky bekanntermaßen äußerst unangenehm, wenn er in der Öffentlichkeit erkannt und gefeiert wurde. Auf dem Dampfer war er unbemerkt geblieben und war unbeschreiblich glücklich darüber. Unauffällig mischte er sich unter die anderen Passagiere, nahm an ihren Vergnügungen teil und willigte

sogar ein, eine Dame [auf dem Klavier] zu begleiten. Als sie eine seiner Romanzen darbot, wollte er ihr zeigen, wie eine bestimmte Stelle auszuführen sei, woraufhin sie mißvergnügt bemerkte:
»Erlauben Sie, daß ich es besser weiß, wie dies zu singen ist. Diese Romanze habe ich mit meiner Lehrerin einstudiert, und Tschaikowsky selbst hat ihr gezeigt, wie sie darzubieten ist.«
Tschaikowsky verbeugte sich hochachtungsvoll …

Tatjana Schtschepkina-Kupernik, Erinnerungen; in: KP, 6. März 1940, abgedruckt in PVC4, S. 266.

XI
Zwei Würdigungen

Arthur Pougin
(1834–1921)

Der französischer Musikschrifsteller Arthur Pougin war der Herausgeber des Ergänzungsbandes zu Fétis' *Biographie universelle des musiciens.* Im ersten Teil des folgenden Eintrags in diesem Band wird ein sehr selektiver und faktisch ungenauer Bericht über Tschaikowskys Werdegang bis zu seiner Oper *Wakula der Schmied* (1874) gegeben.

Monsieur Tschaikowsky ist einer der begabtesten und interessantesten Musiker der jungen russischen Schule. Wenn seine Urteilskraft auch womöglich ein wenig unsicher ist, womöglich ein wenig zu sehr von den mißlichen Einfällen durchdrungen, die seit einem Vierteljahrhundert so viele Köpfe in Beschlag genommen haben, so hat ihn auch sein eher unbestimmter Eklektizismus bislang zweifellos daran gehindert, seine ganze Bedeutung zu entfalten. Daraus erklärt sich, daß seine eigentliche Schöpferkraft uns noch nicht mit ganzer Macht erschienen ist und daß seine Werke, unterschiedlich wie sie sind in Eigenart und Eingebung, sich zuweilen durch ihre wahrhaft vorzüglichen Qualitäten empfehlen (so etwa sein treffliches [erstes] Klavierkonzert und seine hübschen Vokalmelodien, wohlklingend und zugleich neuartig), sich zuweilen durch Aufbietung einer Art von willkürlicher Unverständlichkeit auszeichnen, durch einen Stil, der alles auf die Spitze treibt, durch eine erzwungen wirkende Extravaganz, die jedes Verständnis erschwert und die Ohren völlig ermüdet (so in seiner symphonischen Fantasie über Shakespeares *Der Sturm* und in seiner *Romeo und Julia*-Ouvertüre). Von jedem Stil läßt sich etwas in der Musik von Monsieur Tschaikowsky finden – von Schumann ebenso wie von Wagner, von Berlioz wie von Mendelssohn. Daher rührt der Mangel an Gewißheit [in der Nutzung] seiner Möglichkeiten, [der Mangel] an Festigkeit seines Talents und an Genauigkeit dessen, was daraus entsteht; von daher rührt aber auch die Schwierigkeit des Kritikers, den Künstler zu klassifizieren, und ihm den Platz, der ihm gebührt, zuzuweisen.

Doch wenn man alles in Betracht zieht, muß gesagt werden, daß Monsieur Tschaikowsky ein höchst bemerkenswerter Künstler ist, ein oftmals inspirierter Meister aller Geheimnisse seiner Kunst, aller Möglichkeiten des Orchesters, die er auf wunderbare Weise zu nutzen versteht, ein gelehrsamer Musiker, dem man nicht zum Vorwurf machen kann, daß er das ideale Wesen der Musik seiner Suche nach sinnlicher wie grober Wirkung aufopfert.

»Tschaikowsky«, *Biographie universelle des musiciens et bibliographie générale de la musique* (Hg. F.-J. Fétis), *Supplément et complément* (Hg. Arthur Pougin), Paris 1881.

Edward Dannreuther
(1844–1905)

Edward Dannreuther war Pianist und Musikschriftsteller deutscher Abstammung. Als Pianist führte er Tschaikowskys erstes Klavierkonzert in England ein und machte Änderungsvorschläge für den Solopart, die der Komponist übernahm. Zur ersten Auflage von Groves *A Dictionary of Music and Musicians* trug er den Artikel über Tschaikowsky bei.

TSCHAIKOWSKY, Peter Iljitsch, einer der bemerkenswertesten Komponisten unserer Zeit, wurde am 25. April [nach russischem Kalender] 1840 in Wotkinsk im Gouvernement Wiatka (Ural) geboren, wo sein Vater als Ingenieur für den kaiserlichen Bergbau tätig war. 1850 wurde der Vater zum Direktor des Technischen Instituts in St. Petersburg ernannt, und der Junge begann die Schule für Jurisprudenz zu besuchen, in die ausschließlich Söhne höherer Beamter aufgenommen wurden. Nachdem er die vorgesehene Schullaufbahn abgeschlossen hatte, erhielt er 1859 eine Stellung im Justizministerium. 1862 jedoch, als in St. Petersburg das Konservatorium für Musik begründet wurde, quittierte er den Staatsdienst und trat als Musikstudent in die neue Schule ein. Dort blieb er bis 1865, studierte Harmonielehre und Kontrapunkt bei Prof. Zaremba sowie Komposition bei Anton Rubinstein. 1865 erwarb er sein Musikdiplom zusammen mit einer Auszeichnung für die Komposition einer Kantate auf Schillers Ode »An die Freude«. 1866 berief Nikolaj Rubinstein ihn auf den Posten eines Professors für Harmonielehre, Komposition und Musikgeschichte am neuen Konservatorium von Moskau; diese Stellung, auf der er als Lehrer gute Dienste verrichtete, behielt er zwölf Jahre. Seit 1878 widmet er sich ganz dem Komponieren und lebt in St. Petersburg, Italien, in der Schweiz und in Kiew. Tschaikowsky macht häufigen Gebrauch von den Rhythmen und Weisen der russischen Volkslieder und Tänze, gelegentlich auch von manch eigentümlichen harmonischen Sequenzen, die für die russische Kirchenmusik charakteristisch sind. Seine Werke sind alle mehr oder weniger vom slawischen Wesen geprägt – feuriges Frohlocken auf einer Grundstimmung von träger Schwermut. Er liebt gewaltige und phantastische Entwürfe, kühne Modulationen und stark ausgeprägte Rhythmen, raffinierte melodische Wendungen und überschäumende Figurationen, und er findet an prachtvollen Effekten der Orchestrierung großen Gefallen. Seine Musik hinterläßt allenthalben den Eindruck unverfälschter und ursprünglicher Schöpferkraft.

Edward Dannreuther, »Tschaikowsky«, *A Dictionary of Music and Musicians* (Hg. Sir George Grove), London 1890.

XII
Erste Eindrücke – und mehr
(Teil 2: 1888–93)

Alexandra Amfiteatrowa-Lewitskaja

(Siehe Seite 51)

Über eine Begegnung mit Tschaikowsky 1890 in Tiflis, zehn Jahre nach ihrem letzten Zusammentreffen:

> Als ich Tschaikowsky das erste Mal bei den Ippolitow-Iwanows sah, war ich erstaunt, wie sehr sich sein Erscheinungsbild gewandelt hatte. Das strenge, düstere Bild des Professors am Konservatorium, das sich meinem Gedächtnis eingeprägt hatte, war gänzlich verschwunden. Ich fand einen mir unbekannten Tschaikowsky vor, mit freundlichem, herzlichem Lächeln und gutmütigem Gesichtsausdruck. Peter Iljitsch war stark ergraut, aber schien gleichwohl kein alter Mann zu sein.

Alexandra Amfiteatrowa-Lewitskaja, Erinnerungen; in: CIT, abgedruckt in PVC4, S. 241.

Leonid Nikolajew

(Siehe Seite 151)

> Die letzten Photographien Tschaikowskys geben sein Äußeres treffend wieder. Von mittlerer Größe, kultiviert und mit ebenmäßigen, schönen Gesichtszügen, gab er keine jugendliche Erscheinung ab, sondern wirkte vielmehr älter, als er war. Seine Augen hatten schon ihren Glanz eingebüßt. Kurz vor seiner Ankunft in Kiew hatte er einen seiner Schneidezähne verloren und lispelte daher zuweilen. Ihm war nichts von der Hoheit und Herrlichkeit Anton Rubinsteins eigen, der Kiew zwei Jahre zuvor besucht hatte. Er war schlicht und herzlich.

Leonid Nikolajew, Erinnerungen; in: PVC4, S. 262f.

Michail Gajdaj

(1878–1965)

Michail Gajdaj war als Junge Mitglied des St. Sofien-Chores in Kiew gewesen. Später wurde er Chorleiter und Lehrer. Tschaikowskys Besuch fand 1890 statt.

> Alle Sänger waren im Zustand höchster Aufregung, als sich herumsprach, daß Tschaikowsky – jener Tschaikowsky, dessen Werke wir so häufig probten und in der Kathedrale sangen – kommen würde, um unseren Chor zu hören. Und so geschah

es auch. Eine Glocke erklang, und ein überaus einnehmender älterer Herr betrat den Saal, mit auffallend hoher Stirn und (was sich meinem Gedächtnis unauslöschlich einprägte) mit ergrauendem Haar, das auf ungewöhnliche – und ziemlich unordentliche – Weise emporstand.

Michail Gajdaj, Brief an »Muzyka i penie« [»Musik und Gesang«] (1903), Nr. 9; abgedruckt in PVC4, S. 410.

Jurij Jurjew
(1872–1948)

Jurij Jurjew hatte in Moskau Schauspiel studiert und arbeitete seit September 1893 als Schauspieler am Alexandrinsky-Theater in St. Petersburg.

Ich sah Peter Iljitsch zum ersten Mal im November 1891 bei der Generalprobe zu *Pique Dame* im Bolschoi-Theater Moskau. Was mir sofort im Gedächtnis haften blieb, war seine unverwechselbare Erscheinung, ganz durchdrungen von innerer Würde und Anmut. Seine Stimme war ein angenehmer tiefer Baß... Aus irgendeinem Grund erinnere ich mich an ein sonderbares Detail: an die übermäßig großen Schachteln mit Süßigkeiten, die als Geschenk für die Kinder gedacht waren, die Schüler der Theaterschule, die in der Oper aufzutreten hatten.

Jurij Jurjew, *Zapiski* [*Aufzeichnungen*], Leningrad und Moskau 1948; abgedruckt in PVC4, S. 278.

Igor Strawinsky
(1882–1971)

Igor Strawinskys Vater, Fjodor Strawinsky, war Bassist und bekleidete eine bedeutende Stellung an der Kaiserlichen Oper in St. Petersburg. Tschaikowsky schätzte Fjodor sehr, der zahlreiche der kleineren Partien in seinen Opern gestaltete. Igor Strawinsky gibt an, daß er Tschaikowsky am 50. Jahrestag der Uraufführung von Glinkas *Ruslan und Ludmilla* gesehen habe, was 1892 gewesen sein muß, als Strawinsky zehn Jahre alt war. Wenn dies zutrifft, kann die Begegnung jedoch nicht, wie Strawinsky sagt, vierzehn Tage vor Tschaikowskys Tod stattgefunden haben.

In der ersen Pause traten wir aus unserer Loge in das kleine Foyer dahinter. Ein paar Leute hielten sich bereits dort auf. Plötzlich sagte meine Mutter zu mir: »Igor, schau nur, da ist

Tschaikowsky.« Ich schaute und sah einen großen Mann mit weißem Haar, breiten Schultern, stämmigem Rücken, und dieses Bild ist mir mein Leben lang auf der Netzhaut meines Gedächtnisses erhalten geblieben.

Igor Strawinsky und Robert Craft, *Expositions and Developments*, London 1962, S. 86.

Konstantin Stanislawsky
(1863–1938)

Konstantin Stanislawsky war Schauspieler und Regisseur. Er lernte Tschaikowsky in den 1880er Jahren kennen und verehren. 1898 gründete er das Moskauer Künstlertheater, das sich in seinen frühen Jahren ganz besonders den Stücken Anton Tschechows widmete (der Tschaikowsky ebenfalls persönlich getroffen und in den 1880er Jahren Ermutigung von ihm erfahren hatte). Als 1899 die Inszenierung von Tschechows *Onkel Wanja* vorbereitet wurde, kam es zu einer lebhaften Auseinandersetzung darüber, was für ein Mensch Wanja sei, da Stanislawsky und die anderen ihn für ein konventionelles Mitglied des Landadels gehalten hatten. Schließlich ergab sich eine aufschlußreiche Analogie.

Kostüm und Erscheinung eines Landadligen kennt ein jeder: hohe Stiefel, Mütze, eine Peitsche zuweilen, denn man setzt voraus, daß er häufig ausreitet. So hatten wir ihn uns ausgemalt. Tschechow aber war fürchterlich ungehalten.
»Hören Sie«, sagte er in großer Aufregung, »hier ist alles gesagt. Sie haben das Stück nicht gelesen.«
Wir schauten in das Original, fanden jedoch keinerlei Hinweis, außer wir sollten eine Bemerkung über eine Seidenkrawatte, die Onkle Wanja trug, als solchen nehmen.
»Hier ist es, hier steht es geschrieben«, suchte Tschechow uns einzureden.
»Was steht geschrieben?« Wir konnten nur staunen. »Eine Seidenkrawatte?«
»Aber natürlich. Hören Sie, er hat eine wunderbare Krawatte; er ist ein eleganter, kultivierter Mensch. Es ist doch nicht wahr, daß unsere Landadligen in beschmierten Stiefeln umherlaufen. Sie sind wunderbare Menschen. Sie kleiden sich gut. Sie bestellen ihre Kleidung in Paris. Es steht alles hier geschrieben.«
Diese kleine Bemerkung enthüllte das ganze Drama des zeitgenössischen russischen Lebens: der unbegabte, überflüssige

Professor [Serebrjakow] genießt das Leben. Er hat eine schöne Frau, er genießt akademisches Ansehen, das ihm nicht gebührt. Doch am Schluß zeigt sich, daß Serebrjakow nur einer gigantischen Seifenblase gleicht und eine unverdiente Stellung im Leben bekleidet, wohingegen der talentierte Onkel Wanja und sein Freund Astrow gezwungen sind, im finstersten Winkel der Provinz zu darben. Man möchte die wirklichen Macher und Arbeiter an die Quellen der Macht rufen und die unbefähigten und berühmten Serebrjakows von ihren hohen Posten stürzen. Seit dieser Zeit war Onkel Wanja für uns ein kultivierter, sanfter, eleganter, erlesener Mensch, beinahe wie der unvergeßliche und bezaubernde Peter Iljitsch Tschaikowsky.

Konstantin Stanislavsky, *My Life in Art,* London 1924, S. 361f.

Leopold Auer
(1845–1930)

Dem ungarischen Geiger Leopold Auer hatte Tschaikowsky sein Violinkonzert zugedacht. Von 1868 bis 1917 war Auer am Konservatorium in St. Petersburg Professor für Violine und außerdem Hofgeiger.

Vor meinem inneren Auge erscheinen mir noch einmal die Größen jener Tage. Da ist Tschaikowsky mit der Persönlichkeit und den Umgangsformen eines französischen Marquis aus dem 18. Jahrhundert, dabei jedoch äußerst zurückhaltend, mit einer Zurückhaltung, die aber nicht als Pose fehlgedeutet werden kann. Er war zu klug, als daß er jemals einen Rolle unter seinen Künstlerkollegen zu spielen suchte, denen gegenüber er übrigens stets sehr herzlich war…
Tschaikowsky war übermäßig empfindsam; bescheiden und unaufdringlich in seinem Umgang mit jedermann, war er stets für jedes Interesse zutiefst dankbar, das ihm oder seinem Werk entgegengebracht wurde.

Leopold Auer, *My Long Life in Music,* London 1924, S. 139f., 202.

Walter Damrosch
(Siehe Seite 149)

Im Frühjahr 1891 wurde die Carnegie Hall, von Andrew Carnegie als Heimstatt des höheren Musiklebens von New York errichtet, mit einem Musikfestival eingeweiht, an dem die New York Symphony und die Oratorio Society teilnahmen. Um den Feierlichkeiten besondere Bedeutung zu verleihen, lud ich Peter Iljitsch Tschaikowsky, den großen russischen Komponisten, ein, nach Amerika zu kommen und einige seiner Werke zu dirigieren. Trotz meiner langjährigen Erfahrung habe ich nie einen so liebenswürdigen, so bescheidenen – fast schüchternen – Komponisten getroffen wie ihn. Vom ersten Augenblick an liebten wir ihn alle – meine Frau und ich, der Chor, das Orchester, die Angestellten des Hotels, in dem er Quartier nahm, und natürlich auch die Öffentlichkeit...

Er kam oft zu uns nach Hause, und ich denke, er kam gern. In seinem Umgang mit anderen war er stets liebenswürdig, doch ein Gefühl der Traurigkeit schien ihn nie zu verlassen, obgleich sein Empfang in Amerika mehr als enthusiastisch und sein Besuch in jeder Hinsicht so erfolgreich war, daß er schon plante, im folgenden Jahr wiederzukommen. Dennoch überkamen ihn oftmals unbändige Wellen der Schwermut und Melancholie.

Walter Damrosch, *My Musical Life,* New York 1923, S. 143f.

Während seiner dreieinhalb Wochen in den USA leitete Tschaikowsky auch Konzerte in Philadelphia und Baltimore. Jeder seiner Auftritte in der Öffentlichkeit, auf dem Podium wie hinter der Bühne, wurde von der Lokalpresse genauestens unter die Lupe genommen.

»The Sun«

Er ist ein gutaussehender, stämmiger und imposanter Mann, unaufdringlich und gepflegt im Umgang, der sich entweder in gebrochenem Englisch oder in einer der vielen europäischen Sprachen verständlich macht, die er – mit der typisch russischen Sprachbegabung – völlig beherrscht. Er hat schütteres weißes Haar und einen weißen Bart und ist mit 51 Jahren jünger, als er aussieht.

Anonymus, »The Sun« (Baltimore), 16. Mai 1891.

»North American«

> Tschaikowsky ist ein vornehm aussehender Mann, offenbar um die fünzig Jahre alt, und wirkt eher wie ein begüterter Kaufmann oder ein Senator der Vereinigten Staaten als wie ein Musiker. Sein Verhalten [als Dirigent] ist außerordentlich unauffällig und gänzlich frei von jeder Manieriertheit oder Künstelei. Er scheint tatsächlich nur daran zu denken, daß er zu dem Zweck gekommen ist, das Orchester zu dirigieren – eine Pflicht, die er prompt und ohne weiteres Gehabe oder vorbereitendes Geplustere erfüllt. Beim Dirigieren sind seinen Methoden einfach, deutlich, wirksam und meisterhaft.

Anonymos, »North American« (Philadelphia), 19. Mai 1891.

Gustav Mahler
(1860–1911)

Mahler traf Tschaikowsky erstmals 1888 in Leipzig. 1892 übernahm Mahler in Hamburg die Aufführung von *Eugen Onegin*, die der Komponist eigentlich selbst dirigieren sollte. Tschaikowsky hegte uneingeschränkte Bewunderung für Mahler als Dirigent. Nach dieser Begegnung beschrieb Mahler Tschaikowsky wie folgt:

> Ein älterer Herr, sehr liebenswürdig, mit eleganten Umgangsformen, der recht wohlhabend zu sein scheint und mich irgendwie an Mihalovich [einen ungarischen Komponisten und Pädagogen] erinnert.

Gustav Mahler, Brief an Justine Mahler, zitiert nach: Henry-Louis de La Grange, *Gustav Mahler*, Bd. 1, New York 1973, S. 248.

Dreimal – 1888, 1889 und 1893 – besuchte Tschaikowsky England, um eigene Werke zu dirigieren. Hauptanlaß seines letzten Besuches war die Verleihung der Ehrendoktorwürde D. Mus. durch die Universität Cambridge, doch traf er schon zwei Wochen zuvor ein, um in London ein Konzert der Royal Philharmonic Society zu leiten. In diesen vierzehn Tagen wurde er von vielen englischen Komponisten aufgesucht.

Sir Frederic Cowen
(1852–1935)

Sir Frederic Cowen wurde 1888 ständiger Dirigent der Royal Philharmonic Society in London. Das Folgende bezieht sich auf Tschaikowskys Besuch in jenem Jahr.

Beim nächsten Konzert gab Tschaikowsky für das englische Publikum sein Debüt als Komponistendirigent. Sein Name war hier damals – außer unter Musikern – noch wenig bekannt, obwohl er der Welt schon viele seiner besten Werke geschenkt hatte... Seine London-Besuche (er kehrte im darauffolgenden Jahr wieder) waren stets so kurz, daß ich außer bei Proben und Konzerten kaum Gelegenheit hatte, in seiner Gesellschaft zu sein. Dies bedauerte ich umso mehr, als er ein Mensch von angenehmer und freundlicher Wesensart und überschäumendem Temperament zu sein schien, zu dem man sich desto stärker hingezogen fühlte, je besser man ihn kennenlernte. Er sprach kein Englisch, und so mußte ich die ganze Zeit über neben ihm stehen und seine Wünsche den Orchestermitgliedern übersetzen.

Sir Frederic Cowen, *My Art and my Friends,* London 1913, S. 148f.

John Francis Barnett
(1837–1916)

John Francis Barnett war ein englischer Komponist und Dirigent. Bei Tschaikowskys Besuchen in London traf er mehrfach mit ihm zusammen.

Tschaikowsky war eine eindrucksvolle Persönlichkeit. Er war ein gut gebauter Mann und hatte eine so vorzügliche Haltung, daß seine Erscheinung geradezu militärisch wirkte.

John Francis Barnett, *Musical Reminiscences and Impressions,* London 1906, S. 270.

Francesco Berger
(1834–1933)

Der englische Pianist und Komponist Francesco Berger war seinerzeit der Schriftführer der Royal Philharmonic Society.

Dieser bedeutende Komponist und herrliche Mensch kam im März 1888 nach England, um einige seiner Werke in der Philharmonic Society zu dirigieren; 1889 und 1893 kam er erneut. Bei seinem letzten Besuch in England lud er sich zu mir zum Essen ein, wobei er sich allerdings ausbat, daß es »keine Gesellschaft« und »keine Abendgarderobe« geben sollte. Dement-

Tschaikowsky und der Pianist Alexander Ziloti, 1888

sprechend waren wir nur zu viert: Madame Berger, ich selbst, der Komponist und eine junge Dame (eine begabte Schülerin von mir, Phoebe Hart, die sich seither durch das Verfassen etlicher sehr gewitzter »Monologe« hervorgetan hat, die in verschiedenen Journalen veröffentlicht wurden).
Wie die meisten Ausländer liebte Tschaikowsky das englische Essen, auf englische Art zubereitet, und so bestand unser Dinner hauptsächlich daraus. Er erzählte uns, daß er einst, bevor er Komponist geworden, dieses Land in anderer Eigenschaft schon einmal kurz besucht habe. Seine Konversation, die auf französisch und deutsch vonstatten ging (denn ich spreche kein Russisch), war ungezwungen, ohne zu glänzen, und aus allem, was er sagte, sprach der bescheidene, liebenswürdige Geist, der diesem Manne eigen war. Bei dieser und bei anderen Gelegenheiten bemerkte ich, daß er nie von »Politik« sprach, und wenn dieses Thema im Verlauf der Unterhaltung auftauchte, meinte er nur, daß »Musik und die Kunst im allgemeinen angemessene

Gegenstände für das Gespräch unter Musikern sind – nicht aber die Politik.«

Francesco Berger, *Reminiscences, Impressions, Anecdotes*, London o.J., S. 87.

Mathilde Verne
(1865–1936)

Mathilde Verne, englische Pianistin deutscher Herkunft, war eine Schülerin von Clara Schumann.

Tschaikowskys Erscheinung war das genaue Gegenteil des geistigen Bildes, das ich mir von dem Schöpfer derart leidenschaftlicher und aufwühlender Musik gemacht hatte.
Ich sah sogleich, daß er schrecklich scheu und zurückgezogen war, stellte mir jedoch vor, daß er, sobald er nur an einer musikalischen Darbietung erst mitwirkte, alle Befangenheit ablegen und Feuer und Flamme sein würde. So war ich denn, als er die große Sängerin Augusta Redeker (Lady Semon) bei seinem wunderschönen Lied »Nur wer die Sehnsucht kennt« begleitete, ungemein erstaunt über seine gleichgültige Haltung. Ich kann nur sagen, daß sein Spiel mir matt und teilnahmslos erschien.

Mathilde Verne, *Chords of Remembrance*, London 1936, S. 86f.

Sir George Henschel
(1850–1934)

Sir George Henschel war ein britischer Bariton deutscher Abstammung. Er war Tschaikowsky schon fünfzehn Jahre zuvor, 1875 oder 1876, in Moskau begegnet.

Tschaikowsky, den zu sehen ich während seines kurzen Londoner Aufenthalts fast täglich das Vergnügen hatte, schien mir jetzt, wenngleich auf der höchsten Sprosse der Ruhmesleiter stehend, stärker noch zu Phasen der Schwermütigkeit zu neigen als damals, da ich ihn zum ersten Mal getroffen hatte. In der Tat, eines Nachmittags, während wir über die alten Tage in Petersburg und Moskau und über die vielen Freunde dort, die nicht mehr unter uns waren, sprachen, erhob er sich plötzlich ganz niedergeschlagen und gab angesichts der Ungewißheit, was denn das Streben und Trachten dieser Welt eigentlich gelte, seine Bereitschaft kund, augenblicklich aus ihr zu scheiden. Zu meiner Genugtuung gelang es mir jedoch, die Wolken, die sich über sein Gemüt gelegt hatten, gänzlich zu zerstreuen, und den Rest des Nachmittags wie auch das Dinner am Abend schien er in bester Stimmung zu verbringen.

Sir George Henschel, *Musings & Memories of a Musician,* London 1918, S. 365.

Sir Charles Villiers Stanford
(1852–1924)

Der englische Komponist Charles Villiers Stanford war seit 1887 Professor für Musik an der Universität Cambridge.

[Während seines Aufenthalts in Cambridge] wohnte Tschaikowsky bei dem inzwischen verstorbenen F.W. Maitland, der mir begeistert von seiner Bildung und seinem Verständnis für außermusikalische Themen erzählte. Er erinnerte mich in mancherlei Hinsicht an seinen Landsmann Turgenjew, dem ich einmal bei Madame Viardot begegnet war. Er hatte nichts von der nordischen Schroffheit, war in seinen Umgangsformen vielmehr geschliffen wie ein Franzose und hatte etwas Italienisches in seinem Temperament... Bei allem Selbstvertrauen, das er an den Tag legte, war er doch allem Anschein nach ein Ausbund an Bescheidenheit.

Sir Charles Villiers Stanford, *Pages from an Unwritten Diary,* London 1914, S. 280.

Herman Klein
(1856–1934)

Herman Klein war ein englischer Gesangslehrer und Kritiker.

Im Juni 1893 kam Tschaikowsky nach England, um die Ehrendoktorwürde »Mus. Doc.« der Universität Cambridge in Empfang zu nehmen... Durch einen glücklichen Zufall traf es sich, daß ich im selbem Waggon nach Cambridge fuhr wie Tschaikowsky. Ich war ganz allein im Abteil, und erst, als der Zug bereits anfuhr, öffnete sich die Türe, ein älterer Gentleman wurde ohne große Umstände zu mir hineinbefördert und sein

Gepäck von den Schaffnern stückweise nachgereicht. Ein kurzer Blick verriet mir, wer er war. Ich bot meine Hilfe an, und nachdem er wieder zu Atem gekommen, sagte der Meister, er entsinne sich, daß ich ihm eines Abends in der Philharmonic Society vorgestellt worden war. Dann folgte eine Stunde der herrlichsten Unterhaltung.

Tschaikowsky plauderte unbekümmert über das Musikleben in Rußland. Er meinte, daß die Entwicklung der letzten fünfundzwanzig Jahre einfach phänomenal gewesen sei. Er schrieb sie erstens dem tiefen musikalischen Empfinden des Volkes zu, das jetzt zum Vorschein komme; zweitens dem außerordentlichen Reichtum und der eigentümlichen Schönheit der Volksmelodien und Volkslieder; sowie drittens der hervorragenden Arbeit, die von den großen Unterrichtsinstitutionen in St. Petersburg und Moskau geleistet worden sei. Dabei erwähnte er besonders sein eigenes Konservatorium in Moskau und bat mich dringend, sollte ich jemals in jene Stadt reisen, ihn unweigerlich dort aufzusuchen. Sodann stellte er mir manche Frage über England und erkundigte sich insbesondere nach den Verwaltungs- und Unterrichtsmethoden, die an der Royal Academy und am Royal College gepflegt wurden. Ich gab gehörig Auskunft und ließ ihn auch etliches über die Guildhall School of Music mit ihren dreitausend Studenten wissen. Er war erstaunt zu erfahren, daß London eine dermaßen gigantische Musikinstitution besaß.

»Ich weiß nicht recht«, fügte er hinzu, »ob ich England für eine 'unmusikalische' Nation halten soll oder nicht. Manchmal scheint es mir so, manchmal hinwiederum nicht. Doch es ist gewiß, daß Sie ein Publikum haben für Musik aller Art, und es dünkt mir wahrscheinlich, daß binnen kurzem der größte Teil Ihres Publikums ausschließlich die beste Art Musik unterstützen wird.« Dann erinnerte er sich an den Fehlschlag seines *Eugen Onegin* und fragte mich, worauf ich ihn zurückführen würde – auf die Musik, das Libretto, die Aufführung oder worauf sonst? Ich gab, ohne zu schmeicheln, zur Antwort, daß es die Musik zweifellos nicht sei. Es könnte in gewissem Maße am mangelnden dramatischen Gehalt der Fabel gelegen haben und in hohem Maße an der Unzulänglichkeit der Ausführung wie auch an der mangelnden Eignung des Aufführungsortes. »Bedenken Sie«, fuhr ich fort, »daß Puschkins Poem in diesem

Lande unbekannt ist und daß wir bei einer Oper ein klares Dénouement erwarten, nicht ein Ende, bei dem der Held zur einen und die Heldin zur anderen Tür abtritt.«
Tschaikowsky sollte bei dem Master von Merton [tatsächlich von Downing] College zu Gast sein, und ich sah zu, daß er sicher dorthin gelangte, ehe ich mich in mein eigenes Hotel begab. Den Kutscher anweisend, einen kleinen Umweg zu nehmen, zeigte ich ihm verschiedene Sehenswürdigkeiten, an denen wir vorbeikamen, und Tschaikowsky schien an dieser Rundfahrt großen Gefallen zu finden. Als wir uns am College trennten, schüttelte er mir herzlich die Hand und äußerte die Hoffnung, mich bei seinem nächsten Besuch in England wiederzusehen. Leider sollte dieser freundliche Wunsch jedoch nicht in Erfüllung gehen.

Herman Klein, *Thirty Years of Musical Life in London, 1870–1900,* London 1903, S. 343–348.

Ethel Smyth
(1858–1944)

Die englische Komponistin Ethel Smyth hatte in Leipzig studiert und Tschaikowsky im Jahre 1888 ebendort getroffen. Tschaikowskys Haltung gegenüber ihrem Hund Marco, wie Ethel Smyth sie hier beschreibt, ist überraschend; üblicherweise mochte er Hunde.

Von allen Komponisten, die ich je traf, war Tschaikowsky als Persönlichkeit der bezauberndste. Zwischen ihm und mir erwuchs sogleich eine Verbindung, die zweifellos, wären nur die Umstände geneigt gewesen, zu einer engen Freundschaft gereift wäre; so offenherzig war er, daß er sich ohne Groll in das fügte, was ich seinem Werk entgegenzubringen vermochte – nur eine sehr bedingte Bewunderung nämlich. An die ungehobelten, fast schon groben Umgangsformen gewohnt, die viele der deutschen Komponisten als Teil ihrer Selbstdarstellung und als Zeichen ihres Genies an den Tag legten, war es mir eine Erleichterung, in diesem Russen, der bei aller Rohheit seiner Diamanten ein Meister seines Feldes war, einen geschliffenen, gebildeten Gentleman und Mann von Welt zu finden. Selbst seine Geringschätzung für Brahms' Musik konnte meine Zuneigung für ihn nicht schmälern – und dies, so meine ich, legt deutlich Zeugnis seines Zaubers ab! Er pflegte stundenlang mit mir über Brahms zu streiten, pflegte Stellen auf dem Klavier zu spielen und dann zu fragen, ob sie nicht wahrhaft scheußlich seien. Wenn ich verneinte, erklärte er, ich müsse unter hypnotischem Einfluß stehen, da meine Bewunderung für diesen jämmerlichen Pedanten nicht zu dem passe, was er die Sicherheit meines Gespürs in anderen Dingen zu nennen sonst die Freundlichkeit hatte. Was ihn ebenfalls erstaunte war meine Zuneigung zu Marco [ihrem Hund], vor dem er insgeheim Angst hatte. Diesen Zug an mir hielt er indes für einen englischen Spleen, so daß er davon weniger als von meiner anderen Verrücktheit beunruhigt war. Wie dem auch sei, beim Lesen seiner Memoiren fand ich es vergnüglich, Marco und Brahms dort zusammengefaßt als die beiden Exzentrizitäten seiner jungen englischen Freundin zu finden.

In einem Punkt stimmten wir völlig überein: die Vernachlässigung von Klangfarben in meiner Schule. »Kein einziger unter Ihnen versteht es zu instrumentieren«, sagte er und bat mich inständig, meine Aufmerksamkeit sogleich auf das Orchester zu richten und mich keineswegs zu scheuen, das Medium in allen seinen Möglichkeiten auszuschöpfen. »Was geschieht denn«, fragte er »in gewöhnlicher Konversation? Wenn Sie es mit wirklich lebendigen Leuten zu tun haben, hören sie auf die Modulation in ihren Stimmen… Da haben Sie reine Instrumentation!« Und ich folgte seinem Ratschlag auf der Stelle, besuchte Konzerte einzig zu dem Zweck, die Orchesterwirkungen zu studieren, füllte Notizbuch über Notizbuch mit meinen Eindrücken und habe seither mindestens ebenso viel Interesse am Klang wie am Sinn, da ich beide für untrennbar halte.

Ethel Smyth, *Impressions that Remained,* London 1919, S. 167f.

XIII
Die letzten Jahre

Nikolaj Kaschkin

(Siehe Seite 48)

Äußerlich erschien Tschaikowsky nicht sonderlich kräftig, in Wahrheit aber war er rüstig und abgehärtet. Gewohnt, bei jedem Wetter auf dem Lande zu spazieren, war er gegenüber Erkältungen fast immun; nur windiges Wetter mißfiel ihm sehr, weniger weil es schädlich, als vielmehr weil es unangenehm war. Sein einziges Leiden war eine Art Darmgrippe, die ihn von Zeit zu Zeit überkam, zuweilen von recht hoher Temperatur begleitet. Doch stets ging all dies von selbst vorüber oder wich dank der Heilkraft der angewandten Hausmittel (Peter Iljitsch zog es vor, keine Ärzte zu bemühen). Wie dem auch sei, mit Herannahen seines fünfzigsten Geburtstages jedoch begannen sich die Spuren des Alterns und der Erschöpfung zu zeigen, wenn er auch bis zu seinem Tod niemals an irgendeiner Krankheit oder Unpäßlichkeit des Alters litt. Äußerlich alterte Peter Iljitsch in seinen letzten Jahren stark: Sein schütteres Haar wurde vollkommen weiß, sein Antlitz bedeckte sich über und über mit Falten, die Zähne begannen ihm auszufallen, was er besonders unangenehm fand, da es ihn manchmal an einer deutlichen Aussprache hinderte. Noch merklicher aber war die zunehmende Schwäche seines Augenlichts, wodurch ihm das abendliche Lesen am Feuer erschwert wurde. Dies wiederum beraubte ihn seines liebsten Zeitvertreibs während des schöpferischen Lebens, dem er auf dem Lande nachging, so daß die Einsamkeit für ihn bedrückend wurde, vor allem an den langen Winterabenden.
Erschöpfung zeigte sich vornehmlich darin, daß ihn der Plan zu einer neuen Komposition nicht mehr so völlig erfüllte, wie dies ehdem der Fall gewesen. Immer öfter kamen die Momente, wo das gedankliche Arbeiten erforderte, daß er sich in irgendeiner nichtssagenden Beschäftigung, die ohne geistige Anstrengung vor sich ging, Erholung und Ruhe verschaffte. Peter Iljitsch sagte zuweilen, daß ihn die Aussicht auf eine abendliche Gesellschaft zum Kartenspiel (drei Doppelpartien Whist, mehr konnte er kaum mit Vergnügen spielen) außerordentlich erfreuen würde, aber daß sich dies auf dem Lande unmöglich einrichten lasse, ohne nach Leuten aus Klin zu schicken. Dies aber wollte er auf keinen Fall tun, da er sich sei-

ne absolute Freiheit zu erhalten wünsche. Soweit ich sehen kann, gab es für Tschaikowsky dennoch nur sehr wenige Abende schwermütiger Einsamkeit; häufiger als zuvor vermochte er in der Komposition, die ihn zum jeweiligen Zeitpunkt beschäftigte, zu leben. Andererseits beschäftigten ihn außer den eigenen Werken auch die anderer Komponisten. Wenn ein neues Stück ihm gefiel, pflegte er es stundenlang und mit Vergnügen zu studieren. So mochte er sich beispielsweise lange Zeit von der Partitur zu Rimsky-Korsakows *Capriccio espagnol* gar nicht trennen, da ihn hier die Neuartigkeit und Pracht der Orchesterwirkungen so fesselte. Ich weiß noch, daß er, als er einmal für mehrere Tage nach Moskau kam, diese Partitur gar bei sich führte, obgleich er sie gewiß auswendig kannte. Allein, es machte ihm Freude, die Partitur aufzuschlagen und, ohne sein Gedächtnis zu bemühen, noch einmal durchzulesen, was er schon so gut kannte... Abends waren Partituren leichter als Bücher zu lesen, weil gedruckte Noten für die Augen leichter zu erfassen sind – und so konnte ihm solche Lektüre zuweilen seine freie Zeit ausfüllen. Ich sollte auch noch das Patience-Spiel erwähnen, mit dem mein Freund sich zuweilen abgab, wenn auch nie für länger als jeweils ein paar Minuten – lange genug für die zwei Arten der Patience, die er kannte (andere lernte er nie). Seine Patience-Karten jedoch waren stets ein wesentliches Accessoir auf seinem Schreibtisch; er nahm sie wohl auch auf seine Reisen mit.

Nikolaj Kaschkin, KVC, S. 151ff.

Tschaikowskys Selbstsicherheit wurde immer größer, je weiter der Vergangenheit anheimfiel, was er als den Skandal seiner Eheschließung empfand. Vor allem aber sein überwältigender Erfolg als Komponist und die persönliche Wertschätzung, die er erfuhr und die sich ihm in den begeisterten Empfängen bewies, die ihm überall bereitet wurden, ließen ihn sehr viel bereitwilliger gesellschaftlichen Umgang pflegen. Er konnte nun sogar über seine Heirat plaudern und scherzen, wobei er an seiner halb komischen Version des Vorgefallenen, die alle Verantwortung der Frau zuschob, allerdings festhielt.

Nikolaj Rimsky-Korsakow

(Siehe Seite 60)

In den folgenden Jahren [d. h. nach 1890] häuften sich Tschaikowskys Kurzbesuche in St. Petersburg. Die Zeit, die wir miteinander verbrachten, endete für gewöhnlich damit, daß wir bis drei oder vier Uhr früh mit Liadow, Glasunow und anderen in einer Gastwirtschaft saßen. Tschaikowsky konnte große Mengen Wein trinken und dabei die Herrschaft über seine Fähigkeiten, die körperlichen wie die geistigen, völlig behalten. Kaum einer konnte es ihm in dieser Hinsicht gleichtun.

Nikolaj Rimsky-Korsakow, RKL, 9. Aufl. (Moskau 1982), S. 223.

Isaak Bukinik

(Siehe Seite 152)

Bukinik berichtet hier von einer Unterhaltung, die sich 1893 auf dem Bankett nach Tschaikowskys Konzert in Charkow entspann. Dabei überrascht nicht so sehr, was Tschaikowsky hier erzählt (obwohl es, falls er sich auf sein Verhältnis mit Antonina Miljukowa bezieht, keineswegs mit den bekannten Tatsachen übereinstimmt; auch das Ende ist falsch), sondern daß er es überhaupt erzählt haben soll.

Tschaikowsky erzählte von einer seltsamen Romanze, die er mit einer Studentin vom Moskauer Konservatorium gehabt haben soll. Es zeigte sich, daß er nichts von ihrer Liebe zu ihm wußte und völlig außer Fassung geriet, als sie ihn in seiner Wohnung aufsuchte, auf die Knie fiel und erklärte, daß sie ohne ihn nicht leben könne, daß sie gekommen sei, zu seinen Füßen zu sterben. Und tatsächlich zog sie eine Pistole hervor und war im Begriff, sich zu erschießen. Peter Iljitsch erzählte, welche Ängste er ausgestanden, wie er versprochen habe, sie zu heiraten, und wie es ihm nur mit größter Mühe gelungen sei, dieser Wahnsinnigen zu entkommen.

Isaak Bukinik, Erinnerungen; in: PVC4, S. 299.

Walter Damrosch

(Siehe Seite 149)

Damrosch war im Juni 1893 Gast in Cambridge.

Im Mai des folgenden Jahres ging ich mit meiner Frau nach England und erhielt eine Einladung von Charles Villiers Stanford, seinerzeit Musikprofessor in Cambridge, die alte Universität zu den Examensfeierlichkeiten zu besuchen, bei denen fünf Komponisten aus fünf verschiedenen Ländern die

Ehrendoktorwürde erhalten sollten: Saint-Saëns aus Frankreich, Boito aus Italien, Grieg aus Norwegen, Bruch aus Deutschland und Tschaikowsky aus Rußland...
Am Abend wurde im Speisesaal des [King's] College ein großes Bankett gegeben, und durch einen glücklichen Zufall wurde ich neben Tschaikowsky plaziert. Er erzählte mir bei Tisch, daß er soeben eine neue Symphonie vollendet habe, die sich ihrer Form nach von allen, die er je geschrieben habe, unterscheide. Ich fragte ihn, worin denn dieser Unterschied bestehe, und er antwortete: »Der letzte Satz ist ein Adagio, und das gesamte Werk hat ein Programm.«
»Erzählen Sie mir doch das Programm«, drang ich in ihn.
»Nein«, sagte er, »das werde ich niemals erzählen. Aber ich werde Ihnen die erste Partitur und die Orchesterstimmen schicken, sobald Jürgenson, mein Verleger, sie fertiggestellt hat.«
Wir trennten uns in der Erwartung, uns schon im kommenden Winter in Amerika wiederzusehen. Doch, ach, im Oktober traf das Kabel ein, das seinen Tod durch Cholera verkündete, und nur wenige Tage darauf kam ein Paket aus Moskau an, das die Partitur und Orchesterstimmen seiner Symphonie Nr. 6, der *Pathétique*, enthielt. Es war wie eine Botschaft aus dem Reich der Toten.

Walter Damrosch, *My Musical Life,* New York 1923, S. 144f.

Michail Ippolitow-Iwanow

(Siehe Seite 125)

Ippolitow-Iwanow erinnert sich hier an eine seiner letzten Begegnungen mit Tschaikowsky, dieses Mal bei Tanejew in Moskau, wo die Gesellschaft sich eingefunden hatte, um die neue 6. Symphonie in der Klavierfassung zu vier Händen anzuhören.

Sie wurde von Lew Konjus und Sergej Iwanowitsch [Tanejew] gespielt. Sei es aber wegen des häufigen Abbrechens, um irgendwelche Einzelheiten zu verbessern, sei es wegen der unwirschen Unterbrechungen von seiten Peter Iljitschs, der an jenem Abend offenbar besonders reizbar war – die Symphonie jedenfalls hinterließ keinen tieferen Eindruck bei uns, und Peter Iljitsch war finsterer als eine Gewitterwolke.

An jenem Abend traf ich zum ersten Mal Sergej Rachmaninow, der das Konservatorium ein Jahr vor meiner Ankunft in Moskau beendet hatte... Gegen Ende jenes Abends machte Rachmaninow uns mit seiner kürzlich vollendeten Symphonischen Dichtung *Der Felsen* bekannt (nach dem Gedicht von Lermontow und ohne Frage unter dem Einfluß von Rimsky-Korsakow [komponiert]). Allen gefiel diese [Symphonische] Dichtung sehr gut, und ganz besonders Peter Iljitsch erfreute sich an ihrer Farbigkeit. Die Darbietung von *Der Felsen* und das Gespräch darüber zerstreuten Peter Iljitsch ein wenig, und seine frühere heitere Stimmung kehrte zurück. Gänzlich wiederhergestellt war seine Laune, als Sergej Iwanowitsch, da er sah, daß Peter Iljitsch rauchen wollte, ihn daran erinnerte, daß Rauchen nur im Durchgang neben dem Kamin erlaubt sei, wohin zu begeben er ihm unverzüglich riet. An der Wand neben dem Kamin aber hing ein Auszug aus einem Artikel von Leo Tolstoi über die Schädlichkeit des Tabaks, worauf die Aufmerksamkeit aller Raucher zu lenken Sergej Iwanowitsch für seine Pflicht hielt. Nach der langen musikalischen Darbietung eilte nun jedermann, den Platz direkt neben diesem Rauchfang zu besetzen, wo sich stets eine größere Gesellschaft einfand, um über die neuesten Angelegenheiten zu disputieren. Wenn Tschaikowsky sich auch gegen derart herrscherliches Verhalten gegenüber seinen Gästen von seiten des Gastgebers verwehrte, fügte er sich doch und begab sich wie jedermann zum Kamin, um dort zu rauchen.

Michail Ippolitow-Iwanow, IRM; abgedruckt in PVC4, S. 239f.

Julian Poplawsky

(Siehe Seite 190)

Poplawsky erinnert sich hier an einen Besuch in Klin, rund zwei Wochen vor Tschaikowskys Tod. Tschaikowsky schickte sich damals an, sein Zuhause zum letzten Mal zu verlassen.

[Auf der Bahnstation von Klin erwartete uns] ein lockiger, erschöpft aussehender Kutscher, der uns zum Eingang eines zweistöckigen Holzhauses mit glasüberdecktem Balkon brachte, das letzte Haus an der Straße Richtung Moskau.

Peter Iljitsch bewohnte das obere Stockwerk. Ein großes Zimmer, an den Wänden Bücherschränke für Noten, in der Mitte

ein Flügel, außerdem ein Speisezimmer und ein Schlafzimmer – mehr brauchte dieser einsiedlerische Musiker nicht. All die anderen geräumigen Zimmer, außer zwei oder drei Gästezimmern, wurden alle der Fürsorge Alexejs, seines treuen Dieners, überlassen. Bis auf den Salon ließ keins der Zimmer ahnen, daß hier der bekannteste russische Komponist, der Schöpfer der Oper *Eugen Onegin*, seine Heimstatt hatte... Im Schlafzimmer fanden sich neben Bett, Waschtisch und Toilettentisch ein ungestrichener Kiefertisch am Fenster und einfache Stühle mit Armlehnen. Auf dem Tisch standen ein einfaches Tintenfaß aus Kristallglas, ein erstaunlich kunstvoller Pierrot-Kopf aus Porzellan sowie etliche Kleinigkeiten rohen, derben Kunsthandwerks. Außerdem lagen dort Notenpapier, Schreibfedern und das Manuskript des letzten Klavierkonzerts [Es-Dur], das Peter Iljitsch gerade durchzusehen im Begriffe war, als wir eintrafen...
Eigentlich war dieses Schlafzimmer zugleich auch Peter Iljitschs Arbeitszimmer. Die Fenster blickten auf einen kleinen Garten, rückwärtig von einer Mauer abgeschlossen und mit Blumenbeeten, die Peter Iljitsch selbst bepflanzt hatte. Wenn man auf dem Stuhle saß und geradeaus schaute, gab es nichts, was den Blick hätte aufhalten können, außer den Wolken am Himmel oder der einförmigen Weite der Felder, die sich zum Horizont erstreckten, und außer dem vielsagenden Lächeln des Pierrot. An diesem Kieferntisch pflegte Peter Iljitsch zu arbeiten, wenn er allmorgendlich um sieben Uhr aufstand. Weder in den Bergen der Schweiz, noch an den Küsten der Adria, noch in Amerika vermochte Tschaikowsky so gut zu komponieren wie hier im heimatlichen Klin. Im Salon befand sich unweit des Kamins ein großes Scheibpult mit wunderschönen, teuren Schreibuntensilien und einer Menge nicht weniger wertvoller, überaus kostbarer Dinge. Dieses Pult wurde eigens nur für die Korrespondenz benutzt...
Tschaikowskys Notenbibliothek war ungewöhnlich reichhaltig. Zu allererst: eine Schrank mit der herrlichen Leipziger Edition des Gesamtwerks von Mozart. Außerdem gab es Werke der allerneuesten Komponisten – nahezu alle mit herzlicher Widmung. Die Werke von Glinka nahmen einen Ehrenplatz ein. In den Partituren der jüngeren Komponisten waren die Ränder voller Korrekturen, Bemerkungen und oftmals Rat-

schlägen in Tschaikowskys eigener Hand. Er nahm an allem Neuen anteil und hatte alle aufmerksam durchgesehen.
Einer der Schränke war den Meistern der Worte und Gedanken vorbehalten. Hier fanden sich neben Puschkin, Heine, Alexej Tolstoi und Hugo wuchtige Bände großartig aufgestellt mit beschrifteten Rücken: Wundt, Schopenhauer, Mill, Spencer – und andere Namen von Philosophen, die Künstler sonst eher zu achten, denn zu lesen pflegen. Weiterhin stand dort eine kleineres Schränkchen mit prächtigen, meistenteils englischen Ausgaben von Dichtern der Weltliteratur – Dante, Shakespeare, Byron, Milton. In der Ecke ein Kabinett mit kostbaren Geschenken; hier fiel ein goldener Federhalter ins Auge, außerdem Tassen und Weinkelche sowie eine silberne Freiheitsstatue, die er aus Amerika mitgebracht hatte…
An den Wänden wechselten Porträts von Bach, Händel, Mozart, Beethoven, Glinka, Anton Rubinstein und anderen Musikern – viele davon mit Signatur (»à mon ami«, »einem großen Künstler«, oder »einem Musikerkollegen«) – mit Silberkränzen und Familienporträts. In einer behaglichen Ecke mit weich gepolsterten Möbeln lagen auf einem ovalen Tisch kunstvoll geschnitzte Dokumentenbehälter mit den Adressen von russischen und ausländischen Gelehrtenvereinen und Musikgesellschaften. Hier standen auch feine Schachteln aus Saffianleder, mit Photographien gefüllt, die sortiert nach Form und Größe auf die verschieden geformten Fächer aufgeteilt waren. Unter Künstlern, Sängern, Dichtern, Komponisten und Virtuosen aus aller Welt war es hier, wie ich gestehe, keine unwillkommene Überraschung, unter einem bartlosen Gesicht auch die eigene Unterschrift zu finden…
Es war gegen zehn Uhr abends. Klin lag bereits in Schlaf, Alexejs Familie, die uns aufwartete, hatte sich offenbar schon zurückgezogen. Plötzlich erklang in der fast vollständigen Stille ein Akkord so klar und rein wie eine Stimmgabel: Durchs ganze Haus erschallten und hallten die Schläge von silbernen Glöckchen. Die Terzen und die Kleinen Sexten weiteten sich munter zu Oktaven, [wenngleich] zuweilen durch Zwischentöne verzögert, und zwei Glocken mit den reinsten und tiefsten Tönen stritten sich zornig in Quarten und klangen lang und volltönend durch die Luft. Es war eine Spieluhr, die Tschaikowsky in Prag erworben hatte. Als der Uhrmacher den Käu-

fer als den Dirigenten des Konzerts vom Vorabend erkannte, bestand er darauf, sich lediglich das Material und die Arbeitszeit bezahlen zu lassen...

Peter Iljitsch schlug vor, daß wir gemeinsam das Cello-Konzert von Saint-Saëns durchgehen sollten, das er nicht kannte und das Anatoly Andrejewitsch [Brandukow] unter Peter Iljitschs Leitung in St. Petersburg spielen wollte. Wir erhoben uns also von unseren Plätzen am Tisch. Nicht ohne innere Bewegung setzte ich mich an den Flügel und öffnete die Orchesterpartitur, obgleich ich sie zuvor schon durchgesehen hatte. Als ich jedoch den ersten Akkord anschlug, zog ich die Hand sofort unwillkürlich wieder zurück – niemals zuvor war mir ein derart verstimmter Flügel untergekommen. Ich entsann mich der Versicherungen gewisser »Neunmalkluger«, daß Tschaikowsky ausschließlich am Flügel komponiere. Man hätte wohl kaum einen deutlicheren Beweis gegen solch widersinnige Behauptungen finden können. Nachdem wir gemeinsam die unbrauchbarsten Tasten ausgemerzt hatten, begannen wir unsere Darbietung. Peter Iljitsch folgte und gab mit seiner Linken die Holzbläserpartien, während Anatoly Andrejewitsch das Solo-Cello sang. Dieses improvisierte Trio wird mir ewig im Gedächtnis bleiben.

Unbemerkt verging die Zeit bis elf Uhr, wann Peter Iljitsch gewöhnlich zu Bett ging. Unser freundlicher Gastgeber geleitete uns auf die Zimmer, die für uns bereitet waren, um sich selbst zu vergewissern, daß Alexej auch wirklich für alles Nötige gesorgt hatte. Eigenhändig brachte er uns noch Decken und einen Mantel, da er fürchtete, es würde kalt zur Nacht, und wünschte uns sodann eine angenehme Nachtruhe.

Um halb neun am nächsten Morgen fand ich Peter Iljitsch beim Tee vor. An einem kleinen runden Tisch am Salonfenster sitzend, blätterte er die Zeitungen durch und las den gewaltigen Stapel an Briefen, der ihm einmal täglich von der Bahnstation gebracht wurde. Sodann begab er sich an sein Schreibpult und verfaßte für nahezu jeden einzelnen Brief eine Antwort. Er verwahrte all seine Briefe in den unteren Schubladen des Pultes; am Ende eines jeden Jahres wurden die Schubfächer geleert und all seine Korrespondenz, verschnürt und mit dem Jahr beschriftet, Alexej zur sicheren Aufbewahrung übergeben. Peter Iljitsch hegte stets den Vorsatz, sein gewaltiges Archiv

(der Ertrag aus zwanzig Jahren!) einmal zu ordnen und die bedeutenderen Briefe auszusondern.
Peter Iljitsch zeigte und übersetzte (die Korrespondenz traf in fünf Sprachen ein) etliche vergnügliche Briefe für mich und Anatoly Andrejewitsch… In einem beispielsweise wurde er eingeladen, irgendwo im Süden Deutschlands bei einem Konzert mitzuwirken; außerdem bat man ihn noch, »dazu auch Anton Rubinstein und Glinka (?!) mitzubringen«. Des weiteren stellte sich heraus, daß alle gefeierten Persönlichkeiten, die ihrer Tätigkeit auf den Bühnen unserer Hauptstadt nachgingen, auf Anraten oder durch Vermittlung von Peter Iljitsch eingeladen worden waren. Wie gewöhnlich trug Peter Iljitsch sodann seine dritte, mittlerweile erkaltete Tasse Tee an seinen Arbeitstisch im Schlafzimmer…
Um ein Uhr machten wir uns in den Wald auf, der kaum mehr als einen Werst entfernt lag. Wenn die Kleidung, die Peter Iljitsch im Hause trug, bereits schon mehr als schlicht zu nennen war, so hätte der Mantel, in dem er sich auf den Straßen von Klin zeigte, ohne weiteres bei einer Ausstellung längst vergangener Moden mithalten können. Vor sehr langer Zeit hatte er das gute Stück in Wien erstanden. Peter Iljitsch unternahm seinen Spaziergang bei jedem Wetter, sommers wie winters. Jeder Baum war ihm vertraut. Wir gelangten an einen Graben – Überrest der Arbeit an einem Kanal, der zur Zeit Nikolajs I. die Wolga mit der Sestra verbinden sollte. Da er den Ort bestens kannte, ließ Peter Iljitsch uns das traurige Los der Leibeigenen wissen, die für dieses Unterfangen gearbeitet hatten. Währenddessen beklagte er, daß es ihm nicht gelungen sei, seinen längst gefaßten Plan, zusammen mit Nikolaj Kaschkin dem ganzen Kanal zu Fuß bis zur Wolga zu folgen, in die Tat umzusetzen – und er hoffte nun, daß er es im kommenden Frühling nachholen könne. Lieber Peter Iljitsch, auch ich hatte gehofft, Sie zu begleiten!
Unbemerkt waren wir an eine wunderbare Stelle gelangt. Im Wald tat sich plötzlich eine kleine Lichtung auf; rechter Hand mäanderte die Sestra, zur Linken aber erstreckte sich ein ebenes Feld, soweit das Auge blickte – und wenn man den Wald im Rücken hatte, sah man zu beiden Seiten vor sich die Böschung der Nikolajew-Bahnlinie. In der Ferne war Frolowskoje zu erkennen…

Danach wurde die Heimkehr beschlossen. Mit gekränkter Miene erklärte Alexej, daß unser Essen noch nicht fertig sei, und um die Zeit bis dahin zu verbringen, regte Peter Iljitsch an, daß wir uns Laroches Ouvertüre zu *Karmozina* ansehen sollten.
Bei Tisch sprach Peter Iljitsch von seiner letzten Symphonie. Seine außergewöhnlich gehobene Stimmung bemerkend, brachten wir unser altes Anliegen erneut vor – daß er doch eine Cello-Konzert schreiben solle.
»Warum spielen Sie nicht meine [Rokoko-] Variationen?« lautete seine immergleiche Antwort.
Ich wiederholte den alten Einwand, daß einige der Variationen für den Cellisten sehr ungünstig liegen, daß sie nicht sehr »sanglich« seien.
»Sie können sie also nicht spielen und darum plagen Sie mich«, spaßte Tschaikowsky. »Ich habe doch immer schon gesagt, daß die beste Komposition von Tschaikowsky das ist, was die Krutikowa in *Pique Dame* singt – daran zweifelt doch hier keiner von uns!«
Und jedermann lachte... [Tschaikowsky meint hier die Arie „Je crains de lui parler la nuit" aus Grétrys Oper *Richard, Cœur de Lion*, die er die alte Gräfin in der Schlafzimmerszene von *Pique Dame* singen läßt.]
Nach Tisch gingen wir zu einem der besten Lebensmittelgeschäfte von Klin. Der Besitzer kam uns an der Tür entgegen – ein großer, starker Händler aus dieser Gegend mit einer Schirmmütze, die in der Hitze schon ganz speckig geworden war. Sobald er Tschaikowsky sah, reichte er ihm die Hand. Weit entfernt von der Musik im allgemeinen und den Werken des vor ihm stehenden Komponisten im besonderen, zeigte dieser wackere Kaufmann seine Hochachtung für Peter Iljitsch allein darin, daß er ihn mit »Eure Exzellenz« ansprach. Aus allem, was er feilbot, wurde Apfel-Pastila ausgewählt [ein Konfekt aus Fruchtsaft, Zucker und Eiweiß]. Bevor es dunkelte, zeigte Peter Iljitsch uns noch seine einfache Wirtschaft: seine Heißluftheizug, seine Vorräte an Feuerholz für den Winter, seine Vorräte an Kohlköpfen, die noch zu zerkleinern waren, woran Tschaikowsky sich nicht selten selbst beteiligte.
Um fünf Uhr fingen wir an, uns für Moskau fertigzumachen. Der Inhalt der beiden wohlbekannten Koffer, Tschaikowskys

unentwegte Gefährten, wurde von Alexej geprüft und gepackt. Egorka, Alexejs zweijähriger Sohn (und Patensohn des Meisters) erschien. Zum Abschied tauschte Peter Iljitsch Küsse mit Vater und Sohn. Alexej vertraute seinem Herrn sechs Rubel an und bat ihn, in Moskau dafür etwas Mantelstoff, und was er sonst für seine Garderobe brauchte, zu besorgen. Wir saßen in den Kutschen und bestiegen kaum zwanzig Minuten später schon wohlgemut einen Waggon des Abendzuges.

Julian Poplawsky, Erinnerungen; in: »Artist« (1894), Nr. 42, Bd. 10, abgedruckt in PVC4, S. 318–324.

Michail Ippolitow-Iwanow

(Siehe Seite 125)

Nicht lange bevor er nach St. Petersburg aufbrach, speiste Peter Iljitsch bei uns zusammen mit Sergej Tanejew, der uns ein Maschinchen zeigte, das jemand als »perpetuum mobile« erfunden hatte – eine fortdauernde Bewegung, die dadurch zustande kam, daß man (mit der eigenen Handwärme) die kleinen Flügel eines Propellers anwärmte, der sich im Innern eines verschlossenen Glasbehälters befand und sich davon [der Wärme] in Bewegung setzte. Peter Iljitsch lachte herzlich, daß Sergej Iwanowitsch derartigen Erfindungen ohne praktischen Wert soviel Beachtung schenkte, Sergej Iwanowitsch jedoch versuchte, den wissenschaftlichen Wert solcher Experimente mit einer Ausdauer zu verteidigen, die er besser auf anderes verwendet hätte. Ihr gutwilliger Streit erzeugte jene Stimmung des Austauschs unter Freunden, an die man sich noch sein Lebtag erinnern wird.

Michail Ippolitow-Iwanow, IRM; abgedruckt in PVC4, S. 240.

Konstantin Saradschew

(1877–1954)

Konstantin Saradschew war ein russischer Geiger und Dirigent. 1934 sollte er die Uraufführung von Tschaikowskys früher Konzertouvertüre in c-Moll leiten.

1893 kam Tschaikowsky vor seiner letzten Reise nach St. Petersburg ans [Moskauer] Konservatorium (ich war ein 15jähriger Student), und aus dem Manuskript wurde dort in der Orchesterklasse mit Unterstüzung der Lehrer und Professoren (Hrímaly, von Glenn, Sokolowsky und die Professoren für Holzblasintrumente) die Sechste Symphonie durchgespielt... Safonow dirigierte. Alexandra Iwanowna Hubert, die Aufseherin, achtete streng darauf, daß niemand außer den Orchestermitgliedern im Gebäude blieb. Ich aber, ebenso neugierig wie mutwillig, schaffte es, mich so gut zu verbergen, daß weder die Sicherheitsleute noch die Aufseher mich entdeckten. Die Aufführung im Saal begann um vier, und es gelang mir, mich an die Türe zu schleichen und dort zwei Stunden lang zu horchen. Es gab viele Unterbrechungen; wie es schien, verbesserte man Schreibfehler in den Orchesterstimmen ebenso wie Spielfehler bei der Ausführung. Selbstverständlich begriff ich nicht das geringste – aber dennoch spürte ich, daß etwas Außergewöhnliches stattfand. Als die Probe vorüber war, gingen die Studenten zuerst aus dem Saal. Sie gingen in großer Erregung, denn alle spürten, daß dies etwas völlig anderes gewesen war, als sie jemals zuvor erlebt hatten. Dann sah ich, wie Tschaikowsky, Safonow und Hrímaly zusammen den Saal verließen, während die anderen Lehrer ihnen in einiger Entfernung folgten. Tschaikowsky trug eine sehr große Partitur. Sein Gesicht war ganz besonders rot, er schien sehr erregt. Safonow und Hrímaly gingen ein Stück hinter ihm, allesamt schweigend. Es war schwer zu ermessen, was all diese Menschen soeben durchlebt hatten, aber mir war vollkommen gewiß, daß sich etwas gänzlich Beispielloses, etwas Außerordentliches ereignet hatte.

Konstantin Saradschew, Erinnerungen (1938); in: *Stat'i. Vospominanija* [*Artikel. Erinnerungen*], Moskau 1962, abgedruckt in PVC4, S. 316f.

XIV
Wie starb Tschaikowsky?

Anonymus

In der Stadt kursieren die widersprüchlichsten Gerüchte sowohl hinsichtlich der Ursache von P.I. Tschaikowskys Krankheit als auch der seines Todes.

Zeitungsmeldung, NBG, St. Petersburg, 26. Okt./7. Nov. 1893, zitiert in PTS, S. 219.

Dieser Leitartikelkommentar, der am 7. November, einen Tag nach Tschaikowskys Tod, erschien, warf in aller Öffentlichkeit eine Frage auf, die noch in jüngster Zeit Gegenstand heftiger, zuweilen erbitterter Kontroversen gewesen ist. Unbestritten bleibt, daß Tschaikowsky am 22. Oktober in St. Petersburg eintraf, um die Uraufführung seiner Sechsten Symphonie vorzubereiten. Bis zum Premierendatum am 28. Oktober dürfte er die meiste Zeit und all seine Energie in die Vorbereitungen und Proben dafür investiert haben. Am 31. Oktober besuchte er eine Aufführung von Anton Rubinsteins Oper *Die Makkabäer*; am 1. November aß er mit einem Freund zu Mittag und ging abends ins Theater, um Ostrowskys Stück *Das heiße Herz* zu sehen, bevor er mit Verwandten und Freunden in Leiners Restaurant, einem der bekanntesten in St. Petersburg, zu Abend aß. Am darauffolgenden Tag, dem 2. November, begann seine Krankheit. Danach verließ er Modests Wohnung nicht mehr. Am 6. November wurde sein Tod gemeldet.
Im folgenden werden die wichtigsten Aussagen zu Tschaikowskys Tod zitiert. Zuerst kommen die verschiedenen Darstellungen der Umstände, die zu seiner Erkrankung geführt haben sollen, dann die ausführlichen Krankheitsberichte von Modest Tschaikowsky und Lew Bertenson, einem der behandelnden Ärzte, gemäß ihrer Veröffentlichung in der St. Petersburger Presse. Zum Schluß wird auf die Spekulation über ein angebliches »Ehrengericht« Bezug genommen.

Jurij Dawidow
(1876–1965)

Jurij Dawidow war der jüngste von Tschaikowskys Neffen; zum Zeitpunkt des Vorgefallenen war er siebzehn Jahre alt und ging noch zur Schule. In seinen späten Jahren wurde er Verwalter des Tschaikowsky-Museums in Klin. Er gehörte mit zu der Gesellschaft, die am 1. November die Vorstellung von Ostrowskys Stück *Das heiße Herz* besuchte.

Am Ende des Stückes, das großartig dargeboten worden war, verließen wir das Theater alle bis auf Onkel Modest, der noch mit Maria Gawrilowna Sawina [einer Schauspielerin] reden wollte. Er versprach uns einzuholen, wenn wir zur Fuß gingen. Unterwegs schlug Peter Iljitsch vor, daß wir zu Leiners Restaurant gehen sollten, wo wir schon oft mit ihm gewesen waren, weil es eins der wenigen Restaurants war, das uns Studenten durch die Hintertür (gegen Bezahlung natürlich) einzulassen pflegte. An jenem Abend waren viele unter uns, die eigentlich keinen Zutritt zum Restaurant hatten, und so gingen wir alle in den Hof und warteten, bis Peter Iljitsch die Sache mit dem Besitzer geregelt haben und man uns hereinrufen würde. Lange brauchten wir nicht zu warten. Wir wurden durch ein großes Privatzimmer geführt und fanden uns schließlich bei den anderen wieder… In dem Augenblick, als wir eintraten, war Peter Iljitsch gerade damit beschäftigt, für jedermann Essen zu bestellen.

Sobald er die Order aufgegeben hatte, wandte sich Peter Iljitsch an den Kellner und bat um ein Glas Wasser. Kurz darauf kehrte der Kellner zurück und erklärte, daß kein abgekochtes Wasser mehr da sei. Darauf sagte Peter Iljitsch mit einigem Nachdruck und Ärger in der Stimme: »Dann bringen Sie mir eben unabgekochtes und bitte kalt.«

Angesichts des Cholera-Epidemie in der Stadt, versuchten alle sogleich, ihn davon abzubringen, unabgekochtes Wasser zu trinken. Doch Peter Iljitsch meinte, daß er solchen Vorsorgemaßnahmen ohnehin kein Vertrauen schenke. Der Kellner ging, um die Bestellung auszuführen. In diesem Moment öffnete sich die Tür, und Modest Iljitsch trat in Begleitung des Schauspielers Jurij Jurjew in den Raum und rief: »Aha, wie gut ich doch raten kann! Als ich vorbeiging, dachte ich, ich sollte fragen, ob Ihr wohl hier seid.«

»Und wo sollten wir auch sonst sein?« entgegnete Peter Iljitsch. Unmittelbar darauf kam der Kellner zurück und brachte auf einem Tablett ein Glas Wasser. Sobald Modest herausgefunden hatte, was vor sich ging und woran der anhaltende Disput mit Peter Iljitsch sich entzündet, wurde er richtig böse auf seinen Bruder und rief aus: »Ich verbiete Dir auf der Stelle, unabgekochtes Wasser zu trinken!«

Lachend sprang Peter Iljitsch auf und trat, von Modest gefolgt, dem Kellner entgegen. Doch Peter Iljitsch war schneller, stieß seinen Bruder mit dem Ellbogen zur Seite und schaffte es, das unselige Glas in einem Zug zu leeren. Modest Iljitsch wies ihn streng zurecht – und sodann begann die Ausgelassenheit.

Jurij Dawidow, *Poslednie dni P.I. Čajkowskogo* [*Tschaikowskys letzte Tage*] (1934), veröffentlicht in PVC4, S. 332f.

Modest Tschaikowsky

(Siehe Seite 23)

Die Darstellung, die Modest später in der dreibändigen Biographie seines Bruders veröffentlichen sollte (TZC3, S. 648–654), geht offenkundig auf seinen im folgenden wiedergegebenen Zeitungsbeitrag zurück, da die beiden Texte fast wörtlich übereinstimmen. Lew Bertensons Bericht (siehe unten), auf den Modest sich eingangs bezieht, war fünf Tage zuvor erschienen. Modest beschreibt zunächst, was geschehen war, bevor Bertenson eintraf.

In Ergänzung zu dem knappen, doch völlig zutreffenden Bericht von Lew Bertenson über die letzten Tage im Leben meines Bruders halte ich es, um alle widerstreitenden Gerüchte zu zerstreuen, für unabdingbar, Ihnen einen so umfassenden Bericht wie nur möglich über alles, dessen Zeuge ich wurde, zur Veröffentlichung zu geben.

Am Dienstag Abend besuchte mein Bruder eine Vorstellung von *Das heiße Herz*. Vom Theater aus begab er sich in Leiners Restaurant. Ich mußte mich etwas verspäten, und als ich ungefähr eine Stunde später dort eintraf, hatten alle ihr Mahl bereits beendet.

Als ich am Mittwoch, dem 2. November, morgens aus meinem Schlafzimmer trat, nahm mein Bruder nicht wie gewohnt im Salon den Tee zu sich, sondern befand sich noch in seinem Zimmer und klagte, daß er wegen Magenbeschwerden eine schlechte Nacht verbracht habe. Dies konnte mich nicht allzu sehr beunruhigen, denn solche Beschwerden hatte er häufig: Stets waren sie heftig, doch kurz. Um elf Uhr vormittags zog er sich um und machte sich zu Naprawnik auf, kehrte jedoch nach einer halben Stunde schon zurück, ohne dorthin gelangt zu sein. Er beschloß, zusätzlich zu der Flannellunterwäsche, die er schon angelegt hatte, gewisse Maßnahmen zu ergreifen. Ich schlug vor, nach Wassilij Bernardowitsch Bertenson, seinem Lieblingsarzt, zu schicken, er aber lehnte strikt ab. Ich bestand nicht weiter darauf, da ich wußte, daß er derlei Krankheiten kannte und sie stets ohne Hilfe überstand. Gewöhnlich fand er bei solchen Gelegenheiten Rizinusöl zuträglich. Überzeugt, daß er schon selbst darauf zurückgreifen werde und daß es ihm keinerlei Schaden zufügen könne, ging ich meinen eigenen Geschäften nach und sah ihn bis um ein Uhr nicht mehr. Nach dem Mittagessen hatte er einen geschäftlichen Termin mit Fjodor Mühlbach [einem Freund der beiden Brüder Tschaikowsky]. Auf jeden Fall ging es dem Verstorbenen zwischen elf Uhr vormittags und ein Uhr mittags gut genug, um zwei Geschäftsbriefe zu schreiben; im Anschluß fühlte er sich allerdings nicht mehr in der Lage, noch einen dritten zu verfassen und beschränkte sich auf eine kurze Notiz. Bei Tisch war er dem Essen nicht abgeneigt; er setzte sich zu uns, aß jedoch nichts – allerdings nur, wie es scheint, weil er einsah, daß es ihm schaden könnte. Jetzt erzählte er uns auch, daß er Hunyadiwasser statt Rizinusöl eingenommen hatte. Mir scheint, daß ihm dieses Mittagessen zum Verhängnis wurde, denn während wir noch über die einzunehmenden Medikamente sprachen, goß er sich ein Glas Wasser ein und nahm einen kleinen Schluck davon. Das Wasser war nicht abgekocht. Wir waren alle bestürzt; nur er allein blieb gelassen und beruhigte uns. Von allen Krankheiten fürchtete er die Cholera am wenigsten. Gleich darauf mußte er fort, da ihm schlecht zu werden begann. Er kehrte nicht in den Salon zurück, sondern legte sich, um den Magen zu wärmen, in seinem Zimmer hin. Dennoch machte er sich ebensowenig ernsthafte Sorgen wie wir, die wir um ihn waren. Dies alles war schon oft zuvor geschehen. Obgleich seine Unpäßlichkeit schlimmer wurde, schrieben wir dies der Wirkung des Mineralwassers zu. Wiederum schlug ich vor, nach Wassilij Bernardowitsch zu schicken, und wieder wurde mein Vorschlag entschieden abgewiesen. Außerdem ging es ihm wenig später schon wieder etwas besser, und er bat, sich schlafen legen zu dürfen. Er blieb allein im Zimmer und fiel, wie ich annahm, in Schlaf. Nachdem ich mich versichert hatte, daß in seinem Schlafzimmer alles ruhig war, widmete ich mich wieder meinen eigenen Geschäften und kam erst um fünf Uhr nach Hause. Als ich zurückkehrte, hatte sich sein Zustand derart verschlechtert, daß ich ungeachtet seiner [Tschaikowskys] Einwände nach Wassilij Bertenson schickte. Dennoch gab es noch immer keine beängstigenden Zeichen einer tödlichen Erkrankung.

Gegen sechs Uhr verließ ich meinen Bruder erneut, nachdem ich ihm einen heißen Umschlag auf dem Bauch gemacht hatte. Um acht Uhr, als ich wiederkehrte, kümmerten sich meine Dienstboten um ihn; es war ihnen gelungen, ihn aus seinem Schlafzimmer in jenes Zimmer zu schaffen, wo später dann sein Sarg stand. Denn unterdessen, d. h. zwischen sechs und acht Uhr, waren das Erbrechen und der Durchfall mit einem Mal so heftig geworden, daß mein Kammerdiener, ohne Wassilij Bernardowitschs Eintreffen abzuwarten, nach dem ersten Doktor, der sich finden ließ, geschickt hatte. Aber dennoch kam niemandem die Cholera in den Sinn.

Wassilij Bertenson traf um Viertel nach acht ein. Das Erbrechen und der Durchfall waren die ganze Zeit immer häufiger geworden, doch war der Patient noch stark genug, um sich jedesmal dafür zu erheben. Da von seinen Ausscheidungen nichts aufgehoben worden war, konnte der Arzt zwar zunächst nicht feststellen, daß es sich um Cholera handelte, war jedoch sogleich von der äußersten Ernsthaftigkeit und Schwere der Erkrankung überzeugt. Nachdem er alles, was unter solchen Umständen notwendig ist, verordnet hatte, hielt es der Doktor für unabdignbar, seinen Bruder Lew Bernardowitsch Bertenson hinzuzuziehen.

Modest Tschaikowsky, *Bolezn' P.I. Čajkowskogo* [*Tschaikowskys Krankheit*], in: NV, 1./13. Nov. 1893.

Galina von Meck
(1891–1985)

Galina von Meck war das Kind jener Ehe, die Tschaikowsky und seine Gönnerin Nadeschda von Meck zwischen deren Sohn Karl und Tschaikowskys Nichte Anna in die Wege geleitet hatten. Obowohl sie sich an ihren Großonkel nicht erinnern konnte, war Galina von Meck mit vielen der Hauptbeteiligten (darunter auch Modest) bestens vertraut und liefert uns hier noch eine weitere Version jener Geschichte mit dem unabgekochten Wasser, wie sie innerhalb der Familie weitergegeben wurde.

[Am 2. November] kam der Komponist nach Hause, offensichtlich über irgend etwas äußerst aufgebracht – wir werden niemals wirklich wissen worüber. Er fühlte sich nicht sehr wohl und bat seinen Bruder um ein Glas Wasser. Als ihm gesagt wurde, daß er warten müsse, bis das Wasser abgekocht worden sei (das Petersburger Wasser war unabgekocht nicht zum Trinken geeignet, da die Stadt auf sumpfigem Boden stand), mißachtete er alle Einwände des Bruders, ging in die Küche, füllte ein Glas mit Wasser aus der Leitung und trank es aus, indem er etwas sagte wie: »Wen kümmert's schon!«

Nadeschda von Meck, Tschaikowskys Gönnerin und Galinas Mutter

Am selbem Abend schon fühlte er sich ziemlich krank; der Arzt, der am nächsten Morgen hinzugezogen wurde, diagnostizierte Cholera, die damals in Petersburg stets gegenwärtig war. Drei Tage später starb der Komponist unter großen Qualen...

Galina von Meck, Epilog zu: *Piotr Ilyich Tchaikovsky. Letters to his Family: An Autobiography,* London 1981, S. 555.

Lew Bertenson
(1850–1929)

Lew Bertenson war Arzt, Musikliebhaber und Freund von Modest Tschaikowsky und seinem Bruder. Beim Folgenden handelt es sich um jenen Zeitungsbeitrag, auf den Modest Tschaikowsky sich oben bezieht, der jedoch nur Anlaß zu weiteren Gerüchten sowie zu Modest Tschaikowskys Reaktion bildete. Er setzt dort ein, wo Modest seinen obigen Bericht beschließt. Der redaktionelle Vorspann zu Bertensons Artikel lautete: »Die widersprüchlichen Darstellungen, die hinsichtlich der Krankheit des verstorbenen Pjotr Iljitsch Tschaikowsky im Druck erschienen sind, haben uns nunmehr veranlaßt, uns an Dr. Lew Bertenson, der für die Behandlung des verstorbenen Komponisten zuständig war, zu wenden.«

Ich wurde am Donnerstag, dem 2. November, abends zu Peter Iljitsch gerufen, zusammen mit meinem Bruder Wassilij Bertenson, der ein enger Freund der Familie Tschaikowsky ist und allen ihren Mitgliedern fortwährend zu Diensten steht. Als ich gegen zehn Uhr abends in der Wohung von Modest Iljitsch Tschaikowsky eintraf, wo Peter Iljitsch sich aufhielt, fand ich den Verstorbenen im sogenannten Stadium der Cholera algida vor. Die Symptome waren durchweg typisch, und ich konnte nicht umhin, sogleich einen sehr schweren Fall von Cholera zu diagnostizieren. Wir trafen die verschiedenen Maßnahmen, die für einen solchen Fall vorgesehen sind. Gegen zwei Uhr morgens gelang es uns, die Krämpfe, die vor meinem Eintreffen so heftig gewesen waren, daß der Patient laut aufgeschrien hatte, fast gänzlich zu unterbinden. Die Anfälle von Diarrhoe und Erbrechen traten nunmehr bedeutend seltener und weniger heftig auf als zuvor. Ich ging vor Tagesanbruch und überließ den Patienten meinem Bruder. Freitag Vormittag trat während meiner Abwesenheit eine weitere Verschlechterung von Peter Iljitschs Zustand ein. Die Krämpfe kehrten zurück, und die Herztätigkeit wurde so schwach, daß mein Bruder dem Kranken eine Injektion von Moschus und Kampfer verabreichen mußte. Freitag früh wurde mein Bruder durch meinen Assistenten Dr. Mamonow abgelöst, während ich um elf Uhr vormittags wieder eintraf. Der Zustand des Patienten war solcherart, daß ich überzeugt war, die lebensbedrohlichen Anfälle der vergangenen Nacht seien vorüber.

»Wie fühlen Sie sich?« fragte ich Peter Iljitsch.

»Sehr viel besser«, erwiderte er. »Besten Dank, Sie haben mich dem Rachen des Todes entrissen.«

Das Kollaps-Stadium der Cholera konnte jetzt als abgeschlossen gelten. Leider hatte das zweite Stadium – die Reaktion – noch nicht eingesetzt. Die Sache verhält sich so, daß in derart schweren Cholerafällen wie bei Peter Iljitschs Erkrankung die Nieren aufgrund der rapiden Verschlechterung gewöhnlich ihre Funktion einstellen. Seit Beginn der Krankheit war das vollständige Aussetzen der Nieren des Verstorbenen offensichtlich gewesen. Dies aber ist ein äußerst gefährlicher Zustand, da er durch die Harnbestandteile zu Blutvergiftung führt [Urämie]. Am Freitag jedoch gab es keine ausgeprägten Anzeichen für eine solche Vergiftung. Alle Maßnahmen wurden ergriffen, die Nierenfunktion wiederherzustellen, doch alle blieben vergebens. Eine Maßnahme allerdings – ein [heißes] Bad – unterließ ich bis Samstag und zwar aus folgendem Grund: Die Mutter des verstorbenen Peter Iljitsch war ebenfalls an Cholera gestorben – sie starb in genau dem Augenblick, als man sie in das Bad legte. Peter Iljitsch wußte davon und hegte daher wie auch alle seine Angehörigen eine abergläubische Furcht vor diesem Bad. Am Samstag zeigten sich Spuren von Urämie, und zugleich kam es zu einem neuen und sehr schwerwiegenden Anstieg der Diarrhoe, was nunmehr den paralytischen Zustand des Darms anzeigte. Das Auftreten der Diarrhoe tat auf den Verstorbenen eine stark depressive Wirkung; er wandte sich zu mir und sagte:

»Lassen Sie mich! Quälen Sie sich nicht: Mir ist alles egal, wenn es nicht besser mit mir wird.«

Ich schlug Peter Iljitsch vor, ihm jetzt das Bad zu verabreichen. Er stimmte bereitwillig zu. Als er ins Bad gelassen war, fragte ich: »Ist Ihnen das Bad unangenehm?«

»Im Gegenteil, höchst angenehm«, erwiderte er, bat jedoch nach eine Weile, wieder herausgehoben zu werden, und klagte über Schwäche.

Die unmittelbare Wirkung des Badens war wohltuend: Heißer Schweiß brach aus und gab Hoffnung, daß die Urämie zurückgehen und die Nierenfunktion wiederhergestellt würde. Doch am Abend war diese Hoffnung dahin. Erschlaffung setzte ein, die Herztätigkeit wurde plötzlich schwächer und zwar so sehr, daß Dr. Zander, der bei Peter Iljitsch verblieben war, dem Patienten Moschus-Injektionen verabreichte und nach mir schickte. Ich traf Peter Iljitsch komatös und mit deutlich verminderter Herztätigkeit vor. Nur für jeweils äußerst kurze Zeit gelang es, ihn ins Leben zurückzuholen. So nahm er beispielsweise Flüssigkeit, die man ihm zu trinken bot, mit vollem Bewußtsein zu sich, wobei er »Das genügt«, »Noch etwas« oder dergleichen sagte. Um halb elf abends schwand jede Hoffnung, daß die Krankheit doch noch eine Wendung zum Guten nehmen würde. Die Erschlaffung nahm weiterhin zu, sein Puls war trotz der mehrfachen Injektion von Stimulantien kaum mehr zu fühlen. Um zwei Uhr früh begann der Todeskampf, und um drei Uhr war Peter Iljitsch dahingeschieden.

Lew Bertenson, *Bolezn' P.I. Čajkowskogo* [*Tschaikowskys Krankheit*], in: NV 27. Okt./8. Nov. 1893.

Modest Tschaikowsky
(Siehe Seite 23)

Dies ist die Fortführung von Modests Bericht und zugleich seine Darstellung der schon von Lew Bertenson beschriebenen Ereignisse.

Die Lage wurde immer bedrohlicher. Die Durchfälle kamen zunehmend häufiger und heftiger. Die Schwächung nahm derart zu, daß der Patient sich nicht mehr ohne Hilfe regen konnte. Das Erbrechen bereitete ihm besondere Qual; während er sich erbrach und auch noch einige Momente danach, geriet er völlig außer sich und schrie in allerhöchsten Tönen, ohne jedoch ein einziges Mal über Schmerzen in der Bauchhöhle, sondern nur stets über den unerträglich qualvollen Zustand seiner Brust zu klagen. Einmal wandte er sich zu mir und sagte: »Ich glaube, ich sterbe. Lebewohl!« Diese Worte wiederholte er noch etliche Male. Nach jedem Anfall sank er völlig erschöpft ins Bett zurück. Allerdings kam es noch nicht zu einer Blauverfärbung oder zu Krämpfen.
Lew Bertenson und sein Bruder trafen um elf Uhr ein und erklärten, nachdem sie den Patienten und seine Ausscheidungen untersucht hatten, daß es Cholera sei. Sofort schickten sie nach einem medizinischen Assistenten. Zusammen mit den Ärzten waren wir zu acht bei dem Patienten: die zwei [im Original: drei] Grafen Litke, unser Neffe [Wladimir] Dawidow, mein Kammerdiener Nasar Litrow, der medizinische Assistent und ich selbst. Um Mitternacht begann mein Bruder über

Tschaikowsky (2. von rechts, sitzend) mit seinen Brüdern, St. Petersburg, 1890 (von links): Anatoly, Nikolaj (sitzend), Ippolit und Modest

Krämpfe zu klagen und schrie laut auf. Gemeinsam machten wir uns daran,ihn nach Kräften zu massieren. Der Patient war bei vollem Bewußtsein. Die Krämpfe traten stets an mehreren Stellen des Körpers zugleich auf, und mein Bruder bat uns, bald diese, bald jene Körperstelle zu massieren. Sein Kopf und seine Gliedmaßen fingen an, sich blau zu färben und gänzlich zu erkalten. Kurz vor dem Auftreten der ersten Krämpfe fragte mich der Verstorbene: »Es ist die Cholera, nicht wahr?«
Ich aber verschwieg ihm die Wahrheit. Doch als er vernahm, wie der Doktor Anweisungen zur Vermeidung von Ansteckung erteilte, rief er aus: »Also ist es Cholera!«
Die Einzelheiten dieser Phase der Krankheit lassen sich nur schwer beschreiben. Bis um fünf Uhr morgens währte das ununterbrochene Ringen mit seiner Erstarrung und den Krämpfen, die, je länger sie anhielten, sich umso weniger durch unser kräftiges Reiben und Wärmen seines Körpers behandeln ließen. Es gab mehrere Momente, an denen der Tod eingetreten zu sein schien, doch eine Injektion von Moschus und ein Tannin-Einlauf belebten den Patienten wieder.

Gegen fünf Uhr begann die Krankheit nachzulassen. Mein Bruder wurde einigermaßen ruhig und klagte nur noch über Niedergeschlagenheit. Bis dahin waren die beängstigendsten Momente jene, an denen mein Bruder über Schmerzen in der Herzgegend und über Atemnot klagte. Dies war jetzt vorbei. Eine Dreiviertelstunde völliger Ruhe verging. Erbrechen und Durchfall verloren ihre schlimmsten Ausmaße, wiederholten sich jedoch noch mehrfach. Krämpfe traten auf, wann immer er sich zu regen versuchte. Er bekam Durst, sagte jedoch, daß das Trinken in Gedanken ungleich angenehmer sei als in Wirklichkeit. Sobald ihm etws Flüssigkeit mit dem Teelöffel eingeflößt wurde, wandte er sich voller Abscheu ab. Doch schon wenige Minuten später bat er erneut darum. Was ihm überhaupt am meisten zu schaffen machte, waren die Ängste, die durch die sichtbaren Zeichen seiner Erkrankung bei denen ausgelöst wurden, die ihn umgaben.
Während der schlimmsten Anfälle noch entschuldigte er sich gewissermaßen für die Umstände, die er uns machte. Er fürchtete, daß manches abstoßend wirkte, und war sich dessen sogar noch genügend bewußt, um zuweilen selbst scherzen zu können. So wandte er sich an unseren Lieblingsneffen [Wladimir Dawidow] und sagte: »Ich fürchte, du wirst nach all diesen unangenehmen Dingen jeden Respekt vor mir verlieren.«
Die ganze Zeit über drängte er alle, sich doch zu Bett zu legen, und dankte uns für jeden kleinsten Dienst. In den frühen Morgenstunden, sobald der Patient keine Pflege mehr brauchte, schickte mich Wassilij Bertenson zur Polizei, um dort über das Vorgefallene Meldung zu erstatten.
Am Freitag, dem 3. November, um neun Uhr morgens wurde Wassilij Bertenson, der keinen Augenblick von der Seite meines Bruders gewichen war, von Dr. Mamonow abgelöst. Zu diesem Zeitpunkt herrschte schon seit etwa eine Stunde eine relative Ruhe vor. Wassilij Bertenson erstattete Dr. Mamonow Bericht und ging sogleich, ohne zu warten, bis mein Bruder erwachte. Die Blauverfärbung war jetzt abgeklungen, doch schwarze Flecken zeigten sich auf seinem Gesicht. Diese verschwanden rasch. Es folgte die erste Remission. Wir alle atmeten freier, wenngleich die Anfälle, obwohl deutlich weniger häufig, begleitet von Krämpfen noch immer wiederkehrten. Auf jeden Fall hatte sich sein allgemeiner Zustand so merklich

gebessert, daß er sich außer Gefahr fühlen konnte. So sagte er, als Lew Bernardowitsch gegen elf Uhr vormittags wieder eintraf: »Besten Dank. Sie haben mich dem Rachen des Todes entrissen. Mir geht es sehr viel besser als während der ersten Nacht.«

Diese Worte wiederholte er noch mehr als einmal im Laufe dieses und des folgenden Tages. Gegen Mittag schließlich hörten die von Krämpfen begleiteten Anfälle gänzlich auf. Um drei Uhr nachmittags wurde Dr. Mamonow von Dr. Zander abgelöst. Wie es schien, war die Krankheit der wahrhaft vorbildlichen Behandlung gewichen. Dennoch aber fürchtete der Arzt bereits die zweite Phase der Cholera – Entzündung der Nieren und status typhosus –, wenngleich es zu diesem Zeitpunkt noch immer keinerlei Anzeichen dafür gab. Seine einzige Pein war ein unlöschbarer Durst. Dieser Zustand währte bis zum Abend, besserte sich aber über Nacht so sehr, daß Dr. Mamonow, der Dr. Zander abzulösen kam, darauf bestand, daß wir uns alle zu Bette legten, da er in jener Nacht keine bedrohlichen Symptome feststellen konnte.

Am Samstagmorgen, dem 4. November, hatte sich die Gemütsverfassung des Patienten nicht gebessert. Er schien noch stärker niedergeschlagen zu sein als am Abend vorher. Sein Glaube an Genesung war dahin.

»Lassen Sie mich!« sagte er den Ärzten. »Nichts, was Sie tun, kann etwas ändern. Es wird nicht besser mit mir.«

In seinem Umgang mit denen, die um ihn waren, zeigte sich mehr und mehr eine gewisse Gereiztheit. Hatte er am Abend zuvor gar noch mit den Ärzten gescherzt und mit ihnen über das Glas Wasser gerechtet, gehorchte er an diesem Tag nurmehr fügsam ihren Verordnungen. Die Ärzte setzten jetzt all ihre Mühe darein, seine Nierenfunktion wiederherzustellen, doch vergebens. All unsere Hoffnung galt daher dem heißen Bad, das Lew Bertenson ihm an jenem Abend zu verabreichen gedachte. Dazu muß ich sagen, daß unsere Mutter 1854 ebenfalls an Cholera starb, und zwar trat ihr Tod gerade dann ein, als man sie ins Bad legte. Mein älterer Bruder und ich unterhielten daher unwillkürlich eine abergläubische Furcht vor dieser notwendigen Maßnahme. Unsere Furcht wuchs noch, als wir meinen Bruder auf die Frage des Doktors, ob er jetzt das Bad zu nehmen wünsche, erwidern hörten:

»Ich freue mich sehr, jetzt das Bad zu nehmen, wahrscheinlich aber sterbe ich wie meine Mutter, wenn sie mich hineinlegen.«
Wir waren gezwungen, das Bad an jenem Abend aufzugeben, denn sein Durchfall wurde wieder schlimmer, war schier nicht mehr zu kontrollieren, und die Schwächung des Patienten nahm zu. Um zwei Uhr früh ging Lew Bernardowitsch in großer Sorge über die Lage der Dinge. Nichtsdestotrotz verlief die Nacht einigermaßen gut. Nach zwei weiteren Einläufen nahm der Durchfall erheblich ab, seine Nieren aber arbeiteten weiterhin nicht.
Am Sonntagmorgen, dem 5. November, war der Zustand noch immer nicht hoffnungslos, wenn auch die Sorge der Ärzte um sein Nierenversagen ständig wuchs. Die allgemeine Verfassung meines Bruders war sehr schlecht. Auf alle Fragen nach seinem Befinden gab er nur immer wieder zur Antwort: »Schrecklich!« Zu Lew Bernardowitsch sagte er: »Wieviel Güte und Langmut Sie auf mich verschwenden! Ich kann nicht mehr geheilt werden!«
Nachdem er geschlafen hatte, erschien sein Bewußtsein getrübter als an den anderen Tagen. So erkannte er seinen Hausdiener Sofronow, der an jenem Morgen aus Klin eintraf, nicht sofort wieder, war aber gleichwohl erfreut, ihn zu sehen. Bis ein Uhr mittags schien die Lage allen Umstehenden unverändert zu bleiben. Es gab keinen Tropfen Harn, so daß wir seinen Urin nicht ein einziges Mal untersuchen konnten. Lew Bernardowitsch kam um ein Uhr wieder und hielt es für ratsam, unverzüglich die (wie es uns schien) äußerste Maßnahme zu ergreifen, um seine Nierentätigkeit wiederherzustellen: das Bad. Um zwei Uhr war das Bad bereit. Während es im selben Zimmer vorbereitet wurde, war mein Bruder nicht bei vollem Bewußtsein. Er mußte zu sich geholt werden. Es schien, als könne er zunächst nicht begreifen, was mit ihm geschehe, doch willigte er sodann ein, das Bad zu nehmen, und war, als man ihn hineinlegte, sich des Geschehens voll bewußt. Als ihn der Doktor fragte, ob ihm das heiße Wasser unangenehm sei, erwiderte er: »Im Gegenteil, höchst angenehm.«
Doch schon sehr bald bat er darum, herausgehoben zu werden, weil er sich, wie er sagte, geschwächt fühlte. Und in der Tat: Von dem Moment an, als er aus dem Bad genommen wurde, erhielten seine Erschlaffung und sein Schlaf einen ganz eigen-

tümlichen Charakter. Das Bad tat nicht die erwartete Wirkung, wenn es auch zu starker Schweißbildung anregte; zugleich verminderte es aber auch, wie die Ärzte sagten, eine Zeitlang die Anzeichen der Urämie. Der Schweißausbruch setzte sich fort, zugleich jedoch wurde der Puls, der bis dahin verhältnismäßig kräftig und regelmäßig war, wiederum schwächer. Erneut war es zur Stärkung unumgänglich, eine Injektion von Moschus vorzunehmen. Dies gelang; trotz der Schweißausbrüche belebte sich der Puls, und der Patient wurde ruhiger. Bis gegen acht Uhr abends schien sich sein Zustand zu bessern. Doch um Viertel nach acht, kurz nachdem Dr. Mamonow gegangen war, stellte Dr. Zander, der ihn abgelöst, erneut einen deutlichen Pulsrückgang fest, der ihm so bedrohlich schien, daß er Lew Bertenson sogleich darüber in Kenntnis zu setzen für notwendig hielt. Der Patient befand sich zu jenem Zeitpunkt in einem, wie die Ärzte sagen, komatösen Zustand. Daher riet der Doktor mir, als ich ins Zimmer trat, den Kranken auch nicht für einen Augenblick allein zu lassen. Sein Kopf war kalt, sein Atmen beschwerlich und von Stöhnen begleitet. Dennoch konnte ihn die Frage »Möchtest Du etwas trinken?« stets für einen Moment zu Bewußtsein rufen. Er sagte dann »Ja« oder »Natürlich« und sodann »Das reicht«, »Ich möchte nichts mehr«, »Ich brauch es nicht«. Um kurz nach zehn diagnostizierte Dr. Zander ein beginnendes Emphysem, und Lew Bertenson traf sogleich ein. Auf Ersuchen der Umstehenden wurde nach einem Priester der St. Isaaks Kathedrale geschickt. Nur durch erhöhte Injektionen von Herzstimulantien konnte die Verfassung des Sterbenden aufrecht erhalten werden. Jede Hoffnung auf Besserung war dahin. Der Priester, der für das Heilige Sakrament gekommen war, konnte es wegen der anhaltenden Bewußtlosgkeit meines Bruders nicht erteilen und las daher lediglich laut und deutlich die Sterbegebete, wovon mein Bruder aber, wie es schien, kein einziges Wort vernahm. Bald darauf regten die Finger des Sterbenden sich in einer Weise, die anzudeuten schien, daß es ihn an verschiedenen Stellen des Körpers juckte.

Unermüdlich unternahmen die Ärzte alles Erdenkliche, um seine Herztätigkeit aufrechtzuhalten, ganz so, als erwarteten sie noch immer eine wundersame Heilung. Zu diesem Zeitpunkt standen die folgenden Personen dem Sterbenden zur Seite: drei

Ärzte, die beiden Brüder Litke, Buxhövden, Nikolaj Figner, Bsul, unser Neffe [Wladimir] Dawidow, meines Bruders Hausdiener Sofronow, Litrow, der medizinische Assistent, unser Bruder Nikolaj und ich. Lew Bernardowitsch entschied, daß dies zuviele Menschen für das kleine Zimmer waren. Man öffnete das Fenster. Figner und Bsul gingen. Da er alle Hoffnung verloren geben mußte, ging auch Bertenson in äußerster Erschöpfung und überließ es Dr. Mamonow, die letzten Momente zu begleiten. Er [Tschaikowsky] atmete immer seltener, obgleich er noch, wie es schien, durch die Frage nach etwas zu trinken zu Bewußtsein gerufen werden konnte. Er antwortete nicht mehr mit Worten, sondern nur noch durch Zeichen der Zustimmung oder Ablehnung.
Mit einem Mal taten seine Augen, die bis dahin glasig und halb geschlossen waren, sich weit auf. Ein unbeschreiblicher Ausdruck des vollsten Bewußtseins erschien. Sein Blick ruhte nacheinander auf den drei Menschen, die ihm zur Seite standen, und richtete sich dann zum Himmel. Für einen kurzen Moment erstrahlten seine Augen, dann erloschen sie mit seinem letzten Atemzug. Es war kurz nach drei Uhr früh.

Modest Tschaikowsky, *Bolezn' P.I. Čajkowskogo* [*Tschaikowskys Krankheit*], in: NV, 1./13. Nov. 1893.

Ärztliche Krankenberichte

Die Krankenberichte vom 5. November 1893, die an der Tür zu Modests Wohnung ausgehängt wurden:

2.30 Uhr nachmittags. Die gefährlichen Symptome sind weiterhin vorhanden und zeigen sich der Behandlung nicht zugänglich. Es liegt ein völlständiges Einbehalten des Harns vor sowie Erschlaffung und ausgesprochene allgemeine Schwäche.

10.30 abends. Seit drei Uhr hat die Schwäche zugenommen ... Es zeigen sich sehr starke Anzeichen für Urämie ... Seit zehn Uhr abends ist der Pulsschlag kaum mehr zu fühlen, und ein Emphysem liegt vor.

OTL, S. 145.

Galina von Meck
(Siehe Seite 232)

Außer seinem Bruder Modest und dem Arzt waren noch einige andere Personen [am Totenbett des Komponisten] zugegen. Die Übermittlung einiger Dinge aber, die der Sterbende in seiner Todesqual noch sagte, war nach alle dem, was ich vom ebenfalls anwesenden Neffen [tatsächlich Vetter zweiten Grades] des Komponisten, Graf Alexander Litke (Sania Litke), erfahren habe, gänzlich anders, als sie sein Bruder Modest übermittelt hat.

Galina von Meck, Epilog zu: *Piotr Ilyich Tchaikovsky. Letters to his Family. An Autobiography*, London 1981, S. 555.

Amtliche Anordnungen

Im Fall eines Todes durch Cholera ist [der Leichnam] so schnell wie möglich in einem fest verschlossenen Sarg aus dem Hause zu entfernen; ferner sollten Begräbnisfeiern und Beerdigungsbankette mit zahlreichen Gästen unterbleiben.

Regierungsverordnung: *Anweisungen zu persönlichen Sicherheitsmaßnahmen gegen Cholera*, 2./14. Juli 1892, zitiert in OTL, S. 129.

Die Isolierung von Cholerapatienten sollte umgehend erfolgen und zwar entweder im Haushalt, wo sie erkrankt sind, oder durch Überführung des Patienten von zu Hause in eine medizinische Einrichtung… Die Körper der durch Cholera Verstorbenen sind in mit Sublimatlösung angefeuchtete Leichentücher zu wickeln und, soweit möglich, unverzüglich in den Sarg zu legen… Haushalte, in denen Cholerafälle mit Krankheits- oder Todesfolge aufgetreten sind, sind auf der Stelle und ausnahmslos von solchen Personen aufzusuchen, die zum Ausführen der entsprechenden Maßnahmen zur Desinfektion von Ausscheidungen, Kleidung, Wäsche, Bett und Zimmer der Kranken oder Toten eigens befugt sind.

Regierungsverordnung, 9./21. Juni 1892 und 25. März/ 6. April 1893; zitiert in PTS, S. 219.

Wassilij Bertenson
(1853–1933)

Wassilij Bertenson, der Bruder von Lew, gab offen zu, daß er vor Tschaikowskys Erkrankung noch keinem Fall von Cholera begegnet war.

Ungeachtet der Tatsache, daß das gesamte denkende Rußland (und nicht nur Rußland, sondern ganz Europa auch) in tiefster Trauer über solch einen Verlust mit größter Aufmerksamkeit jede Einzelheit von Peter Iljitschs letzten Tagen, die von seinem Bruder Modest Iljitsch festgehalten und in »Nowoe Vremja« [»Neue Zeit«] und »Nowosti« [»Nachrichten«] veröffentlicht worden ist, zur Kenntnis genommen hat, ungeachtet auch der Anwesenheit von vier Ärzten am Bette des Kranken, gab es dennoch damals und gibt es auch jetzt noch Personen, die meinen und mit voller Überzeugung sagen, daß Peter Iljitsch keineswegs an der Cholera starb, sondern durch die Einnahme von Gift Selbstmord verübte!

Wassilij Bertenson, *30 let – Petr i Modest Čajkovskij (listki iz vospominanii)* [*Aus 30 Jahren – Pjotr und Modest Tschaikowsky (Seiten aus der Erinnerung)*], veröffentlicht in IV, 28 (Juni 1912), abgedruckt in PVC4, S. 343.

Alexandra Orlowa

Die Musikwissenschaftlerin Alexandra Orlowa emigrierte 1979 aus der Sowjetunion in die USA, wo sie die Geschichte mit dem »Ehrengericht« in die Diskussion brachte.

In den 1920er Jahren verschwieg Wassilij Bertenson den wahren Grund von Tschaikowskys Tod nicht länger. Und so erzählte er dem Musikwissenschaftler Georgy Orlow, einem Freund des Pianisten Nikolaj Bertenson, Sohn des nunmehr gealterten Arztes, daß Tschaikowsky Selbstmord begangen habe. Ungefähr zur selben Zeit erzählte der Arzt Alexander Zander seinem Sohn Jurij dieselbe Geschichte (Jurij Zander war ebenfalls mit Georgy Orlow befreundet und übermittelte diesem, was ihm sein Vater gesagt hatte). Auch mir wurde all dies bekannt, da Georgy Orlow in den 30er Jahren mein Ehemann wurde, und wir viel über Tschaikowskys Tod sprachen. Professor Alexander Ossowsky, Direktor des Forschungsinstituts für Musik und Drama, wo ich nach dem Krieg arbeitete, sprach ebenfalls von einem Selbstmord Tschaikowskys. Mit anderen Worten: Die Tatsache, daß der Komponist Selbstmord verübte hatte, war schon seit langem kein Geheimnis mehr.

Alexandra Orlowa, *Tchaikovsky: A Self-Portrait,* Oxford/ New York 1990, S. 411.

Pressemeldung

Der Verstorbene liegt auf einem Sofa, als ob er noch lebe, und sieht aus, als schlafe er. Eine Photographie des Verstorbenen wurde vom Photographen der Kaiserlichen Bühnen angefertigt.

Bericht in: NV, 26. Okt./7. Nov. 1893, abgedruckt in op. cit., S. 410.

Nikolaj Rimsky-Korsakow

(Siehe Seite 60)

Rimsky-Korsakow stattete einen Besuch in Modest Tschaikowskys Wohnung ab, um dem verstorbenen Komponisten seine Ehre zu erweisen.

Einige Tage später [nach der Uraufführung der Sechsten Symphonie] kursierte die Nachricht, daß er schwer erkrankt sei. Mehrmals täglich ging jederman zu seiner Wohnung [tatsächlich Modests], um sich nach seinem Gesundheitszustand zu erkundigen. Sein unerwartetes Ende traf alle zutiefst, und dann folgten die Totengottesdienste und das Begräbnis. Wie seltsam, daß es, obgleich er doch durch Cholera zu Tode gekommen, freien Zugang zur Totenmesse [vor offenem Sarg] gab. Ich erinnere mich, daß Werschbilowitsch, ordentlich betrunken nach einer Zecherei, den Verstorbenen auf Kopf und Gesicht küßte... Das plötzliche Ableben des Komponisten gab den unterschiedlichsten Gerüchten Auftrieb...

Nikolaj Rimsky-Korsakow, RKL, S. 246.

Aloys Mooser
(1876–1969)

Aloys Mooser war ein Schweizer Musikwissenschaftler und Kritiker, der von 1896 bis 1909 in St. Petersburg arbeitete. Das folgende Ereignis wird in seinen unveröffentlichten Memoiren berichtet, die während der letzten Lebensjahre, allerdings auf der Basis von Aufzeichungen aus seiner Zeit in der russischen Hauptstadt, zusammengestellt wurden. Mary Woodside, Assistenz-Professorin am Musikinstitut der University of Guelph, hat diese Memoiren im Druck herausgegeben. Leider war es Dr. Woodside aus urheberrechtlichen Gründen nicht möglich, eine wörtliche Wiedergabe von Moosers Text zur Verfügung zu stellen; das Folgende ist die von ihr veröffentlichte Zusammenfassung seines Berichts.

Es war während seines [Moosers] ersten Winters in der Hauptstadt, daß er die Gerüchte von Tschaikowskys Homosexualität hörte sowie unbestimmte Zeit darauf die überlieferte Geschichte vom Selbstmord des Komponisten nur drei Jahre vor Moosers Ankunft. Sein Informant war Riccardo Drigo, Komponist und Dirigent des Kaiserlichen Balletts, der mit Tschaikowsky an den drei Balletten des Komponisten zusammengearbeitet hatte. Da er der Sache nicht sogleich Glauben schenkte, verifizierte Mooser die Geschichte durch Nachfragen beim Komponisten Alexander Glasunow, dessen moralische Integrität, Bewunderung für Tschaikowsky und Freundschaft zu ihm bei seiner Vorstellung als „Zeuge" hervorgehoben werden. [Im persönlichen Gespräch hat der französische Wissenschaftler André Lischke dem Verfasser des vorliegenden Buches erklärt, daß sein Vater 1920 in Petrograd Schüler von Glasunow war und daß Glasunow ihm sagte, Tschaikowsky habe Selbstmord begangen.]

Mary Woodside, Beitrag zu *Comment and Chronicle*, in: »19th Century Music«, xiii, Nr. 3 (Frühjahr 1990), S. 273f.

Alexander Woitow
(† 1966)

Alexander Woitow war Verwalter der Münzsammlung am Russischen Museum in Leningrad. Als Schüler der Schule für Jurisprudenz während der letzten Jahre vor dem Ersten Weltkrieg entwickelte er bereits reges Interesse für die Geschichte dieser Schule und sammmelte eine Unmenge an Informationen über ehemalige Schüler. Das Folgende wurde 1966 nach Woitows mündlichem Bericht von Alexandra Orlowa aufgezeichnet.

Unter den Schülern, die ihr Studium an der Schule für Jurisprudenz zur selben Zeit wie Tschaikowsky absolvierten, findet sich auch der Name Jacobi. Als ich auf der Schule war, verbrachte ich meine Ferien stets in Zarskoje Selo bei der Familie von Nikolaj Borisowitsch Jacobi, der in den 1890er Jahren Oberprokurator des Senats gewesen und 1902 verstorben war. Jacobis Witwe, Jekaterina Karlowna, war meinen Eltern durch Bande der Neigung und Freundschaft verbunden. Sie mochte mich sehr und hieß mich stets wärmstens willkommen. Als ich 1913 die vorletzte Klasse der Schule besuchte, wurde allenthalben Tschaikowskys zwanzigster Todestag begangen. Zu diesem Zeitpunkt geschah es, ausgelöst offenbar durch die wieder auflebende Erinnerung, daß Frau Jacobi mir unter strikter Geheimhaltung jene Geschichte erzählte, die, wie sie zugab, ihr schon seit langem Qualen bereitete. Sie sagte, sie habe beschlossen, mir alles zu entdecken, weil sie jetzt alt sei und kein Recht zu haben glaubte, solch ein schwerwiegendes und schreckliches Geheimnis mit ins Grab zu nehmen. »Du interessierst Dich doch«, sagte sie, »für die Geschichte der Schule und für das Schicksal ihrer Schüler, und darum solltest Du die ganze Wahrheit erfahren, um so mehr als es ein so trauriges Blatt in der Schulgeschichte ist.« Und dies ist, was sie mir erzählte:

Es trug sich im Herbst 1893 zu. Tschaikowsky drohte schreckliches Ungemach. Beunruhigt von der besonderen Aufmerksamkeit, die der Komponist seinem jungen Neffen schenkte, schrieb Herzog Stenbok-Fermor einen Beschwerdebrief an den Zaren, den er Jacobi gab, damit dieser ihn an Alexander III. weiterleite. Wäre dies enthüllt worden, hätten Tschaikowsky der Verlust all seiner Rechte, Verbannung nach Sibirien und die unvermeidliche Schande gedroht. Eine Enthüllung hätte auch der Schule für Jurisprudenz und allen ihren Absolventen, Tschaikowskys ehemaligen Mitschülern, große Schande bereitet. Die Ehre der Schule aber war unantastbar. Um einen öffentlichen Skandal zu verhindern, beschloß Jacobi folgendes Vorgehen: Er lud alle ehemaligen Schulfreunde Tschaikowskys [die er in St. Petersburg aufspüren konnte] ein, um zusammen mit ihnen ein Ehrengericht zu bilden. Insgesamt waren acht Personen anwesend. Jekaterina Karlowna saß mit ihrer Handarbeit auf ihrem angestammten Platz neben dem Arbeitszimmer ihres Mannes. Von Zeit zu Zeit konnte sie Stimmen von dort vernehmen, manchmal laut und erregt, manchmal offenbar zum Flüsterton gedämpft. Dies währte sehr lange, nahezu fünf Stunden. Dann kam Tschaikowsky aus dem Arbeitszimmer gestürzt. Er rannte fast, taumelte und eilte, ohne ein Wort zu sagen, davon. Er war sehr blaß und erregt. Die anderen blieben alle noch längere Zeit im Arbeitszimmer, wo sie leise miteinander sprachen. Als sie gegangen waren, teilte Jacobi seiner Frau mit, nachdem sie absolutes Stillschweigen gelobt hatte, was hinsichtlich des Briefs von Stenbok-Fermor an den Zaren beschlossen worden sei. Jacobi konnte ihn nicht einbehalten. Und so waren die alten Absolventen [der Schule] zu einem Urteil gelangt, dem sich zu fügen Tschaikowsky versprochen hatte. Sie verlangten von ihm, sich zu töten... Ein oder zwei Tage später kursierte die Nachricht von der tödlichen Erkrankung des Komponisten in St. Petersburg.

Alexander Woitow, mündlicher Bericht, 1966 niedergeschrieben von Alexandra Orlowa, abgedruckt in OTL, S: 133f.

Natalja Kusnezowa-Wladimowa

Natalja Kusnezowa-Wladimowa ist die Enkelin von Vera Kusnezowa (geborene Denisjewa), einer jüngeren Schwester der Frau von Tschaikowskys ältestem Bruder Nikolaj. Dieser Privatbrief an Alexandra Orlowa wurde als Reaktion auf die Lektüre von Woitows Bericht über das Ehrengericht verfaßt, von Orlowa wiedergegeben und in der russischsprachigen Zeitschrift »Kontinent« veröffentlicht.

Aus meiner Kindheit wußte ich einiges von Tschaikowskys Selbstmord durch meine Großmutter väterlicherseits, Vera Sergejewna Kusnezowa (geborene Denisjewa). Ihre ältere Schwester, Olga Sergejewna, war mit Tschaikowskys Bruder Nikolaj Iljitsch verheiratet. Vera Sergejewna erzählte mir dieselbe Geschichte, die Sie übermitteln. Sie lebte in Leningrad und starb Anfang 1955 in hohem Alter, aber bei klarem Verstand und gutem Gedächtnis. [Sie hatte es] wahrscheinlich von Olga Sergejewna erfahren, sprach jedoch nur sehr ungern darüber, da sie in jenem Ehrengericht eine Besudelung von Tschaikowskys Mannesehre sah. Mehr als einmal aber sprach sie sehr erbost von Jacobi... Während ich Ihnen schreibe, höre ich noch, wie sie jenen Namen aussprach... Vera Sergejewna sagte, daß

Alexander III. von dem Brief erst nach Tschaikowskys Tod erfuhr. Ich weiß noch genau, wie meine Großmutter sich 1952 bei uns zu Hause mit Jurij Iosifowitsch Slonimsky, dem Verfasser von Ballettbüchern, unterhielt; als er sagte, daß der Grund für Tschaikowskys Selbstmord die ungehörige Aufmerksamkeit gewesen sei, die er dem [kaiserlichen Thron-] Erben gewidmet habe, verbesserte sie ihn und sagte: »Nein, dem Neffen des Grafen Stenbok, nicht dem Erben ...«

Natalja Kusnezowa-Wladimowa, Privatbrief von 1987 an Alexandra Orlowa.

XV
Postume Notizen und Nachrufe

Anton Tschechow
(1860–1904)

Tschechow begegnete Tschaikowsky erstmals Ende 1888 und stand von 1889 bis 1891 mit ihm in Korrespondenz; es war sogar von einer Zusammenarbeit an einer Oper die Rede. Tschechows Bewunderung für Tschaikowsky führte dazu, daß er ihm eine Sammlung von Erzählungen widmete.

> Die Nachricht hat mich erschüttert. Es ist ein schrecklicher Schmerz. Ich habe Peter Iljitsch überaus geliebt und verehrt und bin ihm so viel schuldig. Sie haben mein herzlichstes Beileid.

Anton Tschechow, Telegramm an Modest Tschaikowsky, 8. Nov. 1893; in: Čehov (A.P.), *Pis'ma v 12 tomah* [*Briefe in 12 Bänden*], Moskau 1974, Bd. V, S. 240.

Anton Rubinstein
(1830–1894)

Anton Rubinstein war in den 1860er Jahren Tschaikowskys wichtigster Lehrer am St. Petersburger Konservatorium gewesen. Als Persönlichkeit brachte ihm Tschaikowsky lebenslang tiefe Verehrung entgegen, und es war letzterem stets eine herbe Enttäuschung, daß Rubinstein an Tschaikowskys eigener Musik nur wenig Lobenswertes fand. Doch dies war bei weitem nicht die Quintessenz dessen, was Rubinstein von den Talenten seines ehemaligen Schülers hielt.

> Was sagst Du zu Tschaikowskys Tod? Ist es möglich, daß dies Gottes Wille ist? Welch ein Verlust für die Musik in Rußland! Du weißt doch, er war im besten Mannesalter, er war erst 50 – und all dies für ein Glas Wasser! Wie sinnlos sind doch alle diese Tücken – und dies Leben – und die Schöpfung – und alles und alles.

Anton Rubinstein, Brief an seine Schwester Sofia, 11. Nov. 1893; in: Rubinstein (A.), *Literaturnoe nasledie* [*Literarisches Erbe*], iii, Moskau 1986, S. 140.

Igor Strawinsky
(Siehe Seite 201)

> Tschaikowskys Tod ... traf mich zutiefst. Übrigens war der Ruhm des Komponisten so groß, daß die Regierung, als seine Cholera-Erkrankung sich zeigte, Bekanntmachungen über den Verlauf der Krankheit herausgab. Allerdings wußte nicht jeder,

wer er war. Als ich meinen Klassenkameraden in der Schule ehrfürchtig bekanntgab, Tschaikowsky sei gestorben, wollte einer wissen, in welcher Klasse er denn gewesen sei.

Igor Strawinsky/Robert Craft, *Expositions and Developments*, London 1962, S. 87.

Marie Scheikewitsch

(Daten unbekannt)

Marie Scheikewitsch erinnert sich an eine Begegnung ihres Vaters mit Tolstoi an einem Wintertag.

Tolstoi sprach nur: »Tschaikowsky ist tot«, und zwei riesige Tränen (denn bei ihm, sagt sie, ist alles übermenschlich groß) rollten über seine großen Wangen.

Marie Scheikewitsch, zitiert nach: Paul Morand, *Journal d'un attaché d'ambassade*, 1916/17, Paris 1963, S. 65.

Mit Ausnahme des kurzen Ausschnitts aus den Erinnerungen von Wassilij Jastrebzew, der Tschaikowsky aus gänzlich anderer Perspektive innerhalb des russischen Musiklebens Tribut zollt, stammt das übrige Material dieses Schlußkapitels von zwei seiner engsten und ältesten Freunde. Viele der Fäden, die in den vorhergehenden Kapiteln verfolgt wurden, werden hier zusammengeführt.

Nikolaj Kaschkin

(Siehe Seite 48)

Die ersten zwei Drittel von Kaschkins Nachruf auf Tschaikowsky zeichnen seine Komponistenlaufbahn nach; dieser letzte Abschnitt widmet sich übergreifenden Dingen.

Tschaikowskys Bedeutung für die russische Musik ist gewaltig. Seine symphonischen Werke bilden die vornehmliche Grundlage der russischen Musikliteratur und zählen zu den besten Kompositionen ihrer Art in der neueren Musikliteratur ganz Europas, wenn sie nicht gar den ersten Rang bekleiden. Im Grunde seines Wesens ein durch und durch russischer Mensch, gehörte er durch Erziehung und Bildung zur pan-europäischen Gemeinschaft, und der Geist des engen Nationalismus war ihm gänzlich fremd. Dennoch war seine Liebe zur Heimat einer der grundlegenden Züge seines Charakters. Die Natur und ihre Schönheit im höchstem Maße verehrend, wußte er sie überall zu würdigen – in Deutschland wie in der Schweiz, in Italien wie in Frankreich – doch von überall her zog es ihn in seine heimatlichen Wälder und Felder, die ihm innerlich näher standen als all die anderen Landschaften. Vor allem die Umgebung Moskaus war es, die ihn stets an meisten anzog, da sie auf ihn (wie er selbst sagte) einen besonderen Zauber ausübte. Wohlbelesen in der europäischen Literatur und die Dichter aller Länder wohl zu schätzen wissend, galten seine eigentlichen Neigungen doch den russischen Dichtern, unter denen Puschkin, Gogol, Ostrowsky und Tolstoi, so meine ich, den ersten Rang einnahmen; wenigstens pflegte er sie häufiger als die anderen wiederzulesen. Diese Neigungen zeigten sich auch in seiner Haltung zur Musik. In seinen frühen Jahren mit italienischer Musik groß geworden, übertrug er später seine Begeisterung auf die deutschen Klassiker und auf Glinka, den er für einen der allergrößten Komponisten hielt. Neben diesen Vorbildern der Kunstmusik pflegte er eine Vorliebe für russische Volksweisen, unterschied sie jedoch scharf von jederlei Nachäfferei und moderner Herrichtung eines Volkslieds für die Städter. Völlige Verachtung empfand er gegenüber dem künstlichen Stil dessen, was sich »Lieder der Ukraine« nennt, da er die wirklich ukrainischen Volkslieder kaum von russischen zu unterscheiden fand. Zuweilen verwendete er solche Weisen selbst – so beispielsweise als Eröffnungsthema seiner zweiten Symphonie oder als Thema des Finales im letzten Satz seines ersten Klavierkonzerts. Er selbst vermochte Themen in reinstem Volksliedstil zu komponieren – wie zum Beispiel im ersten Bauernchor des *Eugen Onegin*, wo er sich zwar der Worte eines Volksliedes bediente, die Melodie aber, da sie ihm nicht gefiel, durch eine eigene ersetzte. Das russische Element manifestiert sich in seinen Werken jedoch nicht allein in den Volksweisen, die er heranzog, sondern auch in der nationalen Tönung, die in sehr vielen von ihnen deutlich spürbar war und zuweilen gar im Gegensatz zum Hauptzweck eines Werkes stand – wie beispielsweise beim Ophelia-Thema in der *Hamlet*-Ouvertüre. Er nutzte auch harmonische Wendungen, die sich einzig im Rückgriff auf das Korpus russischer Volkslieder, die nur selten einen erhöhten Leitton erlauben, deuten lassen. Solche harmonischen Besonderheiten aber traten mit größter Natürlichkeit und völlig ungezwungen in seinen Kompositio-

nen auf und verliehen seinen Harmonien ihre eigentümliche Färbung.
Peter Iljitsch duldete keinen Bombast in der Musik und hielt daher nicht sehr viel von Liszt. Wagner schätzte er ungleich höher, wenn ihm auch die erzromantische Gestaltung der Themen seiner letzten Opern, ihre ausgeklügelte Symbolik und die nicht weniger ausgeklügelte Feierlichkeit ihrer Handlung zutiefst zuwider waren, so daß er *Parsifal* nicht einmal besuchte, obleich er das Werk in Ausschnitten durch konzertante Aufführungen und vom Klavierauszug her kannte. Am allermeisten liebte er die Mozartsche Musik, deren melodische Schönheit und ungezwungene und doch vollkommene Kunstfertigkeit ihn gleichermaßen fesselten. Seine Liebe zu Mozart hatte sich fast zu einer Art kultischen Verehrung gesteigert; er selbst mußte zuweilen staunen, daß Mozart solchen Eindruck auf ihn machte.
Peter Iljitsch besuchte das Moskauer Konservatorium am 21. Oktober, dem letzten Tag seines Aufenthalts in Moskau. Man sang für ihn seine eigene Vokalbearbeitung zu vier Stimmen und Begleitung (und mit selbst verfaßtem Text) von Mozarts c-Moll-Phantasie für Klavier (*Fantasie et sonate*) [KV 475]. Peter Iljitsch saß neben mir im Saal und war, wie er selbst sagte, so ergriffen, daß er hätte weinen können. Zweimal wurde das Quartett gesungen, und er machte eigens den Vorschlag, es bei einem der Symphoniekonzerte aufzuführen. Heute wird sein Wunsch erfüllt und das Quartett *Nacht* von eben den Ausführenden gesungen werden, die er selbst das letzte Mal im Konservatorium hörte. Dort im Konservatorium war es auch, daß er mir unter anderem erzählte, wie ihm die Schönheit von [Mozarts] Melodien ewig ein Rätsel sei, und daß er sich den unbeschreiblichen Reiz der schlichten Melodie jenes Quartetts nicht erklären könne. Selbstverständlich kam es keinem der bei jenem Anlaß im Konservatorium Anwesenden in den Sinn, daß diese Begegnung ein Abschied war, daß diese strahlende Hoffnung der russischen Musik in wenig mehr als vierzehn Tagen nicht mehr unter uns weilen und daß wir diesen gesunden und muntren Manne niemals wiedersehen sollten, wo er allen doch zum Abschied noch gesagt hatte, daß er schon bald wieder mit uns vereint sein würde, weil er das Symphoniekonzert am 4. November unbedingt besuchen wollte.

Der Verlust Tschaikowskys ist ein großer und gewichtiger für jedermann, besonders aber müssen alle jungen russischen Talente um ihn trauern, denen er ein vertrauensvoller und mächtiger Förderer und Beschirmer war. Die vorzügliche Güte und Feinfühligkeit, die er gegenüber allen jungen Menschen, die sich mit ihren Kompositionen an ihn wandten, an den Tag legte, läßt sich unmöglich beschreiben. Wie kostbar ihm auch seine eigene Zeit sein mochte, stets sah er nicht nur sorgsam durch, was ihm zugeschickt wurde, sondern schrieb sehr häufig auch noch lange Briefe mit ausführlicher Besprechung, selbst wenn das Zugesandte dies kaum lohnte. So fand er noch in jedem Fall ein Wort des Trostes oder der Ermutigung, auch wenn das [kompositorische] Gespür nicht sonderlich gut war. Wenn ihm aber ein besonderes Talent begegnete, so war er stets bereit, ohne Kosten oder Mühen jeder Art zu scheuen, ihm zuallermindest Förderung zu verschaffen. Doch verhielt sich der Verstorbene gegenüber jedermann, der sich hilfesuchend an ihn wandte, mit derselben Warmherzigkeit. Sein Herz, das überfloß vor Liebe, konnte niemanden leiden sehen, und so brachte er eher sich selbst in Schwierigkeiten, als jemand Bedürftigem die Hilfe zu verwehren.

Nikolaj Kaschkin, Nachruf; in: RV, 6./18. Nov. 1893, abgedruckt in PVC4, S. 361f.

Wassilij Jastrebzew

(Siehe Seite 98)

Als Komponist war Tschaikowsky ohne Zweifel einer der begabtesten seiner Epoche. Mir scheint, es ist das Zeitgenössische seiner Musik, worin der eigentliche Grund, vielleicht gar das Geheimnis seiner gewaltigen Popularität verborgen ist. In der Tat, zu einer Zeit, als Mussorgsky und Dargomyschsky einen zugespitzten Naturalismus und ein Genre schufen, das zuweilen die Grenzen der Kunst überschritt, als Borodin sich ganz in eine vorgeschichtliche Epoche in all ihrer lockenden, mächtigen, heroischen Ferne versenkte, als Rimsky-Korsakow, dieser unbestreitbar größte der zeitgenössischen Musikkünstler, sich in seine persönliche, höchst eigene, heidnische, märchenhafte oder (besser gesagt) »scheinhafte« Welt voll edler Poesie und

Schönheit, die ihresgleichen sucht, zurückgezogen hat; und als Cui mit seinem erstaunlich gekonnten [Opernwerk] *William Radcliff* in ein uns fremdes Schottland enteilt – da hat Tschaikowsky sich gänzlich dem Geist der Zeit verbunden und mit allem Feuereifer seines tief empfindsamen und tief empfänglichen Wesens ihre Forderung ergriffen – und siehe, da er in Klängen die Bilder der Vergangenheit, die Epoche unserer Großväter und Vorfahren verkörperte, ist er sich selbst doch immer treu geblieben und hat, wohl gar ohne es selbst zu merken, »allein uns selbst dargestellt«, mit unseren ungelösten Zweifeln, unseren Sorgen und unseren Freuden.

Wassilij Jastrebzew, Erinnerungen; in: RMGa (1899), Nr. 10, abgedruckt in PVC4, S. 215.

Hermann Laroche

(Siehe Seite 35)

Die folgenden Ausschnitte stammen aus verschiedenen postumen Würdigungen, die Hermann Laroche seinem verstorbenen Freund erwies. Der erste Abschnitt befaßt sich vorrangig mit Tschaikowskys außermusikalischen Eigenheiten und Vorlieben, der zweite mit musikalischen Dingen. Der Nachruf zum Schluß (eigentlich der früheste dieser Texte, nur vier Tage nach dem Tod des Komponisten erschienen) unterläßt es zwar, Tschaikowskys Schattenseiten, seine Launen und depressiven Phasen zu erwähnen, und idealisiert den Menschen daher bis zu einem gewissen Grade, dennoch ist die Wahrhaftigkeit des übrigen im Kern nicht zu bezweifeln.

Vielleicht leide ich an Selbsttäuschung, doch mir scheint, daß der Tschaikowsky der 1860er und der Tschaikowsky der 1880er Jahre zwei verschiedene Personen waren. Der 22jährige Tschaikowsky, den ich am St. Petersburger Konservatorium kennenlernte, war ein junger Mann von Welt, glattrasiert (anders als es der Mode jener Zeit entsprach), eher nachlässig gekleidet, mit einem Anzug, der wohl von einem teuren Schneider stammte, aber nicht mehr so ganz neu war, und mit Umgangsformen, die zwar einnehmend ungezwungen, jedoch auch, wie mich damals dünkte, kalt waren. Er verfügte über eine große Schar von Bekanntschaften, und wenn wir zusammen den Newskij Prospekt entlanggingen, mußte er in einem fort den Hut zum Gruße heben. Zumeist (wenn auch nicht ausschließlich) war es die elegante Welt, die ihm dort den Gruß entbot.

An Fremdsprachen beherrschte er Französisch und ein wenig Italienisch; besonders seine Unkenntnis des Deutschen stellte er offen zur Schau, indem er beispielsweise sagte: »Er ist an der Sehnsucht gestorben« (wenn er an der »Schwindsucht« meinte), »Was dieser Mensch für ein Geheimnis hat« (statt »Gedächtnis«) oder »Ich habe große Gelegenheit zu schlafen« (sollte heißen: »Ich habe großes Bedürfnis zu schlafen«), was bei den Deutschen, die jeweils in seiner Gesellschaft waren, unweigerlich für großes Gelächter sorgte…

Von den anderen Eigenheiten, die ich an ihm bemerkte [nachdem er aufs St. Petersburger Konservatorium gekommen war], nahm die Nachlässigkeit seiner Kleidung gegenüber derart zu, daß seine Moskauer Konservatoriumskollegen, die sich selbst keineswegs befleißigten, Dandies zu werden, ihn in den Jahren 1866 und 1867 wegen seiner Liederlichkeit pisackten und aufzogen. Er war bei außergewöhnlich guter Gesundheit, hatte aber eine ungemeine Furcht vor dem Tod. In seiner Gegenwart durfte man Worte wie »Sarg«, »Grab«, »Beerdigung« und so fort nicht gebrauchen. Was ihn in Moskau höchst bedrückte, war die (aufgrund der Umstände unabänderliche) Tatsache, daß der Eingang zu seiner Wohnung neben dem eines Beerdigungsunternehmens lag. Ich will noch hinzufügen, daß Peter Iljitsch, während er in den 1880er Jahren unermüdlich laufen und spazieren konnte, in jener frühen Zeit und noch lange nachher nicht sehr gut zu Fuß war und sich für die geringsten Entfernungen eine Droschke nahm. Und wenn ich gerade schrieb, daß ich mit ihm den Newskij Prospekt entlanglief, dann war dies die Ausnahme, die für Petersburger typisch ist: Auch jene, die überhaupt nie zu Fuß gehen, spazieren den Newskij Prospekt entlang. Dies galt ganz besonders für die 1860er Jahre, als die Leute auf seinen breiten Bürgersteigen ziellos umherzustolzieren pflegten.

Ich denke, daß viele Leser diesen Ausführungen nur mit Unglauben folgen werden. Der Tschaikowsky, den die gegenwärtige Generation so gut kennt, erinnerte kaum noch an den früheren. Mit mächtig ausgedünntem Haar so weiß wie Schnee, mit seinem kurzen, sorgsam gestutzten Barte, gekleidet nicht nur tadellos, sondern auch unweigerlich im frischen, gewissermaßen neuen Anzug, erinnerte nur die Farbe Haare an sein fortgeschrittenes Alter. In allem anderen aber vermittelte er den Eindruck, guten Mutes und lebhaft und wohl gar tatkräftiger zu sein als in frühen Jahren. Aus der unscheinbaren Stellung eines »Tischvorstehers« in einer Abteilung [des Ministeriums] für Justiz, gelang es ihm, eine weltweit gefeierte Persönlichkeit zu werden. Doch seine Bekannschaften hatten sich, so scheint es, auf ein Zehntel verringert. In den 1890er Jahren hatte ich erneut Gelegenheit, wie schon dreißig Jahre zuvor mit ihm den Newskij Prospekt entlangzugehen, und es geschah, daß wir nicht einen einzigen Menschen trafen, den er kannte. War er auch in seiner Erscheinung elegant und gar wählerisch geworden, so war er doch schon längst kein Mann von Welt im vorherigen Sinne mehr, bewegte sich kaum in der Rolle der Berühmtheit durch die Salons der Adligen, sondern pflegte fast nur noch den Umgang mit Musikern, mit denen ihn Hunderte geschäftlicher Dinge verbanden – und in vielen Einzelfällen auch warme, herzliche Freundschaften...

Klavier spielte er immer weniger, doch in allen anderen Zweigen seiner Kunst ließ er nicht ab voranzuschreiten und offenbarte zuweilen noch im hohen Alter völlig neue, unerwartete Fähigkeiten – wie es beispielsweise mit dem Dirigieren geschah. Sein Italienisch vergaß er größtenteils, Deutsch aber begann er hervorragend zu verstehen und recht flüssig, wenn auch fehlerhaft, zu sprechen. Auch Englisch versuchte er zu lernen, gab es aber bald auf. Er betrachtete den Tod jetzt mit größerer Gelassenheit, so daß er nicht nur anderen die Mitteilung gestattete, daß dieser oder jener tot sei oder im Sterben liege, sondern das Thema sogar selbst aufzuwerfen pflegte – und beispielsweise ausführlich schilderte, wie in Aachen einer seiner Freunde [Nikolaj Kondratjew] in seinen Armen gestorben sei. Spaziergänge wurden ihm nicht nur zur Regel, sondern zum Allheilmittel. Nicht nur auf dem Lande ging er spazieren, sondern auch in großen Städten, wo er sich zu kurzen Besuchen aufhielt; wenn möglich lief er bis zu zehn Werst am Tag, meistenteils zwischen zwei und vier Uhr nachmittags, denn er erklärte, daß Bewegung das beste Mittel gegen Kopfschmerz, nervliche Überspanntheit, Appetitlosigkeit und eine große Zahl weiterer Beschwerden sei. Vielleicht ist es von Belang (vielleicht aber auch nicht...) zu erwähnen, daß Peter Iljitsch es in seiner Jugend wie in seinen reifen Jahren vorzog, ohne medizinischen Beistand auszukommen und sich immer selbst behandelte, Medikamente nur sehr ungern und so selten wie möglich schluckte. Vor allem hielt er auf Gesundheitspflege, in der er – jedenfalls aus meiner Laiensicht – als ein wahrer Meister erschien. Es war ihm gelungen, genauestens zu ermitteln (ich spreche weiterhin als Laie), was ihm guttat und was schadete, und unterwarf sich nach Maßgabe dieser Beobachtungen einem äußerst strengen Reglement, Außenstehenden kaum bewußt, da er die Ausführung dieser Regeln ohne die geringste Pedanterie zu bewerkstelligen wußte. Die einzige Ausnahme davon war, wenn man so will, der schon erwähnte Nachmittasgspaziergang, um dessentwillen er nicht selten »die Runde auflösen« und eine mehr oder minder große Gesellschaft verlassen mußte…

Laroche spricht im weiteren von Tschaikowskys Neigung zum Amateurtheater, obwohl Laroche selbst nie eine dieser Aufführungen sah.

Ich mag wohl glauben, daß er Talent für dramatische und besonders für komische Szenen hatte, war er doch ein außerordentlich scharfer Beobachter und konnte manchmal gemeinsame Bekannte sehr treffend nachahmen.

Die Leidenschaft fürs Theater – das heißt, für Theaterbesuche – war einer der Züge, die sowohl dem jungen als auch in fast ebensolchem Maße dem reifen Tschaikowsky gleichermaßen zukam. In seiner Jungend liebte er, ganz im Einklang mit den seinerzeit vorherrschenden gesellschaftlichen Vorlieben und Gepflogenheiten, am allermeisten die italienische Oper und das Michailow-Theater, dann das Alexandrinsky-Theater und das Ballett. Wie ein zweiter Eugen Onegin sprach er vom Ballett ganz im Tonfall eines Kenners und schaute mit tiefster Verachtung auf das »gemeine Publikum« herab, das nur wegen der angenehmen Aussicht auf langbeinige Tänzerinnen ins Ballett ging…

Ich kann mich unmöglich meinen Erinnerungen an Tschaikowsky hingeben, ohne nicht unverzüglich auch von seinen literarischen Fähigkeiten und Beschäftigungen zu sprechen. Die Literatur nahm in seinem Leben einen ungleich größeren Raum ein als bei durchschnittlich gebildeten Menschen. Abgesehen von Musik ward er von ihr am meisten und am gründlichsten in Anspruch genommen. Die Bildende Kunst dagegen war für ihn überhaupt nicht von Interesse; zwar besuchte er wie jedermann hin und wieder Ausstellungen, eilte aber nie durch die Museen und Galerien und sagte stets, als wolle er sich über seine eigene Unkenntnis lustig machen, daß er in der ganzen Kaiserlichen Eremitage nur den Saal mit russischer Malerei schätze. Kein Zweifel, dazu trug auch seine Liebe zur Literatur bei, ebenso wie seine frühe Freundschaft mit Apuchtin. In meinen Augen liegt der Hauptgrund aber darin, daß er in ganz erheblichem Maße der geborene Literat war... Wenn erst seine Briefe, oder jedenfalls Teile davon, im Druck vorliegen werden (was unfehlbar früher oder später geschieht), wird ersichtlich sein, wie hier ein Mensch, der in der Welt der Akkorde und Rhythmen lebte, luzider, klarer, logischer und anmutiger schrieb als die Mehrheit der Berufsliteraten unserer Zeit. Was die Reinheit der russischen Sprache und die Logik ihrer Anwendung betrifft, war Peter Iljitsch äußerst streng, entsetzte sich über das Analphabetentum, das in unserer Tagespresse so weit verbreitet ist, ja kaufte und las manche Zeitungen allein wegen der komischen Stilblüten und Gedankenperlen, die sie reichlich boten.

Es besteht kein Zweifel, daß ihn diese Verbindung von musikalischen und schriftstellerischen Gaben zu einem erstklassigen Musikschriftsteller gemacht hätte, wäre er dieser Tätigkeit auch nur im geringtsen zugetan gewesen. In demselben Maße aber, in dem er Literatur im allgemeinen liebte, mißachtete er Literatur über Musik und fühlte sich gar von kritischen Urteilen über die Musik bedrückt. Nur von einem Buche weiß ich, das hierin eine Ausnahme machte: Otto Jahn über Mozart – ein Werk, das etliche Jahre lang immer auf seinem Tisch zu finden war und dessen Seiten mit verschiedenen seiner *boutades* [Geistesblitze], mit Randnotizen, Ausdrücken des Gefallens und so fort bedeckt sind. Der Grund dafür war weniger die klassischen Verdienste dieses Werks, in welcher Hinsicht ihm nur sehr wenig andere Biographien gleichkommen, als vielmehr der einfache Umstand, daß es das beste Buch über Mozart war, und Mozart galt Tschaikowsky in allem als der vollkommenste Musiker und Künstler. Jede noch so geringe Einzelheit, wenn sie nur dieses Genie betraf, war ihm von Bedeutung – in keiner Weise aber erstreckte sich seine Wißbegier auf die allgemeine Musikgeschichte, und selten nur sah ich einen Künstler, dem die Geschichte seiner Kunst so wenig Anziehendes bot...

Einmal ließ er zu, daß ich ihm einen Ausschnitt von Giovanni Gabrieli zeigte, was ihn keineswegs zufriedenstellte. Diese Abneigung galt nicht allein der Periode des sogeannten strengen Kontrapunkts. Viele Jahre später, als wir uns schon in den 1880er Jahren befanden, zeigte ich ihm Vokalsätze aus Opern von Lully und Rameau – genauer gesagt, jeweils eine Seite (in vielen Fällen auch zwei Seiten) daraus. Dieses Mal hätte ich mir Erfog versprechen können, da mich Peter Iljitsch selbst vor einiger Zeit auf Weckerlins Sammlung *Echos du [temps] passé* aufmerksam gemacht hatte; eine der von Weckerlin ausgewählten Melodien hatte ihm sogar so gut gefallen, daß er sie später in seine [Oper] *Die Jungfrau von Orléans* aufnahm. Dennoch war nicht einmal hier Erfolg beschieden; er fragte mich nur bestürzt: »Was ist daran denn gut?«

Ich habe auf seine Haltung zur alten Musik deswegen hingewiesen, um einen wichtigen Widerspruch zu bemerken. Derselbe Peter Iljitsch, der in der Musikgeschichte nichts von Belang, nichts Lebendiges zu finden wußte, gab sich mit großer Leidenschaft der politischen Geschichte hin, wenn er dies auch auf seine eigene Art und Weise tat. Neben seinem kleinen privaten Parnassus auserwählter Dichter las er ausschließlich Geschichte – ja, fast ausschließlich russische Geschichte. Werke zur Geschichte des Westens finden sich nur sehr wenige in seiner Bibliothek; zur Geschichte des Altertums lediglich Herodot in einer französischen Übersetzung. Am allerwenigsten interessierte ihn die Geschichte des alten Rußlands selbst; das Rußland, von dem zu lesen er nie müde ward, begann mit der Thronbesteigung der Romanows – und besonders von Peter dem Großen. In seinen letzten Jahren wuchs Peter Iljitschs Bibliothek beständig, und allmählich füllte sie sich mit Werken wie dem von Petruschewsky über Suworow oder jenem von Bogdanowitsch über Alexander I. und so weiter. Solche Bücher aber zeugten nicht von seiner eigentlichen Neigung. Seine wahre Leidenschaft waren Memoiren – eine Art Geschichte, in der die Geschicke von Staat und Gesellschaft zugunsten der Darstellung von Persönlichkeiten zurücktreten, von eingehender Schilderung des psychologischen und sozialen Lebens. Seit dem Auftauchen populärer historischer Journale, die just deratiges enthalten, und bis in seine späten Tage war Tschaikowsky ein treuer Leser von »Russky Archiv« [»Russiches

Archiv«], »Russkaja Starina« [»Das Alte Rußland«] und »Istoritschesky Westnik« [»Der historische Bote«]. Es versteht sich, daß er sich auch in Journalen allgemeinerer Natur stets mit dem größten Interesse auf Artikel zur russischen Geschichte stürzte.

Hermann Laroche, MTC; abgedruckt in LIS2, S. 178–183.

Es gibt Künstler, die, zuweilen hochbegabt, doch nur dafür leben, der Menge sich zu beugen und deren Neigungen zu schmeicheln. In ihren Händen wird die Kunst zur gefälligen Ware. Kein innerer Gehalt, keine natürliche Originalität kann gegen ihre verzehrende Sucht nach Ruhm und Ehrungen bestehen. Ihr Leben ist zuweilen glanzvoll, doch kann es naturgemäß niemals lange währen; ihre Kompositionen, denen das Bouquet und gar die Fähigkeit, erinnert zu werden, rasch verloren gehen, bleiben dem Historiker als erstaunliche Zeugnisse des Geschmacks (oder der Geschmacklosigkeit) einer Epoche. Es gibt Künstler anderer Art, die von den Vorlieben der Menge weder betört noch beirrt werden. Ganz in sich selbst versunken, meiden sie das Treiben der Gesellschaft und widmen sich einzig dem Dienst an ihrem auserwählten Ideal. Ihre strenge Muse, die bei der Masse des Publikums, sofern sie überhaupt bemerkt wird, nur auf Ratlosigkeit trifft, findet zuweilen einen engen Kreis von eifrigen und wahrhaft getreuen Anhängern. Weder materieller Wohlstand noch die Freuden des Erfolgs kommen solchen Künstlern zu; die Stärksten unter ihnen gewinnen dauerhaften und nachhaltigen moralischen Einfluß, werden zu Vorbildern der Nachahmung, zu Gründern von Schulen.
Peter Iljitsch Tschaikowksy gehört weder zum einen noch zum anderen Typ. Er war sich selber treu und führte jede Aufgabe, der er sich widmete, mit größter künstlerischer Gewissenhaftigkeit aus. Doch diese Strenge mit sich selbst, dieses Streben nach einem Ideal, trennte ihn nicht von der Masse des Publikums, sondern brachte ihn den Menschen näher. Ebenso wie seinen Kompositionen ihn zufriedenstellten, stellten sie auch andere zufrieden, und um bei einem großen Kreis von Zuhörern Gefallen zu finden, bedurfte es keinerlei Opfers seiner selbst oder der von ihm geschätzten Ziele. Seine Kompositionen verfolgten gewissermaßen einen Mittelweg zwischen Gou-

nod und Schumann; sie verfügten über äußeren Glanz und innere Wärme, sie gefielen dem Unbedarften und dem Kenner, konnten der Mode als Vorbild dienen und doch ihre Launen überleben...
Gegen Ende seines Lebens gab ihm sein künstlerischer Ruhm natürlich große Bestärkung, doch ich erinnere lebhaft jene Zeit, als es noch keinen Ruhm gab, und Peter Iljitsch dennoch jedermann bezauberte, der mit ihm in Berührung kam. Auch darf man nicht vergessen, daß ihm der Lorbeer seiner Kunst zwar viele Menschen geneigt machte, andere aber feindselig werden ließ und bedauernswerte, aber beinah unvermeidliche Kundgebungen des Neides hervorrief. Der Gerechtigkeit halber sei gesagt, daß sein Beruf[liches Leben] auf höchst seltene Weise frei von solchen Dornen blieb. Es bedarf keiner großen Belesenheit in den Biographien bedeutender Künstler, um zu bemerken, daß die Mehrzahl unter ihnen ungleich größere Arglist ihrer Rivalen ertragen mußte als Peter Iljitsch. Wir kommen der Wahrheit sehr nahe, wenn wir behaupten, daß in vielen Fällen sein persönlicher Charme bewirkte, daß man ihm seine künstlerischen Erfolge verzieh.

Hermann Laroche, *Pamjati P.I. Čajkowskogo* [*Erinnerungen an Tschaikowsky*], in: EIT, 1892/93 (St. Petersburg 1894), abgedruckt in LIS2, S. 188f.

Einige Wochen vor seinem Tod sprach er mit mir über die verschiedenen Sujets, die ihn jeweils im Hinblick auf eine neue Oper interessierten. In jenem Sommer hatte er, unter anderem, *Scenes of Clerical Life* von George Eliot in französischer Übersetzung gelesen, für deren Romane er, angefangen mit *The Mill on the Floss* [*Die Mühle am Floss*], während seiner letzten Lebensjahre eine außerordentlich starke Neigung unterhielt. Unter den Erzählungen in diesem Band fand sich auch *Mr. Gilfil's Love-Story*, deren Handlung im 18. Jahrhundert spielt und deren Pathos ihn besonders ergriff. Er meinte, daß man über dieses Thema »wohl eine exzellente Oper komponieren könne«. Doch kurz zuvor hatte er (ich wage nicht zu sagen, ob ernsthaft oder nur erwägend) an *Karmozina* gedacht (nach dem bekannten Drama von Alfred de Musset), das schon in seiner Jugend einen tiefen Eindruck auf ihn gemacht hatte. Es mutet seltsam an, daß er mit mir kaum über [Puschkins] *Die*

Peter Iljitsch Tschaikowsky in seinem letzten Lebensjahr, Aufnahme vom 14. März 1893

Hauptmannstochter sprach, obwohl davon doch so viel und bei so häufigen Gelegenheiten in den Zeitungen die Rede war. Andererseits aber erwähnte er mehr als einmal und zu verschiedenen Zeiten seines Lebens *Romeo und Julia*, und mir scheint, daß es unter allen Sujets das Shakespearesche war, welches ihn bei weitem am stärksten anzog.

Neben den Opern trug er sich mit Plänen zu verschiedenen Instrumentalwerken: So gedachte er vor zwei Jahren schon, ein Doppelkonzert für zwei Klaviere und Orchester für zwei seiner

Freunde zu schreiben, und als er sein Streichsextett [*Souvenir de Florence*] vollendet hatte, erklärte er, daß er »wohl gern sogleich ein zweites Sextett schreiben« würde, wahrscheinlich weil er das Sextett als so gelungen empfand und weil ihn die ungewohnte Instrumentalbesetzung anzog. Was diesen besonderen Fall betrifft, so sprach er halb im Scherz, gewöhnlich aber beschäftigen ihn musikalische Gedanken und Vorstellungen, Vorsätze und Pläne fortwährend. Er komponierte nicht, wie viele (und dazu manchmal begabte) Russen es tun, »von fünf bis zehn«, sondern lebte – im eigentlichen Sinn des Wortes – in einer Welt der Klänge, im unbegrenzten Elemente schwebend. Und wenngleich er in den letzten zehn bis zwölf Lebensjahren sehr viel weniger schuf, sehr viel sorgsamer und strenger mit sich umging, setzte sich dieser innere Gesang mit gleicher Stärke fort – mir schien es gar, als würde seine Stärke stets noch wachsen. Wer ihm nahestand und in wessen Gegenwart er keine Zurückhaltung übte, weiß, wie oft und unvermittelt er im Gespräch zu verstummen oder eine Frage nicht zu erwidern pflegte, weiß auch, wie sehr man ihn mit beständigem »Warum sagst du nichts?« oder »Was ist los mit dir?« erbittern konnte, und weiß schließlich, daß ihm statt des alltäglichen Themas, von dem gerade die Rede war, vielleicht plötzlich ein übermäßiger Sextakkord für geteilte Celli oder eine Melodie für Englisch Horn in den Sinn gekommen war.

Sein Haupthaar war längst weiß geworden, doch dies war auch das einzige Anzeichen des Alters in seiner robusten, gesund und muntren, blühenden Verfassung. Zu sagen, daß er »im Herzen jung geblieben« sei, wäre nicht nur abgegriffen, sondern auch völlig verkehrt. Sein jugendlicher Geist forderte den schwachen und kümmerlichen Körper forwährend heraus. Daheim in Klin pflegte Peter Iljitsch wohl zehn Werst am Tag zu laufen, ohne Schnee und Regen zu fürchten, ebenso wie ihn letztes Jahr [tatsächlich 1891] die schlingernde und stürmische Seefahrt von Europa nach Amerika nicht irritiert hatte. Wann immer er für einige Tage nach St. Petersburg oder Moskau kam, verbrachte er seine Abende wie ein rechter Landbewohner, der der Großstadtfreuden nicht müde wird, im Theater, denn er wußte, daß er in seinen einsamen Wäldern weder eine neue französische Komödie noch die Bühnenfassung von

[Gogols] *Toten Seelen*, weder [Rubinsteins Oper] *Die Makkabäer* noch [Massenets] *Esclarmonde* sehen konnte.
Erst in den letzten Lebensjahren, seit Mitte der 1880er Jahre, lernte er zu dirigieren; im Sommer 1884 , als er bei seinem Bruder [eigentlich: Schwager] auf dem Lande lebte, setzte er sich in den Kopf, *a quarter of an hour* jeden Morgen dem Englischlernen zu widmen, und er machte auch, teils mit Hilfe eines seiner Freunde, größtenteils aber autodidaktisch, erstaunliche Fortschritte. Nicht nur seine schöpferische Vorstellungskraft, sondern auch sein Gedächtnis, seine Auffassungsgabe, sein Wohlgefallen an Natur und Kunst, seine geistigen wie körperlichen Kräfte blieben ihm bis zu seiner schicksalhaften Erkrankung vollständig erhalten. Was seine schöpferische Vorstellungskraft angeht, so halte ich dafür, daß sie beständig wuchs. Zwar ging ihm das Komponieren weniger leicht von der Hand, zwar zerstörte er zwanghaft ganze Werke, die er vollendet und plötzlich wieder verworfen hatte, seine Musik aber wurde reicher an Gehalt, klarer und individueller.
Nein, ich kann den Gedanken nicht gestatten, daß er alles gesagt, daß er »sein Werk in den Grenzen dieser Welt vollendet« hatte. Ich glaube im Gegenteil, daß er eine ganze Welt an bezwingenden Visionen mit ins Grab genommen hat, daß wir, hätte er nur fünfzehn Jahre länger gelebt, gänzlich neue und unerwartete Seiten seines Genies entdeckt hätten. Er trug jenes glückliche Gleichgewicht in sich zwischen der »Suche nach neuen Pfaden« und einer instinktiven Treue zur klassischen Tradition, und diese ist es gerade, die einem Künstler Stärke für die kühnsten Neuerungen, für dauerhafte und künstlerische Eroberungen verleiht. Mozart liebte er mit aller Leidenschaft, liebte ihn nicht nur in der Theorie, sondern auch in der Praxis und führte seine Sache erfolgreich fort. In Tschaikowskys eigenen Werken aber gab es keine Rückwärtsgewandtheit, nichts Archaisches oder im Gegensatz zu seiner Zeit Stehendes, und es ist bezeichnend, daß es in seinen letzten Lebensjahren gerade die radikalsten unter unseren Musikern sind, daß es gerade die musikalische Jugend ist, die doch, wie man erwarten muß, unter eben jener [Art von] Kritik zu leiden hat, welche einst auch seine [Tschaikowskys] ersten Bemühungen mit so viel Feindseligkeit aufnahm, die sich jetzt um ihn geschart hatten und einen Kreis der enthusiastischsten Bewunderer sei-

ner Schöpfungen bildeten und die anhänglichsten seiner persönlichen Freunde wurden.

Wenn er zu Hause lebte, arbeitete er unermüdlich und täglich. Kurze Reisen in die Hauptstadt, die unweigerlich seine Arbeit unterbrachen, verdrossen ihn stets, und so kehrte er jedesmal mit freudigem Eifer in sein von einem großen Garten umgebenes Landhaus zurück, wo er die süße Qual des Schaffens zu erleben gewohnt war. Seit seiner Jugend war es ihm zum Gesetz geworden, keinen Tag ohne Arbeit vorübergehen zu lassen und zu festgesetzten Zeiten zu komponieren. Mit jener leichten Ironie, die ihm eigen war, sagte er einmal auf Befragen, daß er bei seiner Arbeit einem Handwerk nachgehe. Sein intensives Leben im Reich der Harmonien war nicht frei von einer gewissen Zwanghaftigkeit. Musikalische Eindrücke verfolgten ihn unablässig und erschienen ihm gar, wie er mehr als einmal sagte, im Schlaf – phantastisch verwoben mit den Eindrücken und Ereignissen der alltäglichen Welt. Dem flüchtigen Betrachter zeigte sich diese Versunkenheit des Künstlers in sein Schaffen indes nur wenig. Tschaikowsky war ein wahrer Virtuose in der Nutzung seiner Zeit und komponierte nur unter Ausnahmebedingungen außerhalb seiner festgesetzten Morgen- und Nachmittagsstunden. In der verbleibenden Zeit machte er den trügerischen, doch erfrischenden und beruhigenden Eindruck eines Mannes, der sein Tagewerk vollendet hat, der nichts Versäumtes nachzuholen hat, der frei und fähig war, sich seinen Lieblingstätigkeiten hinzugeben, wie mit einem Freund vierhändig Klavier zu spielen, oder mit kleinem Einsatz Karten zu spielen, wenn mehrere Besucher gekommen waren – oder aber nach einem frühen ländlichen Abendessen zuzuhören, wenn aus seinen geliebten Werken von Gogol, Leo Tolstoi, Turgenjew, Ostrowsky und Flaubert vorgelesen wurde.

Als ich oben von seinem musikalischen Genie sprach, gebrauchte ich das Wort »Gleichgewicht«. Ich vermag keinen anderen Ausdruck zu finden, der ihn in höherem Maße charakterisieren würde, nicht nur als Musiker, sondern auch im allgemeinen. In Burckhardts Buch *Die Kultur der Renaissance in Italien* findet sich ein Kapitel »Die Entdeckung des Menschen«. Mir scheint es seit jeher, daß diese Entdeckung all denen von uns zuteil geworden ist, die das Glück hatten, in

irgendeiner engeren Beziehung zu Tschaikowsky zu stehen. Dies war, wenn ich so sagen darf, die höchste Schöpfung dieses großen Künstlers. In ihm herrschte völlige Harmonie; es gab keinen Widerstreit zwischen seiner Berufung und dem, was er tat, zwischen seinen Antrieben und seinen Aufgaben, zwischen seinem Verstand und seinem Charakter, zwischen seiner Lebensart und seinem inneren Bedürfnis. Während er in seinen symphonischen Dichtungen die Leiden dieser Welt, die Qualen einer ruhelosen Seele darzustellen liebte, erschien er selbst, auch in seinen jungen Jahren, vielmehr als der versöhnte, abgeklärte Faust [aus Goethes Drama], der das Leben und die Menschen mit Liebe, doch ohne Unruhe betrachtet. Es heißt, daß solche ausgeglichenen Naturen eher zu Zeiten des klassischen Altertums als heutzutage anzutreffen waren. Aber es heißt auch, daß in der Welt des Altertums das Element der Güte, der Wärme weniger zu finden war. Wenn dies der Fall ist, kann ich wahrlich nicht behaupten, daß Peter Iljitsch eine klassische Natur gewesen sei.
Bei Genies sind wir bereit, einen gewissen Egoismus, eine gewisse Sprödigkeit des Herzens zu vergeben. Sie folgen ihrem Anliegen, und aufgrund ihres Egoismus' wird jenes Anliegen zur Gewohnheit, wird – vielleicht gar in übertriebenem und ungebührlichem Maße – zu einem Anrecht, so daß sie [jene Genies] ihrem Nachbarn keinerlei Beachtung schenken. Es gibt nichts Gängigeres als die biographische Fiktion, nach der das große Genie unweigerlich auch ein liebenswerter Mensch und eine gütige Seele sei. Die Quelle dieser Fiktion liegt in unserer anspruchslosen Haltung. [Doch] der künftige Biograph von Peter Iljitsch wird dieser [der anspruchslosen Haltung] nicht bedürfen, wird niemals irgendwelche Fakten ausfindig machen müssen, nur um der vorsätzlichen und süßlichen Verklärung willen.
Peter Iljitsch war überaus gütig. In ihm war jene Güte, die jeder erfährt und niemand vermutet. Er war in jeder Hinsicht und in jeder Richtung gütig. Wer ihm nicht so nahe stand, konnte dies nur an seiner finanziellen Großzügigkeit feststellen, die jedoch lediglich den sichtbarsten Ausdruck, nicht das Wesen seiner Güte bildete. Durch die Lebendigkeit seines Temperaments, dem Ausbrüche von Zorn und Ärger keineswegs fremd waren, war er zu guten Taten aller Art geneigt; er

wußte und liebte herauszufinden, was gut war, sowohl in eines Komponisten Arbeit wie auch in der Seele eines Menschen. Ohne Hast und ohne Mühe, durch seine Gegenwart allein löste er Spannungen, versöhnte er Streitende, brachte Wärme, Licht und Glück. Sein Verlust ist für die Kunst ein schwerer Schlag – und vielleicht vermögen wir, seine Zeitgenossen, diesen Verlust nur unzureichend zu ermessen; doch dieser Verlust verblaßt verglichen mit dem Verlust, den wir an diesem Menschen erlitten haben, jener wunderbaren Verkörperung der hellen Seiten der Menschheit.

Hermann Laroche, *Neskol'ko slov o Petre Il'iče Čajkovskom* [*Einige Worte über Pjotr Iljitsch Tschaikowsky*], in: TG (1893), Nr. 21, 29. Okt./10. Nov.; abgedruckt in LIS2, S. 161–165 und in PVC4, S. 352ff.

Zeittafel
Peter Tschaikowsky

Zeittafel Peter Tschaikowsky

1840 Peter Iljitsch Tschaikowsky wird am 7. Mai in Wotkinsk (Ural) als zweiter Sohn des Bergbauingenieurs Ilja Petrowitsch Tschaikowsky und dessen Frau Alexandra Andrejewna Tschaikowskaja (geb. Assier) geboren. Seine Halbschwester Sinaida ist elf, sein Bruder Nikolaj zwei Jahre alt.

1842 Geburt der Schwester Alexandra (Sascha).

1843 Geburt des Bruders Ippolit.

1844 Beginn des Unterrichts bei Fanny Dürbach, der Gouvernante seines Bruders Nikolaj und der Kusine Lydia.

1845 Beginn des Klavierunterrichts.

1848 Umzug der Familie nach Moskau, dann nach St.Petersburg. Zu Tschaikowskys großem Kummer verläßt Fanny Dürbach die Familie.

1849 Leidet von Februar bis Juni unter vermutlich psychosomatisch bedingter Nervenkrankheit.
Umzug der Familie nach Alapajew (Ural).

1850 Geburt der Zwillingsbrüder Modest und Anatoly.
Im September Aufnahme in die Vorbereitungsklasse der Schule für Jurisprudenz in St. Petersburg. Die Trennung von der Mutter wird zum traumatischen Erlebnis.

1852 Rückkehr der Familie nach St. Petersburg.

1854 Im Juni stirbt die Mutter an der Cholera; Tschaikowsky ist verzweifelt.
Erste nachgewiesene Niederschrift einer Komposition (eines Klavierwalzers).

1855 Beginn ernsthaften Klavierunterrichts bei Rudolf Kündinger (drei Jahre).

BESTELLKARTE

Für Ihren Buch- oder Musikalienhändler

Ich bestelle folgende Bücher

Anzahl	Autor/Titel
1 Kat. 11-99 Katalog **gratis**	

Lieferung gegen Rechnung zzgl. Versandspesen

Adresse Ihrer Buch- oder Musikalienhandlung

Name:

Vorname:

Straße:

PLZ/Ort:

Datum:

Unterschrift:

Zeit- und kulturgeschichtlicher Hintergrund (UA: Uraufführung)

1840 Berlioz ist 37 Jahre alt, Glinka 36, Dargomyschsky, Verdi und Wagner sind 27, Gounod 22, Serow 20, Lalo 17, Anton Rubinstein 10, Borodin und Brahms 7, Saint-Saëns, Cui und Nikolaj Rubinstein 5, Delibes 4, Balakirew 3, Bizet 2, Mussorgsky ein Jahr alt.
Victor Hugo ist 38, Gogol 31, Thackeray 29, Dickens 28, Turgenjew 22, Dostojewsky 19, Tolstoi 12, Manet 8, Cézanne ein Jahr alt.
Geburtsjahr von Emile Zola und Claude Monet.

1841 Geburtsjahr von Antonin Dvořák und Auguste Renoir.

1842 Geburtsjahr von Massenet.
Glinka, UA *Ruslan und Ludmilla*; Wagner, UA *Rienzi.*
Gogol, *Die toten Seelen.*

1843 Geburtsjahr von Edvard Grieg.

1844 Geburtsjahr von Nikolaj Rimsky-Korsakow und des Malers Ilja Repin.

1845 Geburtsjahr von Gabriel Fauré.
Glinka, 1. Spanische Ouvertüre (*Capriccio brillante*).

1846 Dostojewsky, *Arme Leute.*

1847 Felix Mendelssohn-Bartholdy (38) stirbt.
Turgenjew, *Aufzeichnungen eines Jägers.*

1848 Glinka, *Kamarinskaja* und 2. Spanische Ouvertüre (später überarbeitet als *Eine Sommernacht in Madrid*).

1849 Geburtsjahr August Strindbergs.
Frédéric Chopin (39) stirbt.

1850 Wagner, UA *Lohengrin*; A. Rubinstein, 1. Klavierkonzert.

1851 Eröffnung der Eisenbahnstrecke von St. Petersburg nach Moskau.
A. Rubinstein, Sinfonie in C-Dur (*Der Ozean*).

1852 Nikolaj Gogol (42) stirbt.
Tolstoi, *Kindheit.*

1853 Geburtsjahr von Vincent van Gogh.
Brahms, Klaviersonate in C-Dur, op. 1.

1854 Großbritannien und Frankreich erklären Rußland den Krieg; Krimkrieg.

1855 Der Reformer Alexander II. folgt dem Reaktionär Nikolaj I. auf dem Zarenthron.
Geburtsjahr von Anatoly Liadow.

1856 Unter dem Einfluß des Gesangslehrers Luigi Piccoli entsteht das Lied *Mezzanotte* (erste veröffentlichte Komposition).

1858 Auf Anregung des Gesangslehrers Gawriil Lomakin erster (wenig erfolgreicher) Versuch, den Schulchor zu dirigieren, dem er seit Eintritt in die Schule angehört.

1859 Im Mai Abschlußexamen an der Schule für Jurisprudenz.
Im Juni Anstellung im Justizministerium.

1860 Schwester Sascha heiratet und zieht zur Familie ihres Mannes nach Kamenka (Ukraine).

1861 Juli bis Oktober mit einem Freund des Vaters Reisen durch Deutschland, Belgien, England und Frankreich als Dolmetscher.
Ab Oktober Generalbaß-Studium in der Klasse von Nikolaj Zaremba an Anton Rubinsteins Musikschule.

1862 Läßt sich am neugegründeten Petersburger Konservatorium einschreiben, das aus Rubinsteins Musikschule hervorgegangen ist.

1863 Quittiert im Mai seinen Dienst im Justizministerium, um sich auf sein Studium bei Rubinstein und Zaremba konzentrieren zu können.

1864 Phantasie-Ouvertüre *Der Sturm.*

1856 Der Frieden von Paris beendet den Krieg mit Großbritannien und Frankreich.
Alexander II. beginnt die Zensur-Gesetze zu lockern.
Das restaurierte Bolschoi-Theater wird in Moskau wiedereröffnet.
Geburtsjahr von Sergej Tanejew und G.B.Shaw.
Robert Schumann (46) stirbt.
Dargomyschsky, UA *Rusalka.*

1857 Michail Glinka (53) stirbt.
Balakirew beginnt mit seinem Kampf für die nationale Sache in der russischen Musik.

1858 Balakirew, Ouvertüre auf drei russische Lieder; Brahms, 1. Klavierkonzert; Berlioz, *Die Trojaner.*

1859 Gründung der Russisch Musikalischen Gesellschaft (RMG) durch die Großherzogin Elena Pawlowna und Anton Rubinstein zur Unterstützung von Konzerten und zur Einrichtung von professionellen Musikklassen.
Wagner, *Tristan und Isolde*; Gounod, UA *Faust.*
Gontscharow, *Oblomow*; Turgenjew, *Das adelige Nest.*

1860 Geburtsjahr von Anton Tschechow.
Turgenjew, *Am Vorabend.*

1861 Entlassung der russischen Bauern aus der Leibeigenschaft.
Geburtsjahr von Anton Arensky.

1862 Einweihung der Eisenbahnstrecke von St. Petersburg nach Warschau.
Anton Rubinstein wird zum Direktor des neuen St. Petersburger Konservatoriums ernannt.
Balakirew und Lomakin gründen in St. Petersburg als Gegengewicht zu den »westlerischen« Tendenzen des Konservatoriums die Musikalische Freischule.
Turgenjew, *Väter und Söhne*; Hugo, *Les misérables.*

1863 Gesetz, das russischen Universitäten größere akademische Freiheiten zugesteht.
Geburtsjahr von Edvard Munch.
William Thackeray (52) stirbt.
Serow, UA *Judith.*
Tolstoi, *Die Kosaken.*

1864 In Rußland bringt die Einsetzung gewählter Räte den örtlichen Volksvertretungen mehr Macht; Einführung von Beisitzern bei Gericht.
St. Petersburg hat 539400 Einwohner.
Geburtsjahr von Richard Strauss.
A. Rubinstein, 4. Klavierkonzert; Dargomyschsky, UA Orchesterphantasie *Kasatschok.*

1865 *Charakteristische Tänze,* UA unter Johann Strauß am 11. Sept. in Pawlowsk (später verwendet als »Tänze der Mägde« in *Der Wojewode*).
Zuweisung von Schillers Ode *An die Freude* als Text für die Abschluß-Kantate (Nov./Dez.).

1866 10. Jan.: Trotz Abwesenheit bei der Aufführung seiner Abschluß-Kantate bekommt er eine Silbermedaille. Umzug nach Moskau, dort Lehrer für Musiktheorie beim Moskauer Ableger von Rubinsteins Musikschule, der von Anton Rubinsteins Bruder Nikolaj geleitet wird.
März: Beginn der Arbeit an der 1. Symphonie.
Sept.: Aus der Musikschule geht das Moskauer Konservatorium hervor; Direktor wird Nikolaj Rubinstein, Tschaikowsky gehört zum Kollegium.

1867 März: Beginn der Arbeit an der ersten Oper, *Der Wojewode. Scherzo à la russe* für Klavier, veröffentlicht als op 1, Nr.1.
Juni-Aug.: Ferienaufenthalt in Hapsal (Estland) mit der Familie seines Schwagers Lew Dawidow. Zu seinem Mißvergnügen fühlt sich Lews Schwester Vera zu ihm hingezogen.
Drei Klavierstücke, *Souvenir de Hapsal,* op. 2.
Dez.: Zusammentreffen mit Hector Berlioz.

1868 Jan.: Trifft Balakirew, Rimsky-Korsakow, Cui und den Kunsthistoriker Wladimir Stasow.
15. Feb.: UA 1. Symphonie mit beachtlichem Erfolg.
März: Erste Veröffentlichung einer Musikkritik.
Juni–Aug.: Reisen nach Berlin und Paris.
Sept.: Bekanntschaft mit der belgischen Opernsängerin Désirée Artot, mit der sogar eine Heirat erwogen wird.
Symphonische Dichtung *Fatum.*

1869 Heiratspläne mit Désirée Artot werden wieder fallengelassen.
11. Feb.: UA *Der Wojewode.*
Jan.–Juli: 2. Oper, *Undine* (später vernichtet); Balakirew dirigiert und kritisiert *Fatum*; Treffen mit Borodin.
Juni/Juli: Sommerferien mit Sascha in Kamenka.
Okt.: Beginn der Arbeit an der Phantasie-Ouvertüre *Romeo und Julia* (auf Anregung Balakirews).
Dez.: Sechs Lieder, op. 6.

1870 Feb.: Beginn der Arbeit an der 3. Oper, *Der Opritschnik* [*Der Leibwächter*].
Juni–Sept.: Reise nach Paris, Mannheim (zur Beethoven 100-Jahr-Feier) und in die Schweiz (um dem Preußisch-Französischen Krieg zu entgehen).
Überarbeitung von *Romeo und Julia.*

1865 Geburtsjahr von Alexander Glasunow.
Rimsky-Korsakow, 1. Symphonie; Wagner, UA *Tristan und Isolde*; Serow, UA *Rogneda.*

1866 Dostojewsky, *Schuld und Sühne*, *Der Spieler.*

1867 Berlioz besucht Rußland, um dort Konzerte zu dirigieren.
Borodin, 1. Symphonie; Wagner, *Die Meistersinger von Nürnberg*; Gounod, UA *Romeo und Julia.*
Turgenjew, *Dunst*; Zola, *Thérèse Raquin.*

1868 Grieg, Klavierkonzert; Cui, *William Ratcliff.*
Dostojewsky, *Der Idiot.*

1869 Eröffnung des Suez-Kanals.
Hector Berlioz (65) und Alexander Dargomyschsyky (55) sterben.
Balakirew, *Islamey* für Klavier.

1870 Deutsch-Französischer Krieg.
Moskau hat 602000 Einwohner.
Charles Dickens (58) stirbt.
Delibes, *Coppélia.*

1871 1. Streichquartett (op. 11), UA am 28. März bei dem ersten Konzert ausschließlich mit Musik von Tschaikowsky.
Trifft Turgenjew.
Juni–Sept.: Besuche in Kamenka (wo bei häuslichen Theateraufführungen mit Neffen und Nichten vermutlich die Idee zu *Schwanensee* geboren wird), Nizy (auf dem Anwesen seines Freundes Nikolaj Kondratjew) und Usowo (bei Schilowsky).
Aufzeichnungen zur Harmonielehre.
Weitere Arbeit an *Der Opritschnik.*
Silvester-Aufenthalt mit Schilowsky in Nizza.

1872 Feb./März: Kantate zur 200-Jahr-Feier Peters des Großen.
April: Abschluß der Oper *Der Opritschnik.*
Juni–Aug.: Ferien in Kamenka, Nizy und Usowo.
Ab Sept. regelmäßige Arbeit als Musikkritiker.
Juni–Nov.: 2. Symphonie (die »Kleinrussische« erste Version).»

1873 März/April: Musik zu Ostrowskys *Schneewittchen* (op. 12).
Juni–Aug.: Aufenthalte in Nizy und Kamenka, dann Reisen durch Deutschland, die Schweiz, Italien und Frankreich.
Aug.: Entwurf der Phanatasie-Ouvertüre *Der Sturm* in Usowo.

1874 Jan.: 2. Streichquartett (op. 22).
24. April: UA *Der Opritschnik* [*Der Leibwächter*], die ihm nicht gefällt.
Italien-Besuch.
Juni–Okt.: Oper *Wakula der Schmied* (komponiert in Nizy und Usowo).
Nov.: Beginn der Arbeit am 1. Klavierkonzert.

1875 Feb.–April: drei Liederzyklen, op. 25, 27 und 28.
Juni–Sept.: Aufenthalte in Usowo, Nizy und Kamenka.
Juni–Aug.: 3. Symphonie (*Polnische*); Beginn der Arbeit an *Schwanensee.*
Dez.: Beginn der Arbeit an den zwölf Klavierstücken *Die Jahreszeiten*; trifft Saint-Saëns.

1876 Jan.: überwältigt von Bizets *Carmen* in Paris.
Jan.–März: 3. Streichquartett (op. 30).
Nach Ferienaufenthalten in Nizy, Kamenka und Vichy mit Bruder Modest und dessen taubstummem Schüler Kolja Konradi Teilnahme an der Eröffnung von Wagners Festspielhaus in Bayreuth mit der ersten *Ring*-Aufführung (Aug.); trifft Liszt. Entschließt sich zu heiraten.
Okt./Nov.: symphonische Phantasie *Francesca da Rimini.*
Dez.: Variationen über ein Rokoko-Thema für Violoncello und Orchester (op. 33); trifft Tolstoi; erster Briefwechsel mit der wohlhabenden Witwe Nadeschda von Meck.

1877 Beginn der Arbeit an der 4. Symphonie.
Mai: erhält eine schriftliche Liebeserklärung seiner ehemaligen Studentin Antonina Miljukowa.

1871 Proklamation des Deutschen Reiches in Versailles.
Alexander Serow (51) stirbt.
A. Rubinstein, *Der Dämon.*

1872 Der erste Band von Karl Marx' *Das Kapital* wird ins Russische übersetzt.
Geburtsjahr von Alexander Skrjabin.
Dargomyschsky, UA *Der steinerne Gast* (vollendet von Cui, orchestriert von Rimsky-Korsakow).

1873 Geburtsjahr von Sergej Rachmaninow.
Rimsky-Korsakow, *Das Mädchen von Pskow.*
Dostojewsky, *Die Dämonen.*

1874 Mussorgsky, *Bilder einer Ausstellung*, UA *Boris Godunow*; Lalo, *Symphonie espagnole.*

1875 Alexander Graham Bell erfindet das Telefon.
Georges Bizet (36) stirbt.
Bizet, UA *Carmen*; Grieg, *Peer Gynt-Suite.*
Tolstoi, *Anna Karenina* (Veröffentlichung 1878 abgeschl.).

1876 In Bayreuth wird Wagners *Ring*-Zyklus erstmals aufgeführt.
Delibes, *Sylvia*; Brahms, 1. Symphonie; Borodin, 2. Symphonie.

1877 Thomas A. Edison läßt sich das Grammophon patentieren.
Saint-Saëns, *Samson et Delila*; Massenet, *Le roi de Lahore.*
Turgenjew, *Neuland.*

Beginn der Arbeit an der Oper *Eugen Onegin.*
18. Juli: Heirat mit Antonina. Nach verpatzten Flitterwochen und seiner zwischenzeitlichen Flucht nach Kamenka kehrt er nach Moskau zurück und begeht einen Selbstmordversuch.
Okt.: Flucht vor Antonina; Bruder Anatoly unternimmt mit ihm zur Erholung eine Reise in die Schweiz, nach Frankreich und Italien.
Beurlaubung am Konservatorium; finanzielle Unabhängigkeit durch eine Rente von Nadeschda von Meck.

1878 März/April: Konzert für Violine und Orchester (op. 35).
April: Rückkehr nach Rußland, vermeidet aber jeden Kontakt zu alten Bekannten. Aufenthalte in Kamenka und Brailow, dem Anwesen Nadeschda von Mecks (in deren Abwesenheit).
Aug.: Beginn der Arbeit an der 1. Suite.
Okt.: kündigt am Moskauer Konservatorium.
Dez.: Umzug nach Florenz; Beginn der Arbeit an *Die Jungfrau von Orleans.*

1879 März: Rückkehr nach Rußland zur Premiere von *Eugen Onegin.*
Verbringt den Sommer vor allem in Kamenka und Brailow.
Okt.: Beginn der Arbeit am 2. Klavierkonzert.
Nov.: Beginn einer viermonatigen Reise durch Frankreich und Italien.

1880 April–Nov.: hält sich vor allem in Kamenka und Brailow auf.
Serenade für Streichorchester (op. 48); Fest-Ouvertüre *1812* (op. 49).

1881 März: erfährt in Frankreich vom Tode Nikolaj Rubinsteins; lehnt die ihm angebotene Leitung des Moskauer Konservatoriums ab.
Verbringt den Sommer in Kamenka; Beginn der Arbeit an der Oper *Mazeppa*; Herausgeber eines Bandes mit Kirchenmusik von Bortnjansky.
Dez.: in Rom Beginn der Arbeit am Klaviertrio zum Gedenken an Nikolaj Rubinstein.

1882 April: Rückkehr nach Rußland.
Juni–Aug.: Aufenthalt in Grankina, dem Anwesen der Konradis, wo er an *Mazeppa* arbeitet. Die Oper wird im September in Kamenka abgeschlossen.

1883 Jan.–Mai: kümmert sich in Paris um seine Nichte Tatjana (die ein uneheliches Kind erwartet) und führt drei Auftragsarbeiten für die Krönung Alexanders III. aus.
Juni–Okt.: 2. Suite (op. 53).

1884 Nach der UA der Oper *Mazeppa* (15. Feb.) Aufenthalt in Paris, bis er zu einer Audienz beim Zaren geladen wird (März).
April: Aufenthalt in Kamenka, Beginn der Arbeit an der 3. Suite.
Okt.: Der überwältigende Erfolg einer Neuinszenierung von *Eugen Onegin* in St. Petersburg bestätigt Tschaikowskys Ruf als bedeutendster und beliebtester Komponist Rußlands.

1878 Brahms, 2. Symphonie.

1879 Geburtsjahr von Paul Klee und Ottorino Respighi.
Ibsen, *Nora oder ein Puppenheim.*

1880 Gustave Flaubert (59) und Jacques Offenbach (61) sterben.
Dostojewsky, *Die Brüder Karamasow.*

1881 Zar Alexander II. wird in St. Petersburg ermordet.
Geburtsjahr von Béla Bartók und Pablo Picasso.
Fjodor M. Dostojewsky (60) und Modest Mussorgsky (42) sterben.
Borodin, 2. Streichquartett.
Ibsen, *Gespenster.*

1882 In Moskau wird das erste Telefonnetz installiert.
Geburtsjahr von Igor Strawinsky.
Gründung des Berliner Philharmonischen Orchesters.
Wagner, *Parsifal*; Rimsky-Korsakow, UA *Schneeflöckchen*; Glasunow, UA 1. Symphonie.

1883 Geburtsjahr von Anton Webern, Alfredo Casella und Franz Kafka.
Richard Wagner (70), Iwan Turgenjew (64), Edouard Manet (51) und Karl Marx (64) sterben.
Arensky, 1. Symphonie.

1884 Per Dekret wird den russischen Universitäten die 1864 zugestandene Autonomie wieder aberkannt.
Bedřich Smetana (60) stirbt.
Massenet, UA *Manon.*

1885 Feb.: Umzug in sein erstes eigenes Haus in Maidanowo in der Nähe von Klin bei Moskau.
Feb.–April: überarbeitet *Wakula der Schmied*, Umbenennung der Oper in *Tscherewitschky*.
April–Okt.: Manfred-Sinfonie (op. 58).
Okt.: Beginn der Arbeit an der Oper *Die Zauberin*.

1886 Im Frühjahr Aufenthalt in Tiflis, wo Bruder Anatoly jetzt lebt.
Mai/Juni: Reise nach Paris.

1887 Dirigiert die UA von *Tscherewitschky* und setzt damit seine Karriere als professioneller Dirigent in Gang.
Juni: zweiter Besuch in Tiflis.
Juli–Sept.: wacht in Aachen am Bett des sterbenden Kondratjew.
Nov.: dirigiert die UA von *Die Zauberin*.
Dez.: Start der ersten internationalen Tournee als Dirigent.

1888 Dirigiert in Leipzig (wo er Brahms und Grieg begegnet), Hamburg, Berlin, Prag (dort trifft er Dvořák) und London.
April: dritter Besuch in Tiflis.
Beginn der Arbeit an der 5. Symphonie (Mai) und an der Phantasie-Ouvertüre *Hamlet* (Juni).
Okt.: erste Skizzen zum Ballett *Dornröschen*.
Dez.: dirigiert die Prager Premiere von *Eugen Onegin*.

1889 Feb.: Start zur zweiten Tournee, dirigiert in Köln, Frankfurt, Dresden, Berlin, Genf, Hamburg (wo er Brahms wiedersieht) und London.
April: vierter Besuch in Tiflis.
Sept.: *Dornröschen*; umfangreiche Dirigier-Verpflichtungen.

1890 Jan.: in Florenz Beginn mit der Arbeit an der Oper *Pique Dame*; Besuch in Rom.
Juni–Aug.: Streichersextett *Souvenir de Florence* (op. 70).
Aug.– Nov.: Besuche in Grankino, Kamenka und Tiflis.
Okt.: Nadeschda von Meck bricht zu Tschaikowskys Verzweiflung den Kontakt ab.

1891 Feb.: Beginn der Arbeit am Ballett *Der Nußknacker*.
März: Bei der Ankunft in Paris erfährt er vom Tod seiner Schwester Sascha. Dennoch setzt er die Tournee mit der Reise in die USA (anläßlich der Eröffnung der Carnegie Hall im April) fort; dirigiert in New York, Baltimore und Philadelphia, besucht Washington.
Juni: Rückkehr nach Rußland.
Juli: Beginn der Arbeit an der Oper *Jolanthe*.

1892 Aufenthalt in Kamenka, Dirigat in Warschau, Besuch in Paris.
Mai: Beginn der Arbeit an einer Symphonie in Es (später zerstört).

1885 Geburtsjahr von Alban Berg und Edgar Varèse.
Victor Hugo (83) stirbt.
Brahms, 4. Symphonie.
Zola, *Germinal.*

1886 Gottlieb Daimler baut das erste Automobil.
Franz Liszt (75) stirbt.
Mussorgsky, UA *Chowanschtschina* (vollendet und orchestriert von Rimsky-Korsakow).

1887 In ganz Rußland gibt es jetzt 7000 Telefonanschlüsse.
Alexander Borodin (53) stirbt.
Verdi, *Otello.*
Strindberg, *Der Vater.*

1888 Wilhelm II. wird Kaiser des Deutschen Reiches.
Rimsky-Korsakow, *Scheherazade*; Massenet, UA *Le roi d'Ys.*
Strindberg, *Fräulein Julie.*

1889 Gesetz, das die Befugnisse der örtlichen Räte wieder einschränkt.
Zur Weltausstellung in Paris wird der Eiffelturm eingeweiht.
R. Strauss, *Don Juan*; Mahler, 1. Symphonie.

1890 Gesetz, das die Freiheit und Effektivität der Gerichte wieder einschränkt.
Rücktritt Bismarcks als deutscher Kanzler.
Vincent van Gogh (37) und César Franck (68) sterben.
Borodin, *Prinz Igor.*
Zola, *La bête humaine*; Ibsen, *Hedda Gabler.*

1891 Baubeginn der transsibirischen Eisenbahn.
Geburtsjahr von Sergej Prokofjew.
Léo Delibes (55) stirbt.
Brahms, Klarinetten-Trio und -Quintett; Arensky, UA *Ein Traum auf der Wolga.*

1892 Édouard Lalo (69) stirbt.
Skrjabin, 1. Klaviersonate; Rachmaninow, *Aleko*; Massenet, *Werther.*
Nietzsche, *Also sprach Zarathustra.*

Reise nach Paris und Vichy (Juni/Juli), Wien und Prag (Sept./Okt.).
Dez.: Besuch der alten Gouvernante Fanny Dürbach in Frankreich.

1893 Jan.: Dirigat in Brüssel; triumphale Konzert-Auftritte in Odessa, Moskau und Charkow.
Feb.: Beginn mit der Arbeit an der 6. Symphonie.
Mai: Sechs deutsche Lieder (op. 73), sein letztes vollendetes Werk.
Mai/Juni: England-Reise, dirigiert in London und Cambridge und bekommt die Ehrendoktorwürde der University of Cambridge verliehen. Reise nach Österreich; Besuch in Grankino.
Sept.: Besuch in Hamburg anläßlich der dortigen Premiere von *Jolanthe.*
28. Okt.: dirigiert die UA der 6. Symphonie in St. Petersburg.
6. Nov.: Tschaikowsky stirbt in St. Petersburg an der Cholera.

1893 Charles Gounod (75) stirbt.
Edvard Munch malt sein Bild »Der Schrei«.
Puccini, *Manon Lescaut*; Verdi, *Falstaff*.

Quellenverzeichnis

Die wichtigsten Titel werden im Text unter folgenden Abkürzungen geführt:

Bücher und Aufsätze

CIT Schawerdian, A. (Hg.), *Čajkovskii i teatr [Tschaikowsky und das Theater]*, Moskau 1940

CVP Glebow, Igor [d.i. Boris Asafjew] (Hg.), *Čajkovskij: vospominanija i pis'ma [Tschaikowsky: Erinnerungen und Briefe]*, Leningrad 1924

IRM Ippolitow-Iwanow, Michail, *50 let russkoj muzyki v moih vospominanijah [Meine Erinnerungen an 50 Jahre russischer Musik]*, Moskau 1934

KVC Kaschkin, Nikolaj, *Vospominanija o P.I. Čajkovskom [Erinnerungen an P.I. Tschaikowsky]*, Moskau 1896

LIS2 Laroche, Hermann, *Izbrannye stat'i, vypusk ii: Čajkovskom [Ausgewählte Aufsätze, Bd. 2: Über Tschaikowsky]*, Leningrad 1975

MTC Laroche, Hermann, *Iz moih vospominanijah: Čajkovskij v konservatorii [Aus meinen Erinnerungen: Tschaikowsky am Konservatorium]*, in: LIS2

OTL Orlowa, Alexandra, *Tchaikovsky: the last chapter [Tschaikowsky: Das letzte Kapitel]* in: »Music and Letters«, lxii, Nr. 2, April 1981

PRM Glebow, Igor [d.i. Boris Asafjew] (Hg.), *Prǒsloe russkoj muzyki: materialy i issledovanija. I.: P.I. Čajkovskij [Russische Musik der Vergangenheit: Materialien und Untersuchungen. Bd 1: Tschaikowsky]*, Petrograd 1920

PTS Poznanzsky, A., *Tchaikovsky's suicide: myth and reality [Tschaikowskys Selbsmord: Mythos und Realität]*, in: »19th Century Music«, XI, Nr. 3 (Frühjahr 1988)

PVC4 Protopopow, V. (Hg.), *Vospominanija o P.I. Čajkovskom [Erinnerungen an P.I. Tschaikowsky]*, 4. Auflage, Leningrad 1980

RKL Rimsky-Korsakow, Nikolaj, *Letopis' moej muzykal'noj žizni [Chronik meines musikalischen Lebens]*, 9. Auflage, Moskau 1982

VOC Laroche, Hermann, *Vospominanija o P.I. Čajkovskom [Erinnerungen an P.I. Tschaikowsky]*, in: LIS2

TZC1–3 Tschaikowsky, Modest, *Žizn' P.I. Čajkovskogo [Tschaikowskys Leben]*, 3 Bände, Moskau 1900–1902

Zeitschriften

EIT »Ežegodnik imperatorskih teatrov« [Jahrbuch der Kaiserlichen Theater]
IV »Istoričeskij vestnik« [Historischer Bote]
KP »Komsomolskaja pravda«
M&L »Music and Letters« [Musik und Literatur]
MV »Moskovskie vedomosti« [Moskauer Nachrichten]
NBG »Novosti i Birževaja gazeta« [Neuigkeiten- und Börsenzeitung]
NV »Novoe vremja« [Neue Zeit]
RMGa »Russkaja muzykal'naja gazeta« [Russische Musikzeitung]
RS »Russkaja starina« [Russische alte Zeit]
SM »Sovetskaja muzyka« [Sowjetische Musik]
SV »Servernyj vestnik« [Nordbote]
TG »Teatral'naja gazeta« [Theaterzeitung]
ZK »Znamja kommuny« [Banner der Kommune]

Personenregister

Haupteinträge sind mit halbfetten Ziffern gekennzeichnet.

Komponisten-Portraits

Hans Heinz Stuckenschmidt

Ferrucio Busoni

Zeittafel eines Europäers

180 Seiten mit 6 sw-Fotos – gebunden

Best.-Nr. ATL 6063

Der Berliner Kritiker HH Stuckenschmidt, dessen Kommentare zum Musikgeschehen seiner Zeit stets besondere Beachtung fanden, hat es unternommen, Busonis unruhiges Leben anhand der paar gedruckten und zahlreicher ungedruckter Zeugnisse nachzuzeichnen und auf lebendige Weise zu schildern. Ein ausführliches Namenregister und Fotografien aus verschiedenen Lebensepochen ergänzen die repräsentative Busoni-Biographie.

Arthur Honegger Ich bin Komponist

Gespräche über Beruf, Handwerk und Kunst

147 Seiten mit Notenbeispielen – kartoniert

Best.-Nr. ATL 6135

Als Vollblutmusiker und Mensch setzt sich Honegger unbefangen mit den Problemen seiner Kunst und des Lebens auseinander, anerkennt neidlos fremde Größe, nimmt die Welt wie sie ist und läßt sich nicht irre machen in seiner Begeisterung für den Auftrag, den ihm seine Begabung auferlegt hat.

Wolfgang Burde

György Ligeti

Eine Monographie

280 Seiten mit zahlreichen Abbildungen und Notenbeispielen – gebunden

Best.-Nr. ATL 6184

Erstmals erscheint eine umfassende Monographie eines der großen Komponisten dieses Jahrhunderts. Wolfgang Burde macht in unzähligen Gesprächen mit dem heute 70jährigen ungarischen Musiker György Ligeti, der mit Opern und Instrumentalmusik gültige ästhetische Musikkonzepte für die Gegenwart entworfen und ausgeführt hat, dessen kompositorische Welt sichtbar.

Chris Walton

Othmar Schoeck

Eine Biographie

Aus dem Englischen von Ken W. Bartlett

320 Seiten, mit zahlreichen Bilddokumenten und einem vollständigen Werkverzeichnis – gebunden

Best.-Nr. ATL 6168

Leben und Werk des bedeutenden schweizerischen Komponisten sind von einem Schleier aus Dichtung und Wahrheit überzogen und romantisch verbrämt. Es ist das Verdienst Waltons, Schoecks Werk und dessen Lebensweg erstmals kritisch zu würdigen.

Hans Heinz Stuckenschmidt

Schönberg

Leben · Umwelt · Werk

538 Seiten mit zahlreichen Abbildungen – gebunden

Best.-Nr. ATL 6064

Schönberg, der wie kaum ein anderer bedeutender Komponist um Anerkennung ringen mußte und der dann doch die nach ihm Kommenden entscheidend beeinflußt hat, erhält hier die in Zukunft maßgebende Würdigung. Eine Reihe von interessanten Fotos und Faksimiles sowie ein Werkverzeichnis und ein Register ergänzen diese gewichtige Biographie.

Im Fachhandel erhältlich

Atlantis Musikbuch-Verlag

R 4 ATL